重生與愛

桃園縣人權歷史口述文集

目錄

編輯體例說明

一、本書的出版源於二〇一四年六月，依據國家人權博物館籌備處「人權教育推廣活動輔助作業要點」，由桃園縣政府文化局委託臺灣游藝設計工程有限公司執行「『愛、重生與和平』桃園縣人權歷史口述訪談出版計畫」，將政治受難者、家屬或相關人物受訪稿或自撰文章，共二十五篇文稿，整理編輯成書。

二、為了桃園縣政府文化局出版本書目的，也為了加強閱讀者對歷史時間的感受，文章按照政治案件發生（判決時間）先後，依序編輯，並於全書開章安排「受難者簡介」，方便讀者了解時序與受難當事人的關係，以利全書連貫閱讀；每篇受難者及家屬口述文章、自撰文章、隨文附錄，雖然體例不一，讀者皆可單篇閱讀。

三、書中提及許多背景事件、政治案件、人名等，編者根據官方檔案、或相關研究單位資料庫網站（如:中研院臺灣史研究所之「臺灣總督府職員錄系統」、「臺灣地區地名查詢系統」）所整理而來，儘量以政治案件為主之相關資料，加以註解和補充，並附上相關照片、檔案、文件複本，以利讀者參照了解。

四、口述訪問中所提及的部分人名，若為知名人士或目前尚查不到資料者，不再加註；前文若已註解，後文將不再重複說明。文內字義簡單說明解釋、口述者補述或臺語、客語發音，皆直接放在文後用括號，以楷體標示；註釋則在需註釋名詞的最後一字右上角依序用阿拉伯數字標出。

五、本書內文數字以漢字書寫表示為主，阿拉伯數字為輔（如受難者／作者介紹之數字、引書出版年分、註解中之數字、金額、百分比、超過千以上之數字、橫跨年分如1911-1919年等）。

六、引用文件或是公司名稱，原始用字若使用「台」字，以原來用字為準；本書「臺」灣皆統一用正體「臺」字。

七、年代使用一律以西元年代標示，若需標出民國年代、日治時代，標示於括號內。

八、文章內文所使用臺語漢字及拼音，依據教育部臺灣閩南語常用詞辭典網站http://twblg.dict.edu.tw/holodict_new/index.html。

九、白色恐怖各政治案件的名稱用法，目前缺乏統一稱法，名稱有時隱含涉案人之事實認定。尤其對一九五〇年代案件所謂「臺灣省工作委員會」、「臺灣民主自治同盟」等等之官方稱法，本書斟酌簡化其稱謂，如省工委會、臺盟等，不涉事實認定的判斷。

十、書中有父子、夫妻等兩人同時受訪，或不同時的親人採訪稿，多以單篇列於目錄，內文中以併編方式編排，以便讀者完整了解。

十一、民國五十七年八月起，實施九年國民義務教育，原六年的國民學校，改稱為「國民小學」。本書隨內文的年代，在民國五十七年八月之前稱「國校」，之後稱「國小」。

桃園地區五〇年代白色恐怖案件舉例

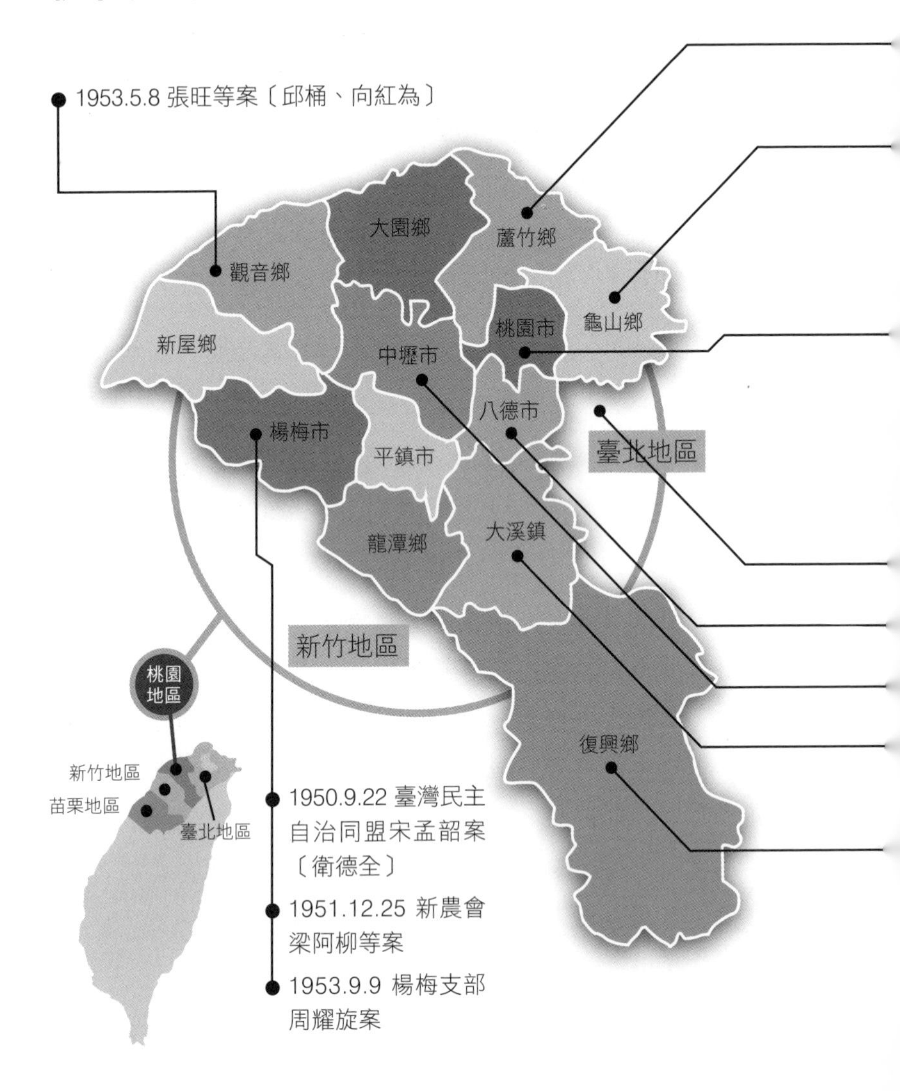

- 1951-1953 林元枝相關等案〔林元枝、吳敦仁、戴連福〕
- 1953.4.21 王石頭等案（林元枝相關）〔黃玉枝、李永壽〕

- 1951.6.28 桃園龜山支部陳盛妙案
- 1951.12.26 龜山支部李玉麟等案
- 1952.1.12 曹賜讓等案
- 1952.4.2 桃園劉福增等案

- 1951.7.9 桃園街頭支部、學生支部林秋祥等案〔陳顯宗〕
- 1952.12.1 桃園無線電臺支部林清良等案〔徐文贊〕
- 1952.12.2 溫春鄢等案〔謝義雄〕
- 1953.1.5 桃園支部楊阿木等案
- 1953.1.21 鄭再添等案〔鄭再添〕

- 1952.6.9 海山地區圳子頭支部呂華璋等案〔陳振奇〕

- 1951.6.6 桃園八德徐木火等案〔邱景耀、劉鎮國〕

- 1952.2.27 中壢支部姚錦等案（義民中學案）

- 1951.11.9 大溪小組陳明德等案
- 1951.12.20、1952.4.27 桃園大溪支部郭成相關案

- 1954.2.23 原住民湯守仁等案〔林瑞昌〕
- 1954.4.4 臺灣「蓬萊民族自救鬥爭青年同盟」林昭明等案
- 1969-1972「山防隊」李義平、高時運等案

＊註：1. 上述日期為該案判決日期
2.〔 〕內為本書受訪者或相關案件人
3. 圖中所列案件以受訪者提及或關聯案件舉例

縣長序

桃園人權歷史的重生與愛

戰後臺灣歷史中，二二八事件與其後的清鄉白色恐怖時期，很多人在那浩劫中遇害或坐牢受難。桃園縣在二二八事件的受難，雖然不像高雄、嘉義、基隆、臺北等地那麼嚴重，但是在二二八之後的清鄉白色恐怖時期，對桃園縣的傷害卻很大。已知的受難者至少三、四百人，每一位受難者的背後，都有一個需要漫長重建的家庭；我們的社會也要本著「愛與祥和」的心態，去探索這段過去在民主暗夜裡的人權歷史，因為那是我們社會過去最大的禁忌，卻也是我們最不該遺忘的歷史記憶。

本府文化局出版第一本桃園縣人權歷史口訪書籍——《重生與愛》，讓我們看到二十五位政治受難者與家屬的歷史見證，裡面有河洛人、客家人、原住民。當不幸的劫難到來時，是不分族群的，這些默默承受苦難的前輩和他們的家屬，原來就在你、我身邊，在這本書裡，我第一次知道桃園航空城公司董事長劉志清，其父親劉鎮國被槍決前，在獄中家書裡為沒見過面的兒子取名：「志清」。另本府原民局副局長林日龍也是受難家屬，他的祖父樂信．瓦旦（漢名：林瑞昌）亦被槍決。他們所走過的苦難歲月，是我們桃園縣民的歷史記憶的一部分，了解他們的苦痛，是我們彼此相互關懷的開始，也是年輕人認識自己的父祖的起步。

過去的不幸歷史，我們可以寬容，但是不該遺忘。不同的人，對白色恐怖的歷史，都會有不同的解讀和看法，我們予以尊重，但我認為所有的執政者，都應該站在人民的立場來省思，不讓過去的錯誤與悲劇重演，秉持「重生與愛」的理想，重建桃園縣的人權歷史記憶，去認識與了解受難者與家屬的苦難，體恤他們重建家園的辛酸，讓我們的社會，因為更多的了解，而能有更好的包容，用愛來包容過去歷史的傷痕。

桃園縣長

吳志揚

局長序

記錄民主人權歷史的使命

桃園縣十三個鄉鎮市中，閩南和客家各有六鄉鎮市，加上一個原住民的復興鄉，而各鄉鎮中有許多的軍方機構和外省眷村。從一九四七年爆發二二八事件之後，隨後的五〇年代白色恐怖，桃園縣受到相當長遠的影響，被捕、槍決、入獄的受難者人數，高達將近四百人。過去長達三十八年的戒嚴年代，在桃園縣所發生的白色恐怖政治受難案件，一直被視為禁忌，社會普遍不能真正瞭解那一段歷史的傷痕。

今年，桃園縣政府文化局在國家人權博物館籌備處協助下，著手白色恐怖口述歷史的採擷，委由專業團隊結合本縣在地文史工作者，目前完成二十五位政治受難者和家屬的訪問和文稿，並出版專書。

這本書反映了閩南、客家、原住民的受難歷史，呈現大桃園族群受難的多樣面貌。透過本書，我們看到有人因積極參與社會改革而被槍殺或坐牢，以及無辜被牽連者，大部分的家庭因而破碎，令人不忍。我們也看到受難者第二代對於過去歷史記憶的不同解讀及詮釋。

臺灣能從過去的長期戒嚴、黨禁、報禁，走到今天的民主、人權的社會，背後有許多我們不知道姓名的政治受難者走過的艱辛路，沒有他們和家人的犧牲，我們可能不會那麼快享受到今天的自由與民主。我們期待日後能訪問到更多不同年代的受難者和家屬，包括外省籍、軍中的政治受難者或家屬，更完整的呈現當年桃園縣各族群、各階層受難者的集體記憶，讓我們更深刻地瞭解縣內珍貴的人權歷史資產。文化局任重道遠，邀請所有縣民共同來關心、採集我們的在地故事。

桃園縣政府文化局出版這本人權歷史的專書，除了保存桃園縣的傷痕歷史記憶，更是為了向這些推動臺灣社會進步，因而受難的前輩及其家屬們致敬，希望所有的受難歷史，不再是禁忌；所有的受難者前輩，不再是沒有姓名和臉孔。

桃園縣政府文化局 局長

張壯謀

IX 重生與愛

導言

桃園豐厚的口述證言

陳銘城

二二八之後清鄉、白色恐怖漫長期間，已知桃園縣有將近四百位政治受難者。直到現在，才有機會出版第一本人權歷史的口述書籍。雖然晚了一些時間，但在文化部國家人權博物館籌備處、桃園縣政府文化局的支持下，總算跨出第一步，展開採訪、記錄戰後桃園社會的歷史傷痕。重現歷史的傷痛記憶，不是為了重掀苦難的疤痕，而是要知曉過去的錯誤、記取歷史教訓以撫慰亡者。

居住桃園超過六十年，我聽聞過許多的政治受難案情，因緣參與二二八、白色恐怖的採訪及調查。一九九九年，我曾策畫桃園縣二二八與白色恐怖的追思活動《桃花泣血祭》，因此接觸、認識多位受難前輩與家屬。今年桃園縣政府文化局委託臺灣游藝公司，在很短的時間，由多位長期從事文化、社區工作的朋友，一起完成政治受難者和家屬的口述訪問，其中有當事人或家屬寫的文章，及更早前的訪稿改寫，希望能讓讀者和關心者，對大桃園地區當年的受難歷史，有進一步的瞭解。

表達桃園在地性與時間縱深

本書文章，大致依據案件判決的年代先後順序，從一九五〇年代初的個別案件受難者當事人或家屬訪談、自撰稿，依序編排，蘆竹鄉戰後首任鄉長林元枝的相關案件，則集中於書的後半部。收錄於本書的文章反映了桃園在地人或現居住桃園的受訪者，在在表達了地緣的時間縱深和空間的特殊性，其中有原住民、客家、河洛族群的案例；也有夫妻、父子對話。簡介說明如下：

陳景通原是鐵路局駕駛員，二二八之後，為尋求社會正義，加入地下組織，擔任南北的連絡工作，這是他生平首度說出心中的祕密；兒子陳泰源見證世代對歷史的認知差異。楊梅客家人、平埔族後代的衞德全，當老師時被誣陷入獄，身心飽受傷害，愛彈琴的他，現在不敢彈，夜晚睡覺，一定要開著燈；太太鄒秀連不但要協助丈夫、操持家務，還要面對丈夫後母的荼毒，她照料他的生母、養母和後母後事，很難想像如此堅強的女性，如何度過種種生活困境。

九十高齡的邱景耀見證八德地區案的荒謬，他曾被日本徵召到南洋當軍伕三年，戰後被關七年，他的人生閱歷，值得一讀；兒子邱文華關注八德地方文史。和他同案的劉鎮國是八德鄉公所戶政員，被判死刑，由三弟劉登科去臺北領回屍體，那段刻骨銘心的過程，令人動容。「志清」是劉鎮國被槍決前，在獄中為獨子所取的名字，劉志清也提供很多未出土的亡父文物、獄中家書。

陳顯宗曾到日本當海軍少年工，戰後是桃園水利會職員，沒參加任何組織，卻被牽扯入獄十二年；在綠島坐牢時，設計引水道，讓難友免於挑水之苦，獲頒獎狀，出獄後娶同案難友楊國宇妹妹為妻。

地方菁英遭到槍決 家人傷痛

陳惠珠是桃園傑出女性企業家，父親陳振奇原是桃園縣政府福利社雇員，被控參加地下組織遭槍決，陳惠珠找尋父親受難真相，當她看到父親槍決前，抄寫的佛經手稿後，她才瞭解父親為何在槍決前的照片面帶微笑地離開人世間。

徐文贊被關近三十三年，是桃園縣被關最久的白色恐怖受難者，他當年是主動打聽要加入地下組織的熱血青年；出獄後娶李麗月，老伴互相扶持。謝義雄在新店鎮公所上班時，曾去面會他被捕的二哥謝傳卿，後來自己也因另案被捕，兩兄弟在綠島同囚；出獄後兄弟為減少親友的麻煩，選在同一天結婚宴客。鄭再添是離職刑警，因幫桃園鎮無黨籍人士簡如淡選上鎮長，三個月後被捕，原判十二年，卻因不配合去抓逃亡中的林元枝，後來竟改判死刑。

觀音鄉的農民邱桶和向紅為，都因新農會案被判死刑。長期深耕觀音地方文史工作的退休老師潘忠政，在二十年前，就挖掘他們的受難事蹟，此次再訪邱明昌，改寫多篇口述採訪稿，立體化邱桶這個人，同時也訪問向整坤，請他細說父親向紅為受難的故事。

泰雅原住民公醫樂信・瓦旦（漢名林瑞昌）被槍決，是桃園縣復興鄉山地清鄉的受難代表，他的小兒子林昌運醫師，寫出父親、二哥林茂秀（被關兩年）和他，一家三位醫師奉獻山地醫療八十多年的過程。

林元枝相關案 牽累眾多親友

本書後半段，收錄林元枝及相關案件的受難者與家屬；二二八事件時，當時蘆竹鄉長林元枝基於職責，出面率領地方自衛隊，接收附近軍用機場武器，後來遭政府通緝，而逃亡五年多之久，他的親戚吳敦仁、好友李永壽及戴連福、同事黃玉枝，都受到牽連。從林元枝的長子林森岷，三子林秀峰的訪談，描繪出父親林元枝的逃亡過程，以及他們兄弟分別到綠島探望父親的心情。吳敦仁是林元枝的親戚（姐夫是林元枝四弟王傳培）和追隨者，他與林元枝一起逃亡五年多。吳敦仁生前受訪時，第一次說出逃亡經過，很有參考和研究價值，他的兒子吳泰宏在看到文章後，才對他父親的過去有所瞭解。

李永壽生前於一九九七年接受筆者採訪，並提供珍貴資料，敘述他與父親都因熟識林元枝而被捕，家庭陷入慘境。兒子李守信說出父親李永壽年輕時坐十年黑牢，年老時又因腦瘤開刀，臥病十年過世的悲哀。黃玉枝也曾和林元枝去大園軍用機場接收武器，他被判死刑，留下珍貴的獄中家書和槍決前的絕筆信，黃玉枝弟弟黃玉麟談到哥哥的冤死，很讓人感動。

戴文子的父親戴連福是林元枝好友，因此受牽連逃亡和坐牢，身為長女的她，一肩挑起家計與責任，還曾帶大弟去綠島探望父親。

桃園縣政府文化局推動人權口述計畫，除了出版本書，因為時間、各種條件限制，出版同時，未能收錄所有其他持續進行的口述採訪稿、撰寫稿，敬請受訪者及撰稿者多包涵；此書主要文章集中於一九五〇年代的個案，亦請讀者諒解，而本計畫包含所有的書中文章，以及未收錄的受訪稿，將全部收錄於期末報告書，除了供關心人士、研究者參考，我們也期待，桃園豐富的人權歷史素材，能夠由國家人權博物館籌備處和桃園縣政府文化局，繼續共襄盛舉，出版人權歷史文集，嘉惠縣民和全體國民。

受難者簡介

照片：陳景通 提供

陳景通 1925年生

臺灣苗栗後龍人

日治時代自公學校畢業到臺北，考上鐵路部擔任火車司機，曾經載過日本皇族。戰後熱烈學習國語，結交朋友，加入地下組織，暗中協助祕密連絡任務。1950年8月「鐵路局案」，判刑15年；曾關押保密局南北所、軍法處、安坑軍人監獄，兩度到綠島新生訓導處，從臺東泰源監獄釋放；獄中受罰多次，幾乎喪命。現定居桃園蘆竹鄉已經17年，三代同堂。

〈運轉手的人生〉　受訪者 陳景通

〈藏在衣櫃照片的祕密〉受訪者 陳泰源（陳景通的兒子）

照片：取自「綠島人權園區」新生訓導處展示區「青春．歲月」展區

衛德全 1930年生

臺灣桃園楊梅人

出生後過繼給平埔族後代衛姓人家，就讀楊梅公學校、桃園農校、臺北師範。在楊梅國校任教時，莫名被捕。1950年9月「臺灣民主自治同盟宋孟韶等案」（楊梅案，因中壢義民中學案牽連），判刑10年；長期關押綠島新生訓導處，編在第五中隊，擔任樂隊公差。出獄後自認變了一個人，不再熱愛音樂；燦爛人生，變得灰色，幸賴太太辛苦持家，晚年吐露受難真相。現住中壢。

〈黑夜漫漫無時盡〉受訪者 衛德全

〈撐過磨難考驗〉　受訪者 鄒秀連（衛德全的妻子）

照片：取自「綠島人權園區」新生訓導處展示區「青春．歲月」展區

邱景耀 1926年生

臺灣桃園八德人

邱家世居八德超過兩百年，邱景耀有八兄姊，兄弟四人都去當日本兵，他在新幾內亞戰地求生3年；戰後滯留俘虜營半年，回到臺灣，難以適應。之後到八德鄉公所上班，常與朋友相聚批評時政，被牽連。1951年6月「省工委桃園徐木火等案」（八德鄉公所案）判刑7年，關押軍監、綠島。釋放後，於桃園市茄苳溪附近開設米店，養育三名子女長大後，搬回八德老家定居。

〈戰地歸來 七年牢災〉受訪者 邱景耀

〈八塊文史另一章〉 受訪者 邱文華（邱景耀的兒子）

照片：劉志清 提供

劉鎮國 1926-1951年

臺灣桃園八德人

1950年11月24日被捕，以「省工委桃園徐木火等案」1951年8月28日被槍決，同案有：徐木火、鍾水寶，同日遭槍決。另有鍾桃、邱景耀等八德人被判徒刑。判決理由：參加匪黨地下組織與集會。劉鎮國在軍法處看守所時，與家人通信，才得知妻子在1951年5月18日生下一個兒子。劉鎮國在獄中家書中為兒子取名為「志清」，似乎也表白自己：「心志清白」。

〈取名志清的血淚故事〉受訪者 劉登科（劉鎮國的三弟）

〈不畏艱困 逆游而上〉受訪者 劉志清（劉鎮國的兒子）

照片：取自「綠島人權園區」新生訓導處展示區「青春．歲月」展區

陳顯宗 1928年生

臺灣桃園觀音人

16歲那年，去日本當少年工。日本戰敗後，回到臺灣，考取臺北市開南商工土木科，1950年7月畢業，8月間進入桃園大圳水利委員會工務課擔任設計股臨時雇員。1951年7月「臺灣省工委桃園街頭林秋祥案」，在桃園水利會辦公廳被捕，後經判刑12年，送至綠島，於1962年出獄已35歲。釋放後，娶難友楊國宇妹妹為妻，夫妻扶持，育有兩子，定居桃園市。

〈銘心的記憶〉受訪者 陳顯宗

照片：陳惠珠 提供

陳振奇 1927-1952年

臺灣桃園市人

畢業於臺北市開南商工，係桃園縣政府員工福利社雇員。1952年6月「省工委海山地區圳子頭支部呂華璋等案」，其中陳振奇、陳清順、黃國和、劉明錦等15人，被控於1949至1950年間，先後參加匪幫組織，參與叛亂會議、顛覆政府，陳振奇於1952年12月9日被槍決。女兒陳惠珠為追尋父親真相，持續努力，父親留下宗教經文，仿如前世今生的交會。

〈為父親討回名譽與公道〉受訪者 陳惠珠
（陳振奇的女兒）

照片：曹欽榮 攝影

徐文贊 1929年生

臺灣桃園市人

戰前考入電信局，被派到桃園的埔仔收報臺，後來到大湳仔發報臺工作；喜愛閱讀思想書籍，關心時局。戰後，主動尋找加入地下組織機會。1952年12月「省工委桃園無線電林清良等案」，判無期徒刑；曾關押軍法處、新店安坑軍監、綠島新生訓導處、泰源監獄、綠島綠洲山莊，坐牢長達32年3個多月。59歲再婚，夫妻互相照顧，定居桃園市國際路。

〈回家的路等三十三個年頭〉受訪者 徐文贊

〈不懂政治事 老來相伴〉 受訪者 李麗月

（徐文贊的妻子）

照片：取自「綠島人權園區」新生訓導處展示區「青春．歲月」展區

謝義雄 1930年生

臺灣桃園市人

1950年畢業於桃園農校，奉派新店鎮公所。1952年因自首的桃園農校同學供稱在校實習分組討論時，曾批評時政，謝義雄和同學也是同事的溫春鄢都被捕。1952年12月「溫春鄢等案」判決，謝義雄判8年，溫春鄢判15年。謝義雄二哥謝傳卿於1949年另案被捕，判刑12年。兄弟在綠島相遇。謝義雄於1960年8月27日出獄，二哥還在綠島。二哥釋放後，兩人擇期於同一天舉行婚禮與婚宴。其兄謝傳卿已病故。

〈兩兄弟受害〉受訪者 謝義雄

照片：鄭勳哲 提供

鄭再添 1911-1953年

臺灣苗栗苑裡人

日治時期和戰後，奉派在桃園分駐所擔任刑警。二二八事件時，曾勸阻青年，不可放火燒縣政府；二二八後，他因和保安警員衝突，遭分局長關禁閉，被撤職。因支持無黨籍的簡如淡當選桃園鎮長，並擔任鎮公所總務課長，三個月後遭逮捕。原判刑12年，因他不願答應官方去抓逃亡中的林元枝，竟在1953年1月21日（鄭再添等案）被改判死刑。1953年1月24日遭槍決。

〈寡母攜十子 走過荊棘路〉受訪者 鄭勳哲（鄭再添的四子）

照片：邱明昌 提供

邱桶 1913-1953年

臺灣桃園觀音人

關懷弱勢、充滿理想，是街坊鄰里口中的孝子。案發當時是中國國民黨黨員、桃園縣議員。1953年因「張旺等案」被以「意圖以非法之方法顛覆政府而著手實行叛亂」起訴，與同案被告張旺、溫勝萬、梁標、陳阿呆、廖奕富、梁維潘、陳金成等被判處死刑，1953年5月14日槍決，褫奪公權終身，全部財產除酌留其家屬所需生活費用外均遭沒收。

〈佃農代言人邱桶〉受訪者 邱明昌（邱桶的兒子）、邱桶的親友

照片：向整坤 提供

向紅為 1901-1953年

臺灣桃園觀音人

1953年因「張旺等案」和同村的黃二郎、唐春爐、李新泉等人被判死刑，理由是參加匪幹葉深領導之應變會，並多次留宿葉深、林希鵬等人，於1953年5月16日遭槍決。他過世後，家庭生計陷入困境，妻子向姜篆妹靠著祭祀公業的一甲多土地，養育六個兒女長大成人，備極艱辛。

〈記憶中的父親〉受訪者 向整坤（向紅為的兒子）

照片：林茂成 提供

林瑞昌 1899-1954年

臺灣桃園角板山人

泰雅族名樂信．瓦旦，漢名林瑞昌，原居住三峽鎮大豹社部落，後被日人強占三峽土地，被迫遷移到角板山（桃園復興鄉）。戰前經歷日本殖民統治，受現代醫學教育，在中北部部落從事醫療工作，為原住民爭取權益，戰後擔任省參議員，向政府爭取「土地返還」原住民。1952年2月「原住民湯守仁等案」，原判15年，後改判死刑；1954年4月17日，林瑞昌與阿里山鄒族湯守仁、高一生、汪清山、方義仲及復興鄉警察高澤照等6人被槍決。

〈原住民菁英政治受難回顧〉作者 林昌運
（林瑞昌小兒子）

照片：林秀峰 提供

林元枝 1910-1982年

臺灣桃園蘆竹人

蘆竹鄉戰後第一任鄉長，二二八事件時，因鄉長的使命感，以及被地方上青年要求出面領導，維持治安。他率隊去大園軍用機場接收國軍武器，後來國軍展開鎮壓，他開始逃亡5年多，直到1952年夏天才出來自新。因政治考量，當局將未經判決的他，調去綠島新生訓導處，名義上是少校教官，在綠島服刑17年。直到1970年才由三子林秀峰寫信給警總，要求讓已超過60歲的父親林元枝保釋回家。

〈苦難折磨教會我的事〉受訪者 林秀峰（林元枝的三子）

〈政治犯之子的脫困人生〉受訪者 林森岷（林元枝的長子）

照片：吳泰宏 提供

吳敦仁 1923-1999年

臺灣桃園蘆竹人

吳敦仁因姐夫王傳培是林元枝的四弟，在二二八事件中，他曾跟隨林元枝率領的青年，到大園埔心軍用機場「接收」武器；後來又在簡吉的影響下，加入地下組織。逃亡五年多的吳敦仁，曾在蘆竹鄉山洞裡油印過地下刊物「黎明報」，曾逃到通霄、苑裡火炎山一帶，當過香茅園工人、燒炭工人，直到上級領導紛紛被捕自新，他和林元枝等人出來自首。晚年成為虔誠的基督徒。

〈二二八改變父親的一生〉受訪者 吳泰宏（吳敦仁的兒子）

〈清鄉逃亡的黑暗日子〉 受訪者 吳敦仁

照片：取自「綠島人權園區」新生訓導處展示區「青春．歲月」展區

李永壽 1926-2008年

臺灣桃園蘆竹人

戰後任職蘆竹鄉農會。因二二八事件後，軍隊開始鎮壓，林元枝逃亡。李永壽和父親李萬福，都因熟識林元枝而於1950年遭逮捕，李父因自首被關兩個多月。李永壽則在1953年4月以「王石頭等案」，判刑10年。先後關押於保密局南所、北所，軍法處看守所、新店軍人監獄、綠島新生訓導處。出獄後，因被刑求致傷影響，身體不好；生活困頓，從事農產種植及雜工，晚年因腦瘤開刀，臥病十年。

〈他的命運都是在拖磨〉受訪者 李守信（李永壽的兒子）

〈一張合照 打入黑牢〉 受訪者 李永壽

照片：黃玉麟 提供

黃玉枝 1927-1953年

臺灣桃園蘆竹人

戰後畢業於省立桃園農校，進入蘆竹鄉公所擔任幹事。1946年底辭去鄉公所職務，在二二八事件時，參加林元枝等人到鄰近的大園軍用機場，接收國軍武器。事件後，取得教師資格，先後到蘆竹鄉大竹國校、南崁國校教書。1950年10月28日黃玉枝被逮捕，家人將近兩年沒有他的消息，直到林元枝自新後，才獲准和家人通信，家屬保存他在軍法處看守所寄回的獄中家書和絕筆信數十封。1953年9月8日「王石頭等案」遭到槍決。

〈為冤死的大哥哭泣〉受訪者 黃玉麟（黃玉枝的弟弟）

照片：戴文子 提供

戴連福 1915-2001年

臺灣桃園蘆竹人

是蘆竹鄉前鄉長林元枝的好友，二二八事件後林元枝逃亡，戴連福因此在1950年被捕，判刑13年半。約有12年在綠島新生訓導處服刑，擔任廚房工作。大女兒戴文子曾在1963年左右，帶著她的大弟去綠島和父親面會。戴連福在1964年出獄。出獄後，戴連福在蘆竹鄉山腳村山上種菜、養鹿、養雞，常和釋放後的老友林元枝見面聊天。

〈山仔腳的白色恐怖〉受訪者 戴文子（戴連福的女兒）

曹欽榮　攝影

運轉手的人生

— 陳景通訪談紀錄

陳景通曾經摔倒，行動不便、講話非常慢；兒子、孫子同時受訪。孫子認為阿公過去的事情，不會是不能講的事。陳景通直到最近才說出他曾參與地下組織活動，他說：「我因不滿祖國欺侮臺灣人，而間接加入地下組織，參與社會運動，以前的口述裡我都沒有講，那時也不能講。」

火車運轉手 日治時期受尊敬

我於一九二五年（大正十四年）十二月五日，出生在後龍水尾鄉下。有六位兄弟，我排行第三，還有兩位妹妹。家裡經濟情況不好，後龍靠海，父親常出海捕魚，沒捕魚時，就開雜貨店做小生意。我十幾歲就到臺北，臺北比較容易謀生，兄弟陸續去臺北。

我讀後龍公學校，畢業後讀高等科，等於初中；我愛讀書，身邊有讀書人就會請教他。一位舅公叫我去臺北，我準備一年時間，考上臺灣鐵路部（戰後為「鐵路局」）運轉士（日文，即火車司機）。運轉士很難考，都是臺灣人在考，我那一回幾百人考，錄取二、三十位。我沒有補習，在臺北火車站三樓鐵路部考試，科目有算數、日文、英文。考上後，到八德路中崙鐵路部訓練所，訓練一年多。

今天的臺北火車站西側北門，鐵路部有很多相關機構，我們就住在那裡，每天早上跑步到中崙上課。訓練完，當運轉手助理，有配宿舍給我，我家就在車站附近。運轉手在鐵路部很受尊重，火車到站之後，月臺長都要跟運轉手敬禮，確定車廂

1943年（昭和18年），陳景通18歲時留影。（陳景通 提供）

內已經沒有人，我才開走火車。光復後，運轉手改稱司機，戰前戰後對職業的尊重程度，差別很大。日本時代，我的薪水一個月一百多元，警察才八十元。賺一天的薪水，買好幾斤米，運轉手在日本時代待遇很好。

我曾經載過日本皇族，昭和天皇的兩位弟弟都曾經來臺灣，兩次都是我負責駕駛，他們選擇開車技術好、不曾犯規的運轉手。我的服務成績很好，不曾發生事故，開火車很規矩。他們坐的列車，經過月臺，民眾都要低頭行禮，不能看皇族列車，車廂都是紅色的，每一站的月臺都有人行禮，列車經過月臺不能停，我從臺北直接開到彰化，換人開，再開到高雄，之後回頭。

戰時，運轉手不用去當兵，我被派去基隆的海洋學校訓練，訓練完、戰爭也結束了。戰爭末期，美軍轟炸臺灣，記得常躲空襲，當時的總督府（總統府）曾經被炸。

日本時代，我自認為：我就是臺灣人，只是讀日本書。

1950年1月15日，陳景通任職鐵路局時留影。（陳景通 提供）

二二八米價暴漲 心生不滿

一九四五年戰爭結束，那一年初，我二十歲結婚，太太陳洪草十九歲，後龍後埔人，我們是同一庄的人介紹認識。結婚在後龍按照古禮辦的，先送聘、送餅。戰後，我們於一九四九、五〇年，生了兩位女兒。兒子是後來保外就醫，一九六二年生的。

戰爭結束初期，社會普遍困苦，很多人挨餓受凍。我親身經歷被糟蹋（臺語，凌虐）的經驗。當時年少氣盛，愛替人打抱不平。戰爭末期，物資極缺乏，窮苦人家幾乎沒得吃。但是剛光復，一斗米二塊多，到一九四七年二二八發生時，一斗米漲到十塊多，我真的很不滿。

美軍來臺灣時，火車車站常常人擠人，火車載滿滿的美軍。臺灣各地、臺北熱烈歡迎祖國，想到日後生活，我很認真學「國語」。利用工作以外的時間去參加社會運動，四處奔走，從報紙知道社會很多問題，當時我也以為中共即將解放臺灣，加入地下組織[1]，準備「接應」，根本沒有存錢買房子的打算。

拚命學習國語 現學現教

我曾經參加讀書會，認識一位從大陸來臺灣的陳伯達先生，住我們宿舍附近，他是廈門大學畢業的，他教我們ㄅㄆㄇㄈ，因為大陸會來臺灣接收，我想要學國語，自己也很有興趣，年輕反應好，認真學得很快。加上我去陳祖厝（**現在建成分局後方**）學漢文，很有名的陳德生在那裡教，我曾經教過他的兩位女兒國語；他研究漢學，教十五音的基礎拼臺灣話。我拚命學習漢文和ㄅㄆㄇㄈ，也去補習班補習。

我學到可以去當老師，在永樂國校教ㄅㄆㄇㄈ，有人介紹我去參加大橋頭的「三民主義青年團」。我曾經開被美軍轟炸過後來又修好的「台北號」火車去歡迎陳儀，沒想到青年團成員，後來很多人在二二八受害。

在永樂國校教國語補習班，有四班，有三位老師在教，現學現教，今天學的明天回到學校教學生；學生有來自二重埔、三重埔和大橋頭附近的人。教育廳知道了，要我參加「國語推行委員會」。鐵路局的人看我教國語，教得不錯，叫我在局裡教同事，到我一九五〇年五月被捕之前，陸續都在教國語。

---

1 依據判決書：「陳景通於三十八年二月為許欽宗吸收，合組鐵路局台北機務段支部，由許欽宗擔任書記」。

我現在還會講國語，我和一些難友不同，他們很多人到綠島才漸漸會講國語，但是不一定會用注音符號。我被抓之前就會講，在綠島新生訓導處，外省人算多，我反而盡量不講。因為我很氣，光復初期很委屈，臺灣人被大陸來的人糟蹋，真的很看不慣啊！

開火車載二十一師 兵仔用槍脅迫

二月二十七日傍晚，圓環的天馬茶房抓私菸，發生事情，打死一個人，我去看，很多人！二月二十八日清晨五點多，我從臺北開出頭班火車，到了艋舺火車站，目睹警民對抗。遇到桃園菜販擔菜上火車賣菜，火車上的警察、一些阿山兵仔很兇，將菜販摔倒，踢他們，我看得一清二楚，很不滿，菜販給這些中國兵仔欺負，我真不滿，心裡那時就有反抗想法。

二二八那天，我跟隨打鼓隊，到長官公署前抗議。公署開槍後，大家逃命，人都跑散了，我住火車站附近宿舍，逃回家躲起來。二二八之後，我想要去日本，有親戚相邀，但是大哥不讓我去，那時，我想要跑路（臺語，逃亡）。

三月八日，從大陸調來軍隊，在基隆上岸。三月九日鐵路局要我去基隆載二十一師「土匪仔兵」到臺北，再到宜蘭、蘇澳。我是資深司機，鐵路局派我這份工作，兵仔坐滿整列八臺火車車廂，路上一看到山頂有奇怪的情況，他們就開槍。那時火車燒煤炭，我在運轉臺旁，被他們的機關槍押著，不能隨意亂動，沿路上不讓我們說話，好在我會講國語，還能稍微和他們講一下，不然一路上，很緊張。

到了蘇澳，我又回到宜蘭，卻把我們關在織布會社旁的房間，大概怕司機跑掉吧！關了一個禮拜或十天，不讓我離開，我和兩位副駕駛，還載他們回來。他們四處去沒收武器。回到臺北，才聽同事說：王明朝失蹤了！

司機工會會長 竟成基隆港浮屍

我的同事王明朝，是鐵路司機工會會長，他幫忙會員爭取待遇，得罪人吧！同事許欽宗[2] 和我，一起到基隆的第三碼頭去找，找到時，他手被鐵線穿過。在碼頭看到十幾個浮屍，他在那裡漂浮，因為衣服上的鐵路局徽章，我們才認出他，他的屍體已經浮腫，死狀很慘。我們趕緊聯絡他的家人，收屍回來埋在基隆八堵的公墓。

王明朝家裡的人四處找人，問哪裡會丟死人、還是會填港（即人被殺後丟進海港裡）。我們同事之間感情都很好，協助他家人到處去問，才會找到基隆第三碼頭去。心裡雖然害怕，當時也沒想那麼多了。

參加共產黨 擔任聯絡人角色

二二八之後，很多同事、朋友會討論：再來怎麼辦？許欽

2 許欽宗（1922-1950），臺北人，與受訪者同案，1950年10月21日槍決。

陳景通受廖瑞發的影響，加入地下組織。圖為廖瑞發少數的照片之一。（廖至平提供）

宗帶廖瑞發[3] 來我家，許先生帶他來，知道地方後，廖瑞發自己來住很多次，十次有吧！都是好朋友，太太不會問什麼人。她不知道我參加共產黨的事，我沒跟她說，當然不能講。廖瑞發人很親切，他跟我解釋大陸現在什麼情況，幫我介紹時事。

他多我很多歲，曾經派我坐火車去聯絡人，去臺南、嘉義，我都不認識，不是鐵路部的人，應該是黨的人，沒說名字，只將東西交代給誰，我回來報消息，你要交東西給對方。我坐火車不要錢，利用坐火車聯絡好幾個人。蔡孝乾[4] 去嘉義，我以後才知道的，我配合廖瑞發派給的任務，總共去南部十多趟，去臺南、嘉義要一整天。他交代在哪裡等人，拿東西

3 廖瑞發（1910-1950），臺北人，涉1950年「臺灣青年會案」，1950年7月2日被槍決。

4 蔡孝乾（1908-1982年），彰化花壇人，日治時期曾參加文化協會，思想左傾，入中國上海大學就讀。1927年因臺灣黑色青年聯盟事件被日本政府逮捕，後免訴釋放。1928年赴中國，到江西瑞金共產區，並隨共軍兩萬五千里長征，入延安。戰後1946年7月潛臺發展共黨組織，1950年1月被國民黨政府逮捕後自新，傳言他供出在臺共黨地下組織人員，後任中央情報機關匪情研究室少將及研究室副主任。

給他，他拿東西給我。算聯絡人吧，這都是廖瑞發直接交代，他很信任我，他說不能跟任何人講，我說我不會講。

還有，在臺北火車站散發宣傳單，我能自由進去。半夜爬到最高地方，撒下傳單，讓它飄…，這件事我以前沒有跟別人講過。這些事情，都不能講，以前的訪問，參加共產黨，我都不能講。因為吳聲潤[5] 會長講出來，我才願意講，這是事實！當時不會去想到如果怎樣，不會！只是想，死就算了，以前大家的想法都是這樣，死就算了。

受廖瑞發影響 加入地下組織

戰後，二二八之前，是王萬得[6] 介紹我參加讀書會，我才認識廖瑞發，他講了很多日本時代的故事給我聽。鐵路局主要以臺北機務段為主，許欽宗後來是我們小組的書記，許欽宗介

5 吳聲潤，1924年生，高雄六龜人。涉1951年「臺北市工委會松山第六機廠支部傅慶華案」，判刑12年。參見〈吳聲潤先生訪問紀錄〉，中央研究院近代史研究所，《戒嚴時期臺北地區政治案件口述歷史（二）》（臺北市：中央研究院近代史研究所，1999），頁811-821。另參見吳聲潤著，《白色恐怖受難者：吳聲潤 創業手記——一個六龜人的故事》（吳聲潤自印，2010四版）。

6 王萬得（1903-1985），臺北市人。曾就職於新營、淡水、臺北郵政局。1922年加入臺灣文化協會，任《臺灣民報》事務員，1927年到中國，加入中共到南京活動，並將勢力滲透入文協，親中共的做法與謝雪紅相違。1931年7月17日被捕，判刑13年。戰後與潘欽信等參與二二八事件，後被通緝，逃往中國擔任政務委員及臺灣民主自治同盟顧問，後被中共批鬥、下放，1985年過世。參見許雪姬總策畫，《臺灣歷史辭典》（臺北市：文建會，2004），頁215-216。

紹我認識郭琇琮[7]。

我加入地下組織時，有正式宣誓，由吳思漢[8]監誓、許欽宗算是介紹人，李水井[9]有來探頭一下。宣誓的地方在建國啤酒廠附近的瑠公圳圳溝，以前的新生北路。然後，吳思漢介紹我認識李水井、王康旼[10]。當時是個人個別宣誓，印象中沒有

---

7 郭琇琮（1918-1950），臺北士林人，祖父前清舉人。經臺北一中、臺北高校入台北帝大醫學部。1944年組反日組織，判刑5年。戰後復學，任講師及衛生局防疫科長。經介紹加入地下組織，認識蔡孝乾，暗中與許強、吳思漢等人發展學生、農工組織。1947年10月任臺北市工委，1948年參加香港會議歸來任臺北市委書記。1950年5月2日以涉「臺北市工作委員會郭琇琮等案」被捕，時任臺大醫學院助教，1950年11月28日被槍決，年33歲。參見許雪姬總策畫，《臺灣歷史辭典》（臺北市：文建會，2004），頁819。

8 吳思漢（1924-1950），臺南人。涉1950年「臺北市工作委員會郭琇琮等案」，1950年11月28日被槍決，原名吳調和。參見黃華昌，《叛逆的天空》（臺北市：前衛，2004）；林恩魁回憶錄，《荊棘．冠冕．動盪歲月－林恩魁醫師自傳》（臺北市：草根，2008）；顏世鴻，《青島東路三號》（臺北市：啟動文化，2012）；藍博洲，《尋找祖國三千里》（臺北縣：臺灣人民出版，2010）。另參見蘇友鵬訪問紀錄，中研院近史所，《戒嚴時期臺北地區政治案件口述歷史(一)》(臺北市：中央研究院近代史研究所，1999)，頁162。

9 李水井（1920-1950），臺南人。涉1950年「省工委會學生工委會李水井等案」，1950年11月29日被槍決。參見許進發編，《戰後臺灣政治案件：學生工作委員會案史料彙編》（臺北縣新店市：國史館；臺北市：文建會，2008）。

10 王康旼（1927-2007），鹿港人，涉1950年「省工委會鐵路部份組織李生財等案」，被判15年。王康旼口述，參見中研院近史所，《戒嚴時期臺北地區政治案件口述歷史（二）》（臺北市：中央研究院近代史研究所，1999），頁797-808。王康旼於1947年自北京回臺，曾任教北市女中半年、靜修女中1年半（約1948年初至1949年中）、淡江中學1年，1950年6月8日被捕。著有《台音正字彙編．台灣羅馬字版》（2007）。

陳景通（左）與王康旼（右）於1952年，攝於綠島新生訓導處，這是兩人難得的合照。（陳景通提供）

寫自傳，小組成員在一起會討論宣傳單、《光明報》[11]、上面的指示、大陸現況的報導。

鐵路局和郵電單位的地下組織[12]上級原本都是廖瑞發，後來移交給吳思漢負責。吳思漢交代我做什麼事，講話都短短

11 光明報，中共在臺地下組織刊物，1949年8月被查獲後，引發當局後續追查地下組織線索。1950年初，某些政治案件檔案記載，查獲光明報。

12 鐵路案，即臺灣省工委會鐵路部分組織案，省工委會臺北市委員吳思漢、李水井等自1947年起，即以火車司機、司爐以及鐵路局員工及工會會員為對象，先後在鐵路局成立鐵路局支部、臺北機務段第二支部。分別由李生財、張添丁、林德旺、許欽宗擔任書記，並成立讀書會，閱讀左派書籍。1950年5月10日吳思漢、李水井被捕後，保密局循供逮捕25人。郵電案，即臺灣省工委會郵電總支部案，1946年9月計梅真、錢靜芝奉中共華東局之命，任教臺灣省郵務工會國語補習班。1947年夏，由省工委會蔡孝乾領導，分別建立臺灣郵政管理局、臺北郵局、臺灣省電信管理局及婦女等4個支部，總稱郵電總支部。1949年7月間，並針對郵電局外省與本省員工的差別待遇，發起改班與提高待遇運動，是戰後首次工潮。1950年1月29日，蔡孝乾被捕後，供出地下組織，保密局共逮捕35人。參見許雪姬總策畫，《臺灣歷史辭典》（臺北市：文建會，2004），頁1107-1108。

幾句，我認為他屬於菁英的典型，聰明乾脆，與廖瑞發不太一樣。現在有檔案，知道廖瑞發於一九五〇年七月二日被槍決，當時三十九歲；吳思漢同年十一月被槍決，很年輕才二十七歲。廖瑞發和吳思漢被槍決時，我雖然已經於五月被抓，在獄中並不知道他們被槍決。

我認為廖瑞發是值得尊敬的人，他很慈祥而實在，他常與我聊到社會道德問題，也會拿資料給我看，講生活上的事情比較多。我們經常一起吃、睡，他經常到我鐵路局宿舍住。現在是民主時代，講出他為了臺灣，他的反抗精神很重要，當時是不是共產黨地下組織成員，已經也沒有太大關係了。好像在我們難友的餐會，見過一次廖瑞發的兒子，他對父親完全不了解。現在很少人知道廖瑞發，他是臺灣人中較早被槍決的一個[13]。廖瑞發、李中志[14] 是第二批被槍決的臺灣人。

參與舞臺劇演出 闡揚民主

李中志，我曾見過他，他曾親口向我說，他是華東局的聯絡員。當時我認識：廖瑞發、李中志、吳思漢，算是鐵路局很早與他們認識的人，只是之前我比較渾沌。我先認識廖瑞發，看起來，我當時是會被「砰」掉，現在回想，為什麼我沒有被

13 林正亨、傅世明於1950年1月30日被槍決，是臺灣人第一批被槍決。參見許雪姬著，《林正亨的生與死》（南投：臺灣省文獻委員會，2001）。

14 李中志（1916-1950），臺北人，涉1950年「臺灣青年會案」，1950年7月2日被槍決。

林德星曾與陳景通參加地下組織，圖為他在獄中的檔案照片。（照片取自「綠島人權園區」新生訓導處展示區「青春·歲月」展區）

砰掉？是因為大家沒有講出其他人，只有我自己一個不講也不行…，有的人講出來就不妙。王康旼比較知道我的事情，他於二〇〇七年過世，他在學校時，我那時在國語推行委員會，廖瑞發和許欽宗有一天說，要介紹人給我認識，就帶我去靜修女中，和王康旼認識、談話。

我和王康旼不同組。跟我同組的有：林德星[15]、林明勇。我和王康旼認識，後來鐵路工會主辦舞臺劇《民主閻羅殿》，我們多次接觸。好幾次我們主辦《人道》、《民主閻羅殿》兩齣戲，那時演戲的人都是鐵路和郵電工會會員，我曾參與演出。《民主閻羅殿》當時很轟動，劇中有一句臺詞：「民主免跪」，意思就是：民主人人平等，不用下跪，民間很流行這樣的說法，組織就下令宣傳這種說法。王康旼是靜修的負責人，他以前在淡水中學教書。

15 林德星，1923年生，臺中人。涉1950年「林德星為匪宣傳案」，判刑8年。

現在想起來，鐵路和郵電上面最開始是廖瑞發，不知道廖瑞發為什麼移交給吳思漢？這個我不知道，上面的事情，我確實不知道。印象中與吳思漢見面很多次。在審問時我沒講到什麼重要關係人，才能留著這條命，可能別人也沒講到我什麼。

鐵路局臺北機務段成立「親睦會」，還叫我兼管籃球隊。聽說大陸要來解放臺灣，我聽過好幾次，上面有指令準備要接應。譬如說火車開到哪裡、也可以停駛；我們開會，高雄、嘉義、彰化、新竹鐵路局的人也會來。還好，在保密局沒有問到這些，從現在的檔案看到全臺灣各車站都有鐵路案，我並沒有了解很多。我推測當時臺北機務段參加組織的，至少有五十人吧，還有不少人沒有被抓，減少犧牲，算是不幸中的大幸。

被捕屢遭火炭刑求 未供出名單

一九五〇年五月十二日，我在八德路宿舍被捕，被送到保密局南所審問，他們懷疑我參加讀書會是叛亂組織，要我供出

陳景通在獄中時，他的兩位女兒寄給他的照片。（陳景通 提供）

其他人名單和活動。偵訊時，我沒有講什麼，才能逃過一死。在保密局被刑求，主要問是否參加共產黨組織，我說沒有。讀書會平常會傳閱一些書，被認為是在發展組織。組籃球隊也被認為是擴展組織，吸收人加入。特務刑求，他們不滿意我的回答，用燒紅的火炭燙手，還在傷處按摩，我痛得破口大叫。我被刑了兩、三次，保密局行刑的時間很短。問案的人多數說國語，少部分人說廈門話。

廖瑞發為什麼那麼早就被抓？他在保密局時出來小便，我有機會和他講話。他躺在走廊下，那時正在生病。保密局一間房子，都有一個糞桶，每日沒得吃，一間房間九尺長四尺寬，三、四十個人擠一間，很艱苦。不知道下港（南部）那些幹部還沒被抓，蔡孝乾也還沒被抓到，我想不通怎麼會廖瑞發先槍決掉呢？

送入軍法處牢房 人滿為患

離開保密局，我被送去大橋頭辜顏碧霞[16] 的鐵工廠。我去一、兩個月，就被送回軍法處。軍法處看守所，那裡人滿為患，九尺長四尺寬的牢房，關了二十幾人。一九五〇年十月初宣判，當日凌晨，同案張添丁、李生財、許欽宗、林德旺、

16 辜顏碧霞（1914-2000）。中國信託投資公司辜濂松的母親，高砂鐵工廠董事長，因資助文學家呂赫若，被以「為叛徒提供金錢」的罪名，判刑5年，家產高砂鐵工廠被沒收，充為審訊、羈押人犯的「保密局北所」。她有三個孩子，一子（辜濂松）、二女。辜顏碧霞於1942年日文創作小說《流》，1999年由邱振瑞翻譯出版。

朱永祥五人[17] 已先被送去馬場町槍決，其他同案二十個人跟著宣判，全部都被判十五年，我們二十人站開一整排，我都不認識，也不是同一個讀書會的成員。現在同案好像陳鏗、林向榮、林鏡明、林傑鋼[18] 幾個人都還在。

在軍法處我曾經與簡吉[19] 同房，以前我不認識他，後來他跟我說：廖瑞發在保密局睡在他旁邊，身體好像不太好的樣子。宣判後，太太有來看我，我叫她不要拿東西來，我剛被抓時，她帶著兩個女兒，去幫忙別人洗衣、煮飯，很辛苦養家。

之後，我被送到臺北監獄，一年後，一九五二年正月，我們鐵路案的和郵電案的七、八十人，從臺北監獄直接送到綠

---

17 1950年8月31日鐵路案判決25人，10月6日經蔣中正簽「如擬」，5人槍決日期1950年10月21日上午6時，憲兵第四團綁赴馬場町。張添丁（25歲，鐵路局臺北機廠車匠）、李生財（23歲，鐵路局事務員）、許欽宗（29歲，臺北機務段司機）、林德旺（28歲，臺北機務段司機）、朱永祥（22歲，鐵路局司事）。

18 同案其他人：除了李生財、張添丁、林德旺、許欽宗、朱永祥等5人被槍決；楊進豐、洪金木、蘇九、吳海瑞、郭兆慶、陳鏗、楊清順、賴子煥、蔡漢清、林向榮、陳健通、蕭成金、陳景通、林鏡明、林琳養、鄭添枝、涂龍西、王康旼、林明木、林傑鋼等20人，被判15年。

19 簡吉（1903-1951），高雄鳳山人。1926年組織全島性的臺灣農民組合。戰後，1946年4月「臺灣革命先烈遺族救援委員會」在桃園成立，簡吉被推選為常務委員兼總幹事，之後擔任桃園的「新竹縣忠烈祠」舉行革命先烈奉安典禮的陪祭官。1947年6月，簡吉經詹木枝介紹，與林元枝會面，並進行桃園地區組織活動。1949年10月擔任中共臺灣省工作委員會山地工作委員會書記，1950年被捕，1951年3月7日被槍決。參見《戰後臺灣政治案件：簡吉案史料彙編》（臺北縣新店市：國史館，2008）；另參見《許雪姬總策畫，《臺灣歷史辭典》（臺北市：文建會，2004），頁1310-1311；參見曹欽榮等整理，《流麻溝十五號》（臺北市：書林出版，2012），頁161。

島。我們這一批從臺北搭火車到高雄，再搭船從南臺灣去綠島；後來我才知道很多難友是從基隆搭船，直接到綠島。當時臺北監獄關的政治犯有鐵路案、郵電案和臺中案[20]，其中也有女性政治犯[21]。

劉明與楊逵曾與我關同一牢房

我和劉明[22]在臺北監獄同房，同房的還有楊逵[23]，以前就知道他的名字；還有廖文毅案的廖史豪、偕約瑟、鍾謙順、黃紀男、許劍雄、溫炎煋[24]等，我們叫他們是託管派的七個人。有時候在監獄裡面閒聊，託管派的說我是共產黨，講到最後，劉明會說：「好了！這樣就可以了，不要再講了！」劉明比較不偏向哪一邊。我和他們沒有衝突，他們比較有東西吃、有

20 臺中案，參見張常美、張金杏受訪紀錄，《流麻溝十五號》（臺北市：書林出版，2012）

21 參見曹欽榮等整理，《流麻溝十五號》（臺北市：書林出版，2012）。

22 劉明（1902-1993），嘉義人，涉1950年「臺盟顏錦華等案」被判刑10年。關押新店軍人監獄時，獲准與一些政治犯在附近山區開礦。

23 楊逵（1905-1985），本名楊貴，臺南新化人，臺灣作家。日治時期，曾以〈送報伕〉入選為東京《文學評論》徵文比賽第二獎。1949年因發表「和平宣言」遭逮捕被判刑12年。著有《鵝媽媽出嫁》、《壓不扁的玫瑰花》等。參閱許雪姬總策畫，《臺灣歷史辭典》（臺北市：文建會，2004），頁964。

24 廖文毅案：指1954年「臺灣再解放聯盟臺灣支部黃紀男等案」，廖史豪、鍾謙順、溫炎煋、偕約瑟、許劍雄、許朝卿等7人，被判無期徒刑至5年徒刑，邱慶隆、黃永香、鄭瓜瓞獲判無罪。參閱張炎憲等採訪紀錄，《台灣共和國》（上、下冊）（臺北市：吳三連臺灣史料基金會臺灣史料中心，2000）。另參考陳慶立著，《廖文毅的理想國》（臺北市：玉山社，2014）。

錢，還常常分東西給同房難友。

同房有十一個人，廖史豪家裡送東西進來，他都會跟大家分享；劉明家常常送菜來，也是分給大家吃。當時監獄裡的飯菜很差，一碗飯、一碗菜頭湯，飯是糙米，裡面都是小石頭，白蘿蔔湯濁濁的，像餵豬的餿水，跟他們同房，我吃得很享受。劉明的太太在我保外就醫時，曾經來家裡探望，我們很感激；劉明去世時，我很失禮，我們家由女兒代表去送他一程。

編入第十中隊 消極反抗吃盡苦頭

一九五二年正月春天，我們約有一百多人，一起從臺北監獄先坐火車到高雄，從高雄搭登陸艇到火燒島。到火燒島南寮後，再搭舢板船上岸，我們整好隊，走到新生訓導處，我編入第十中隊。

那時，新生訓導處還在建圍牆，我們常常要去海邊打石頭，扛石頭回營房空地。我們也常上山去砍月桃回來，蓋營舍、克難房屋頂；三餐大都吃黃豆、鹹菜乾，營養不足，我的身體健康很差。

姚盛齋當第一任處長，他在綠島採取恐怖政策，安排「抓耙仔」在每一中隊裡，打小報告的情形很多，我曾經三度於半夜被叫到碉堡審問，他們用拳頭橫掃過來，打我的頭。問我：「為什麼不講？」、「怎麼不說？」。還用棍子打我的腿部，這算是小刑求。

有一晚，我被叫去姚盛齋處長辦公室旁的碉堡，他們派三名中校審問我：「為什麼你們計畫要暴動？」我說：「絕對沒有這件事」。他們又問：「你們之中有組織？」我說：「沒有，我不知道！」他們又問：「你們各隊之間在聯繫要暴動？」我說：「我全部不知道。」又問：「你們某時大家到流麻溝[25] 開會，約定一些事情？」我說：「沒有這樣的事，流麻溝任何人都可以去。」因為新生營[26] 嚴禁各隊之間有聯繫，他們懷疑為什麼我認識別隊的人，我向他們表示，這些人在保密局、青島東路軍法處曾經同房。到了綠島，在操場做體操，到流麻溝洗澡也會碰面，互相問候吃飽沒，遇到相互打招呼是很自然的事情。我說：不過打打招呼，都要關十幾年，希望十幾年好過一點。他們一直問，為什麼跟某些人較熟？我還是告訴他們，因為以前在臺灣同住過一間牢房，也沒跟誰就比較好，跟誰比較不好。

幹事就說：「你要注意喔」、「你亂來」，而我確實也沒做什麼。認識別隊的「新生」，是因為每天都會碰面，互相打招呼是很自然的事。幹事主要是想知道我們是否在策劃暴動，調查時，我們隔壁隊的第七中隊都住滿人，就是從臺灣調來的「技術總隊」，他們都攜帶衝鋒槍，好像是準備有狀況時，射殺政治犯。後來問了才知道，他們是技術總隊。還好他們到綠

---

25 流麻溝，是新生訓導處最重要的水源，參見曹欽榮等整理，《流麻溝十五號》（臺北市：書林出版，2012）。

26 新生營，綠島人稱新生訓導處為新生營，之後不論綠島人、政治犯、官兵，都稱它新生營，稱政治犯為新生。

島沒多久，我們被送回來臺灣。

一九五三年四月，新生訓導處將被認為阻擾感訓者一百多人，移監到臺北。我們到碼頭搭貨船，而我們三十一個人[27] 銬著手銬，分開坐在船頭，其中關在碉堡的，有馬同超[28] 他們那些人，全部一起送回來。我們在基隆上岸，坐軍用卡車到安坑軍人監獄。

送回臺灣安坑軍監 幸未被槍決

一進入軍人監獄大門，我們三十一個人被叫到一旁角落蹲著，不准我們亂動，其他一百多人，被送進「仁監」、「信監」。到了傍晚，我們三十一人才送進「智監」最後二房的隔離房，與其他人不同監房。大家都認為我們被送回臺灣，會被槍決。

到了軍人監獄沒幾天，我被送到軍法局，在警備總部旁，隔日開庭。他們說：「你這條命是撿到的！」我問：「為什麼？」對方回道：「你本來應該是要被槍殺掉，你太搞怪。」我反駁說：「我沒違反監獄的任何規定。」他們就說：「你

---

27 參見陳英泰著，《回憶，見證白色恐怖》（下）（臺北市：唐山，2005），頁395-398。另2004年首度公開的檔案，證實了199人從綠島被送回臺灣，其中31人被隔離；綠島獄中再叛亂案、軍監獄中再叛亂案，共槍決29人，和這次政治犯被送回的關係，有待探究。

28 馬同超，1923年生，河南內鄉人。涉1949年「南下工作團陸軍馬同超案」，判無期徒刑。

陳景通於第二次到綠島新生訓導處時期留影。（陳景通 提供）

從綠島回來就是要槍殺掉，不是警備總部有二、三人去訊問你？」我回答：「有，但是整個新生營上千人，絕大多數我都不認識，哪有講什麼事。」軍法局法官回答：「沒有就好。」法官講破了那些事，不然我不知道本來我是要被槍殺的。後來什麼原因沒事，我就不知道了。之後，我再被送回軍監。

在軍監時，嚴格管理很恐怖，每天只供應每人幾杯水，用來洗臉、洗澡、洗衣服。每餐飯裡有小石頭、菜蟲，菜湯像餵豬的水。這種情況，也不能向上面反應，只要反應就遭到毒打，再上腳鐐。

有一次馬紀壯[29] 視察軍人監獄，獄方指派我發言，我就建議延長放封時間、增加供水。獄方集中仁監、智監的政治犯讀三民主義給馬紀壯看，表示我們在那裡有讀書，那天早上叫我當班長，因缺席者太多，我被認為是不配合，而被處罰。把我

---

29 馬紀壯（1912-1998），1959年擔任國防部副參謀總長兼執行官。

手腳都綁到背後，棍子穿過四肢，由兩個人扛著繞行監獄，這叫做「坐飛機」，說我宣傳反抗，警告其他人。

被塞進水泥管內 差點死掉

我被像死豬扛著繞走監獄時，走過軍監的二房女性房，李友邦[30] 的太太嚴秀峰[31] ，她們嘆息著說：「這樣會死人的！」當時軍監有女房，可能是生教所還沒有蓋好吧。女房都用窗簾遮著，我聽得出嚴秀峰的聲音，我們是一起被從綠島送回臺灣，她曾在船上跑過來用手比劃，大概是說我們會被送回來臺灣槍斃吧。

到了下午，我又被叫去關在一尺八吋寬的水泥管裡，沒有人有這種處罰的經驗。叫打手把我拖去小房間那裡，我整個人被塞進水泥管裡，塞管時真的很痛苦，「哎爸叫母」，呼天天不應，喊地地不靈。在水泥管裡幾乎喘不過氣，我想：死去也無所謂。傍晚時，一個打手叫人趕快放人，否則可能會出人

---

30 李友邦（1906-1952），臺北蘆洲人。1921年參加臺灣文化協會，1924年在臺北師範學校讀書時因反日行動遭日警通緝，逃亡中國，進入黃埔軍校。曾組織「臺灣義勇隊」參加抗戰。終戰返臺，任三民主義青年團臺灣分團主任。1947年二二八時，被陳儀以「通匪」與「幕後鼓動暴動」罪名逮捕，送往南京監禁，後經陳誠援救出獄。回臺後任臺灣省黨部副主委兼改造委員會委員。1952年被以「匪諜案」，於1952年4月22日被槍決。參見許雪姬總策畫，《臺灣歷史辭典》（臺北市：文建會，2004），頁374。

31 嚴秀峰，李友邦的太太，被判刑15年，曾被送到綠島新生訓導處女生分隊。參見楊渡，《紅雲－嚴秀峰傳》（臺北市：南方家園文化，2011）。根據檔案，嚴秀峰是當時從綠島被送回臺灣的199名中的女性政治犯之一。

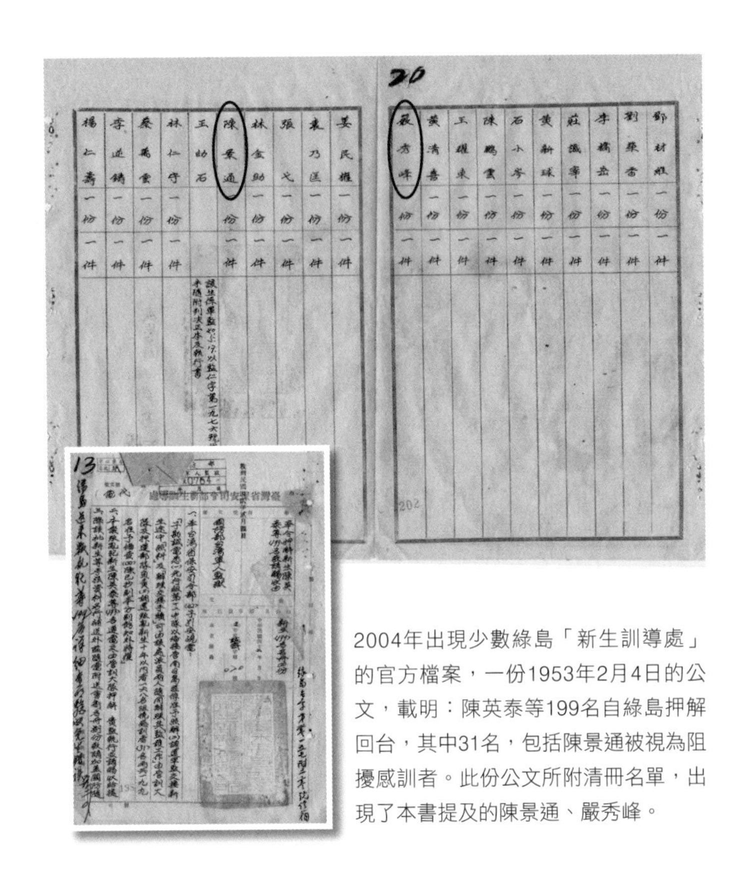
20

嚴秀峰 一份 一件
黃清喜 一份 一件
王[illegible]東 一份 一件
陳鵬雲 一份 一件
石小[illegible] 一份 一件
黃[illegible]球 一份 一件
莊[illegible][illegible] 一份 一件
李[illegible][illegible] 一份 一件
劉[illegible][illegible] 一份 一件
鄧材[illegible] 一份 一件

楊仁壽 一份 一件
李[illegible][illegible] 一份 一件
[illegible][illegible]雲 一份 一件
林仁守 一份 一件
王幼石
陳景通 一份 一件
林金助 一份 一件
張文 一份 一件
[illegible]乃[illegible] 一份 一件
[illegible]民[illegible] 一份 一件

2004年出現少數綠島「新生訓導處」的官方檔案，一份1953年2月4日的公文，載明：陳英泰等199名自綠島押解回台，其中31名，包括陳景通被視為阻擾感訓者。此份公文所附清冊名單，出現了本書提及的陳景通、嚴秀峰。

命。就由四個人把我從水泥管拖出來，整個人都不能動，三、四個人扛我到小間「克難房」，過去專門關退伍軍人，房間很小，一間關一、二人。較晚時，我人才醒來，身旁當打手犯人還問我：「如何？」「可以走嗎？」，接著二、三個人半拖半扶，帶我回隔離房，只給我一碗水配飯，三天後才出來。

一九六一年十月，軍人監獄的軍事犯愈來愈多，又將我們一批政治犯兩、三百人再送去綠島。這次我再到綠島，和上一次已經很大不同，伙食、氣氛都有改善。

腦部長瘤保外就醫 因此獲一子

從軍監第二次到綠島時，我因為腦部長瘤，新生訓導處處長唐湯銘，叫我去總院住院治療，才趕快辦理手續，批准我保外就醫一年。第一次，送我到臺東去檢查，說這個症狀要到總院去看才知道，總院是指臺北三軍總院[32]。在總院檢查結果說需要手術，一知道這個消息，送我去的幹事，真的是很差勁！他帶我去基隆瘋人病院（**精神醫院**）。在綠島，若有二、三位肺病者，也都是送去基隆這間醫院[33]。裡面都是精神不正常的人，把我送到那裡住了一、二十天，看病才到三軍總院，沒看病時，也沒讓我回家。後來，總院說要手術，才能保外就醫。

保外就醫前後一年，除了住院以外，還能讓我回家，因此，才會在一九六二年生了一位兒子。在我住的地方外面有教會，外面都有一位穿西裝，我知道他是特務。出院後休養，我去做工跟人家去建築工地拖板模，頭上的洞貼紗布。後來綠島新生訓導處政治室主任來家裡，我租一間房子小小間，我要叫三輪車給他坐，他不要就走了。我的舅子過年，會去買兩隻雞，以前兩隻雞就很多錢，送去新店將官區給主任和唐湯銘

32 臺北三軍總院，1946年成立，1968年改稱「三軍總醫院」遷至臺北市汀州路。

33 根據檔案中有一些政治犯在獄中死亡的證明，是由基隆的醫院開具，原因待查。受訪者的特殊醫院經歷，證實了檔案的某些記載。

2009年1月9日，陳景通手拿著自撰備忘，受訪時左手指著頭頂凹洞，這是當年保外就醫開腦瘤所留下的印記。（曹欽榮攝影）

的家。一年期間，醫好後，我再回到綠島，那時，第一大隊解散了，我編入第二大隊。因腦部開刀，難友「火樹仔」[34]，宜蘭人，幫我做一塊鐵片蓋頭殼，再戴上帽子，處部也特准我留頭髮。因為保外就醫的特殊原因，整個新生訓導處只有我留頭髮，大家以為我結訓日子快到了。按規定：只有結訓之前才可以留頭髮，我自手術後，頭髮一直留著，醫院交代政治主任：頭髮要保護傷口，頭不能被敲到。待在二隊一年多，後來就調去泰源。

一九六三年八月，綠島政治犯移監至臺東泰源監獄，我在泰源前後兩年多，總共坐牢十六年，因保外就醫再延長一年，一九六六年五月，我從泰源監獄出獄。

34 受訪者所指「火樹仔」，是張火樹，1921年生，宜蘭人。涉1954年「臺灣民主自治同盟宜蘭中興紙廠案」，判刑15年。

返家後找不到工作 警總常上門

回家後，無法找到工作，那時還是戒嚴時代，一時都靠太太幫人家洗衣服、煮飯賺錢。警備總部兩、三天就來查訪，警察也來巡邏。最初，我去親戚開的工廠工作，他們就到工廠問東問西，為了不要給親戚增加麻煩，兩、三個月後我自動請辭。之後，我到工地當管理員，他們又來跟主管說不要用我。出獄後，到處受到監視、工作受限制，真的像被關在無形監獄。我年過五十幾歲時，到親戚的西藥房工作。經過向警總請示，我在綠島讀了一些醫學的書，才能開自營的西藥房，生活才逐漸穩定。

因為發生「陳明忠事件」[35] 時，我三度被警備總部調去板橋三次，都是「二朵梅花」（中校）法官訊問約談、偵訊。他們說：「我知情不報，回來還在搞組織反抗政府」、「陳明忠事件這些人買書宣傳」，我說：「哪有這些事！」他們又以

---

35 陳明忠事件，1976年6月7日立委黃順興次女黃妮娜因陳明忠的介紹，至日本與楊姓華僑認識，乃密往中國。回臺後被以「與駐日匪幹聯繫進行策反活動」為由被捕。由於黃妮娜供出日本華僑名片是陳明忠所提供，同年7月，警總大舉逮捕陳明忠等19人，都是閱讀三省堂書店提供的日文禁書的1950年代政治犯。10月25日被以顛覆政府罪名提起公訴。因國際特赦組織及在美國的臺灣人社團發起救援運動，原判死刑的陳明忠與陳金火改判無期徒刑。1976年11月及1977年9月改判陳明忠、陳金火15年；蔡意誠、王乃信判10年；林淵輝判7年；劉建修交付感化3年。三省堂書店負責人李沛霖與黃妮娜另案判決，李沛霖判8年，黃妮娜交付感化3年。參見許雪姬總策畫，《臺灣歷史辭典》（臺北市：文建會，2004），頁837。

陳景通於臺東泰源監獄時留影。（陳景通 提供）

我認識王乃信[36] 為由，認為我搞組織。第一、二次我自己開車去，第三次就不敢再開車，我認為會被扣押。

妻子辛苦持家 罹患癌症過世

太太在我被抓後，劉明介紹她到臺北醫院當護士，卻因為我是「共匪」，也不能工作。後來去幫人洗衣，要是現在都用洗衣機，就沒有這樣的工作，洗衣服一件幾角錢，賺的錢很微薄。太太到臺北車站那裡有一棟立法院的宿舍拿衣服回來洗，用洗衣賺來的錢養小孩，有時人家看她這樣，若有多一碗飯，或做成飯糰，叫她帶回去給小孩吃。很感謝那個時候社會有這

---

36 王乃信，1928年生，臺中人。1950年涉「臺灣省工委會學生工委會李水井等案」判刑15年；1976年涉「陳明忠事件」判刑10年。

種好心的人。

我回來後才知道，我一被抓去，太太就被騙走七千元，人家跟她說陳景通再三天就可以回來，七千元就這樣被吃掉，我聽了很難過。太太拚命洗衣服，一天才賺幾角錢，這樣狠心騙那麼多錢。

太太於五十八歲時罹患子宮癌，我雖然盡最大努力為她治療，仍舊回天乏術，她就離開人世。

我回來時，大的兩個女兒都十八、九歲了。坐牢期間，她們曾寫信說要來綠島看我，我不讓她們來。家裡生活艱苦，已經是洗衣過日子了，到綠島需要花費幾百塊，所以我不讓她們來，但是老大和她的堂哥有一起來綠島看我。在臺北軍人監獄時，太太曾去看我，我吩咐不要來，那時我又與劉明住在一起，吃很方便。第一次從綠島調回來，再遇到劉明，那時他在顧礦坑。我曾經在軍人監獄絕食，才被調去山上跟劉明在一

陳景通保外就醫時，妻子與嬰兒時的陳泰源合照。
（陳景通 提供）

起[37]。就是我被塞在水泥管之後，供水一樣沒有改善，我們都用嘴巴吸水龍頭的水，也只能擦澡過日子，所以軍人監獄是很黑暗的地方，我才會抗議、絕食，因此被調去山上，與劉明再遇到。劉明就說：「做這些都沒有用啦，這些土匪仔兵，太番（臺語，無理），我們只會更吃虧。」

太太確實很辛苦。我自己常懺悔，她後來子宮有問題，我就找臺灣婦產科權威徐千田治療，結果手術時切除子宮血流不止，隔天早上去看她，血還是流不止，我認為這樣一定會死，我向徐千田下跪求：「快點再次手術，血流不止，一定死」，到傍晚緊急動員醫護人員熬夜手術。手術結束，血就止住，醫生說請我放心。後來我嫌那裡的治療方式，讓太太去榮總治療，那時榮總都是新的技術：電療、化療，我對這是外行，用電療、最新藥、最貴的藥，結果卻害死我太太。我要她不停止治療，是怕被親戚說：「你坐十六年牢，她活守寡，你卻停止她的治療」。她過世後，親戚一直幫忙介紹，要我再娶，我堅決不要。想到她為我守寡十六年，要再續弦，我心裡過不去。

呼籲政府正視生活困苦的難友

現在回想起來：已經結婚、家裡有兩個小孩，還參加地下

---

37 劉明關押於安坑軍人監獄時，向獄方請求到監獄外開礦，而有一批政治犯在軍監山上住的情事；另有本書受訪人邱景耀提到政治犯李天生在軍監外開設鐵工廠，礦場和鐵工廠是軍監的特殊情況。參見2014年國家人權博物館籌備處「臺灣戒嚴時期政治受難者關懷協會會員及其相關人物口述歷史訪談計畫」劉榮凱（劉明的兒子）受訪紀錄。

組織，心裡是否有些矛盾？我是不會這樣認為，我會想說，當初參加，是認為即使不成功，大陸也快要過來解放臺灣。那時是有很矛盾的想法，大陸共產黨要來了，會有房子配給，所以我沒有買房子、沒賺到錢，沒留給孩子。

現在九十歲了，之前在臺北吳興街開西藥房，一九九八年搬來桃園住，剛搬來時，我在桃園還在山仔腳養鹿，和住在山腳村的難友戴連福父女[38] 有來往。走得動時，我請兒子帶我儘量去受難者促進會[39] 慶生會，見見老同學。

我認為白色恐怖的補償是應該的，但是應該由國民黨負責，許多難友回來後生活困難。當時我們成立白色恐怖平反促進會，就是要求政府重視那些生活艱苦的難友。政府有責任，要補償還是賠償，都應該要由國民黨的黨產來賠。

藏在衣櫃照片的祕密

— 陳泰源訪談紀錄（陳景通的兒子）

桃園這棟房子是我自己想、自己找人蓋的，搬來這裡已經十七年了。

我以前不是很清楚父親的過去，國中左右幫他整理照片，

---

38 參考本書〈山仔腳的白色恐怖：戴文子訪談紀錄〉。

39 指1997年由政治受難者及家屬組成的「五十年代白色恐怖案件平反促進會」。

才開始知道他去過火燒島。我後來才知道，父親從綠島回臺灣保外就醫，才會生出我。就是那些相片我才知道，他把照片放在衣櫥裡面，用塑膠袋包起來，我發現後很好奇，就拿出來看。我問父親說：「這是哪裡？」我想那麼漂亮，看到照片裡面有人好像穿丁字褲，我才問父親，他才說出這段過去。

姊姊跟我年紀差十二歲，也沒有很了解父親，她們受影響比較大，大姊應該比較了解，但她已經過世了。二姊比較不了解，她從小比較獨立，從很年輕時就去旅行社當車掌小姐，從小她就很想要當歌星。但是父親保守的心態，不讓她去，如果不要阻擋她，現在她跟鄧麗君、歐陽菲菲大概是同級的歌星吧！她的歌聲好聽，她們同期去光啟社受訓，我還跟著去玩，我有印象，但父親就反對啊！

父親太過保守 什麼都不敢買

父親太保守今天才會這樣子，他怕共產黨來，土地也不敢買、什麼都不敢買，臺北那個房子也不敢買，是我媽媽決定買的。女人真的很辛苦，以前又大男人主義。家庭裡沒有一個男人會被欺負，結果就是媽媽揹著我去跟人家洗衣服，這是我母親跟我說的。我沒聽過姊姊怨嘆；母親很辛苦，倒是母親比較怨嘆。母親或許是過勞吧，她五十八歲就得病死了。

我母親過世後我就去日本讀書，沒想到發生一些事，於是我沒畢業就趕回臺，回來就自己作生意直到現在。雖然我小時候過得也很好命，我自己會做東做西，自己會動手，我老爸也

2002年8月10日五十年代白色恐怖案件平反促進會的難友慶生會上，陳景通（左1）與難友王春長（左2）、吳大祿（左3）、郭兆慶（左4）與前坐者新生訓導處處長唐湯銘合影。（潘小俠 攝影 / 臺灣游藝 提供）

不會教我什麼。他那麼保守，這也不行，那也不行，我考上明志工專，也不讓我去讀。

我家做藥房是靠我舅舅幫忙，舅舅是藥劑師，後來有健保後，我們就不做了。我也感到他年歲大了，不讓他做，做藥房是良心事業。

我叫他不要自己去外面走，他就摔倒了；叫他不要騎車，不聽，什麼都不聽；叫他不要幫小孩子倒垃圾，我教小孩子要倒垃圾、要洗碗，他卻去幫忙做，這是不對。我在想：當時他有對我這樣子嗎？沒有！

原生家庭影響後代很深

我有三位男孩，原生家庭影響後代很深，但是這是過去的事，講那些只是回味、回憶而已，沒有辦法再變更已經發生的事。我講實在的，過去的似是而非，當初的理念用在今天不一定對。到底有沒有共產黨這件事，我就不知道了，這是他認為。他認為參加共產黨害死他，這怎麼去說：對與錯呢？

以現在的氛圍，不知道到底對與錯，我認為不對啊！臺灣是一個孤兒、是童養媳嗎？每樣都逆來順受。我以前的觀念，認為我的父母如果沒有這樣，家裡可能更好吧！我的教育理念是開放的，小孩跟阿公，坦白講沒有什麼交集，他講他的，孫子也沒有在聽，他們做他們的。關於政治方面，過去的歷史他們只是知道曾經有發生過。對現在的年輕人，他們沒有什麼興趣，白色恐怖、二二八，他都不了解，並不是說我不講。現在的年輕人，你去講，他也不會想要去了解。

但是話講回來，了解只是一個歷史定位，你又能表現什麼，好像也很難。現在的將軍可以去中國大陸訪問，黃埔軍人

陳景通出獄後的全家福合影。（陳景通 提供）

陳景通第二次到綠島新生訓導處時，購自福利社的綠島照片，推測是難友陳孟和、歐陽文擔任攝影公差時所拍。（陳景通 提供）

啊！如果老蔣（蔣中正）還在，就要抓去槍殺，這種聽起來，到底是什麼？我也沒有辦法講啊！當初，老蔣訓示：漢賊不兩立，你們現在是手牽手、肩勾肩。話又講回來，現實社會，他就比較強啊！對錯另外一件事，現實是另外一件事。我爸爸好像也不太喜歡去中國，這就是矛盾，不喜歡為什麼去玩？他曾經去過中國旅遊幾次，我死都不去嗎？

還原歷史真相 讓更多人了解

我很歡迎你們來探討歷史真相，坦白說，真相也是模模糊糊。在那樣的環境下不敢去寫日記、不敢有所記錄，變成很多東西曾經有、還是沒有？我兒子剛剛問我：「阿公以前怎麼不寫下來？」能寫嗎？寫就有問題啦！對不對？他的記憶中，隨著年齡增長，真的會越來越淡化，幾乎都忘記了，而且層層疊疊交錯。

他只是要教人家漢語，才發生這麼多問題，他如果不要去鐵路部，沒有變成一個組織，無巧不成書，一個叛亂罪名在那裡，以我們來看真的是…，我也不是很了解。坦白講，我畢竟不是活在那個時代。我五十四歲了，只要有心記錄，有心沒心很重要，我真的沒有去接觸到這些，斷斷續續聽到一些，他以前也不是很愛講，經由你們來這裡，我們才漸漸了解。我相信他們的時代也是希望這個社會更好，任何時代的人都這樣希望下一代會更好。

父親不要出事的話…，他應該感到真的幸福吧！比我們更艱苦走過這樣的路的人比我們更多，比上不足、比下有餘。

採訪時間	採訪地點	主採訪者	說明
2014年7月10日	桃園蘆竹陳宅	曹欽榮	本計畫，陳景通兒子陳泰源陪同受訪
2009年1月9日	桃園蘆竹陳宅	曹欽榮	

另參考：一、2008年「臺灣民間真相與和解促進會採訪計畫」；二、1998年中研院近史所出版《戒嚴時期臺北地區政治案件口述歷史　第二輯》；三、1998年臺灣省文獻會出版《臺灣地區戒嚴時期五〇年代政治案件史料彙編　（三）》。

錄音轉文字稿：林芳微、曹欽榮
文字稿整理：曹欽榮
修稿：陳景通、陳泰源、曹欽榮

曹欽榮　攝影

黑夜漫漫無時盡

— 衛德全訪談紀錄

衛德全曾經長期不易入眠，在太太多方細心照顧下，改善很多。最近一次訪談，衛太太盡情道出許多連衛德全都不知道的往事。兩位受訪人是平埔族的客家養子和媳婦，訴說著白色恐怖另一章的人生。

出生客家 過繼平埔族衛家

我是衛德全，一九三〇年（昭和五年）一月二十八日生於桃園楊梅街上。生父姓廖，客家人，我一出生就過繼給生父的好友衛姓人家，我是衛家獨子。衛姓很少，就我所知是平埔族中的道卡斯族後代，大清時代乾隆皇帝的賜姓。這是養父跟我說的，他曾經擔任祭祀公業幹部。每年農曆七月十七日，我們都要到竹北去祭拜「七姓」公，並大家每人吃一片「生豬肉」以示不忘平埔族祖先。七個姓的祖先是指廖、衛、三、黎、錢、潘、金等七姓，聽說在清朝平亂有功，全臺只有竹北有七姓公祭祀，七姓大約分布在日治時代新竹州，包括桃園、新竹、苗栗一帶。七姓公祠堂坐落在新竹縣竹北市新國里，取名為竹塹社「采田福地」，故意把「番」字拆開，以示祖先是「番人」，即是日本時代所謂的「熟番」，也是平地「番」；相對的，「生番」是指住在深山裡的原住民。

衛家有族譜，清末第五世衛琳秀，當竹塹社幹部，家裡保存衛琳秀擔任頭目的印章，已經一百多年[1]，我是第九世。我

1 臺灣原住民道卡斯族的一支，為該族人口最多的一社。漢人大量移民北臺灣前，是新竹地區主要的居民。

還在綠島時，養父死了，回來後整理養父所有遺物時發現了族譜，他沒有機會再說給我了解。我看了族譜都是用漢字記載，在第三世以前完全是平埔族，後來才逐漸漢化。

我的生父住楊梅街上時，他當過日本時代的警察，退休後當代書。生父、養父住隔壁，養父看到我家哥哥姐姐生活不錯，想要抱走生母家三個兒子的老三（應該是老五，因為老大和老二是雙胞胎，出生後旋即相繼往生），而我是排行老么，當時還沒有出生。生母說：下次如果再生一個兒子就奉送給你。不料第四個兒子就是我，所以我一生下來就給衛家抱走。養父是楊梅火車站售票員，養母是家庭主婦。我讀楊梅公學校（現楊梅國小）三年級以前，我是由養母扶養長大，後來養父有了後母（據日治時代的戶籍記載是「妾」，用現在的通用語說，就是「小三」），不久養母便被逼離開衛家。

讀農校受日式教育 鍛鍊體魄

公學校畢業後，我考到中壢三年制的農業學校。戰後，農

童年時的衛德全(右1)與父親(右2)、後母(左1)合影。後母手中抱著她的養女。
（衛德全 提供 / 曹欽榮 翻拍）

教育勅語

朕惟フニ 我カ皇祖皇宗國ヲ肇ムルコト宏遠
ニ德ヲ樹ツルコト深厚ナリ 我カ臣民克ク忠ニ
克ク孝ニ 億兆心ヲ一ニシテ 世世厥ノ美ヲ濟
セルハ此レ我カ國體ノ精華ニシテ 教育ノ淵源
亦實ニ此ニ存ス 爾臣民 父母ニ孝ニ 兄弟ニ
友ニ 夫婦相和シ 朋友相信シ 恭儉己レヲ持
シ 博愛衆ニ及ホシ 學ヲ修メ 業ヲ習ヒ 以
テ智能ヲ啓發シ 德器ヲ成就シ 進テ公益ヲ廣
メ 世務ヲ開キ 常ニ國憲ヲ重シ 國法ニ遵ヒ
一旦緩急アレハ 義勇公ニ奉シ 以テ天壤無窮
ノ皇運ヲ扶翼スヘシ 是ノ如キハ獨リ朕カ忠良
ノ臣民タルノミナラス 又以テ爾祖先ノ遺風ヲ
顯彰スルニ足ラン
斯ノ道ハ 實ニ我カ皇祖皇宗ノ遺訓ニシテ
子孫臣民ノ俱ニ遵守スヘキ所 之ヲ古今ニ通シ
テ謬ラス 之ヲ中外ニ施シテ悖ラス 朕爾臣民
ト俱ニ拳拳服膺シテ 咸其德ヲ一ニセンコトヲ
庶幾フ
明治二十三年十月三十日
御名御璽

衛德全保存的日治時代「教育敕語」影本。（衛德全 提供 / 曹欽榮 翻拍）

校還有兩屆在校生，他們畢業後，農校結束，改成中壢中學。

小時候在家裡、鄰居都說客家話。我讀楊梅公學校時，學校裡沒有日本人小孩，他們都讀日本人設的小學校，當時楊梅沒有小學校，要到中壢才有小學。

讀農校時，學生都要住在學校宿舍，從早到晚住校，我們因此受到日本教育影響比較深。我雖然有感到日本人對臺灣人的歧視，但是老師還是很盡力培養下一代，他們也一直想教育臺灣人成為日本人，戰爭末期，日本政府在臺灣推行「皇民化運動」[2]。

到農場種菜種稻 飼養牛馬

戰時生活雖然比較苦，生活還算安定，日本時代真的是夜

---

2 日治時代皇民化運動，即臺灣人日本化運動。參見維基百科http://zh.wikipedia.org/wiki/%E7%9A%87%E6%B0%91%E5%8C%96%E9%81%8B%E5%8B%95（2014年8月13日瀏覽）。

不閉戶，賞罰分明，對就對、錯就錯，教育學生要勤勉誠實、有禮，非常徹底。我讀農校時平常生活就是軍事管理，生活方式就是軍事訓練的一部分。

從早上聽到起床號，起來聽班長口令，先用毛巾洗臉，再用濕毛巾，在班長喊「黑薩~黑薩~」的口令下，摩擦身體和手臂。接著做早操、跑操場兩三圈，然後跟學校所有老師一起走進食堂吃早餐，餐後去割草給馬、牛吃，八點開始上課。早上會唱日本詩歌、明治天皇的教育勅語[3]。中午休息一、兩個小時，下午到農場種菜、種稻；每一年要把耕地翻過來施肥，挖一呎深，有人受不了苦，因此離開學校的有一、兩位，我卻覺得身體被鍛鍊出來。晚上五點晚餐，七點半左右大家集合前往養正寮，坐正或跪坐在榻榻米上，然後聽師長訓話、唱詩、唱校歌；到九點回到寢室，九點半睡覺，像軍事生活一般，由學生吹小號準備就寢。白天上午上課，下午去學校農場工作，就是現在的平鎮市公所，包括市公所後面的棒球場和前面的平鎮國中都是當時的農場。

農校旁邊有一個馬場，養了很多馬，農校也養了兩匹馬、還有牛、水牛，馬專門用來騎的。剛進農校每天都要為馬擦身

---

3 教育勅語（日語：教育勅語，英語：The Imperial Rescript on Education），是日本明治天皇頒布的教育文件，其宗旨成為戰前日本教育的主軸。教育敕語由山縣有朋內閣的內閣法制局長官井上毅等人負責起草，於1890年10月30日頒布。參見維基百科http://zh.wikipedia.org/wiki/%E6%95%99%E8%82%B2%E6%95%95%E8%AA%9E（2014年8月4日瀏覽）。

體、擦馬背，拿下馬蹄配件，刮掉泥土。傍晚時可以騎馬在運動場上跑。農校有三個年級各一班，一班有約四十人。全校一至三年級共約一百二十人左右。而且全校學生都住校。

學校採學長制 強調絕對服從

校內有三間教室和連接建有三間學生宿舍，各命名為「太和家」、「旭日家」、「瑞穗家」，每家一至三年合住，並由最高年級的三年級生，擇一當「家長」，指導並管理一、二年級的下級生，完全採用「學長制」。上級生負責指導管理下級生，下級生如不受上級生管教，上級生有權打、罵下級生，絕對服從。有些上級生長得矮，要揍下級生不夠高，上級生可以命令比他高的下級生，搬一張矮凳來，上級生就站在矮凳上掌

衛德全（第1排右7）在日治時代的小學畢業旅行，攝於屏東。
（衛德全 提供）

摑高個子的下級生，下級生不得反抗。受罰後，還得向矮個子的上級生鞠躬敬禮，還得大聲說一聲：「謝謝管教」。

在這個農校我讀到三年級的中期時（日本時代的學期，一年分三個學期），一九四五年八月十五日，日本投降。不久，日本老師全部被遣送回日，學校改由民間的漢學家充當老師，同時，我們才開始上「英文課」。（日本時代的中等學校，沒有「英文課」，因為日本認為英語是敵國語言，因此廢止「英文」這一科目。）不過漢文雖也有上，但是因為當時臺灣社會已經相當「日本化」。舉例說「收音機」一詞，在課本上卻以日本話讀漢文的音讀法唸「樂耳王」（ラジオ），現在想起來很荒唐，也很可笑。這表示當時的臺灣人對中國既不了解，也非常陌生。

我最記得所唱的歌是乃木希典[4] 的詩，描述日俄戰爭發生在中國遼東半島二〇三高地的戰役；歌是這樣唱：「山川草木轉荒涼 十里腥風新戰場 征馬不進人不語 金州城外立斜陽」，這首歌都是用漢字寫的，用日語特殊音調吟詩。

之前我只知道自己是客家人，祖父母輩都沒受過教育，也答不出自己是什麼人，小時候只聽說日本人來了，要接受日本的統治，就是這樣想。讀了農校三年有一點接近日本人，根本

---

4 乃木希典（1849-1912），日本山口縣人。1896年10月任第三任臺灣總督。1898年2月任近衛師團長。日俄戰爭時為第三軍司令官，在此戰役乃木希典失去二子，他為此作了二首漢詩，受訪者所指是乃木希典為其長男乃木勝典而作。

不會去想我是中國人？

讀師範學校 目睹血腥二二八

一九四五年三月我從農校畢業，八月十五日戰爭結束。二戰結束後我在家一段時間學讀漢文，到了一九四六年八月，我考進臺北師範學校（現和平東路「臺北教育大學」），考試除了國文以外，其他科目都是用日文考的，九月開學。我那一屆有四班，一班四、五十個人。讀了一年寒假過後（一九四七年），三月一日要開學，我們二月二十七日就到學校，整理宿舍。

二十八日早上，我記得和五、六個同學一起出去北市街上走走，走到專賣局（現公賣局），就覺得氣氛不對，看到很多臺灣人拿棍子打人。他們看到我們就問：「你們是什麼人？」我們根本聽不懂他說什麼，我答不出來，靈機一動用日語回答，他們就放了我們。我是客家人，在學校講日語，回家講客家話，沒有機會講閩南語，閩南人也都說日本話。我們繼續走到火車站附近的長官公署，看到頂樓架著機關槍，看到人就掃射，街上到處有中槍的臺灣人屍體，我們聽到槍聲不敢看，同學散開各自逃命。當時我才十六、七歲，沒有社會經驗，從楊梅鄉下到臺北，路不熟，趕快往松山方向，到現在的建國啤酒廠，往八德路那裡沿著一大片田埂走，繞一大圈回到學校，有的同學還沒有回來，有的沒出去，議論紛紛，知道出事情了！大家想說怎麼辦？第二天學校沒開學，沒辦法上課。聽說開學

1946年3月26日，中壢實修農業學校第十回畢業紀念合照。（衛德全提供 / 曹欽榮 翻拍）

當日，校長坐人力車要到學校上班，被民眾阻擋了。

徹底頓悟 日本校長臨別贈言

我在學校又住了兩、三天，然後從臺北走縱貫路（臺一線）回楊梅，公車、火車都沒通車。我只記得很緊張，自己一個人，也沒有心情注意沿途的情形。回到家，養父安慰我，問我說：「身體有沒有受傷？」我在家待了一個多月，不敢亂跑，楊梅算比較平靜。後來接到學校上課通知，坐慢車到臺北花了一個多小時。因為大家不像日本時代那樣：有禮貌、守秩序。下車的和上車的都不相讓，擠來推去，有的從車窗上、下，有的更相爭擠在火車頭上空位，相當紛亂，也相當的危險。這時我忽然想到農校的木村校長要回日本的時候，臨別私下跟我們講的一句話，他說：「日本打戰打輸了，你們是第一等國民，我們日本人是第二等國民。不過，校長臨別要跟你們講一句最後的話，就是要你們把以前日本老師教你們的，要統統把它忘掉，因為日本和支那（中國）是不一樣的。」我頓時徹底頓悟校長說的含意了。

那時學校還有很多日本老師沒回日本，有一天當我們正在上日本老師的課時，教務主任（外省籍）巡視教室，看到日本老師用日本話跟我們上課，竟然大搖大擺地走進我們教室，跟日本老師交談起來。可是，彼此講話不通，只好用英文來互相溝通，但是日本老師所謂的英文，中國老師（是教務主任）聽不懂，教務主任講的英文，日本老師也聽不懂，於是兩個人乾脆在黑板上用英文筆談起來。當時師範學校只有兩位本省籍老師和少數的日本老師，其他都是外省人；李金土[5] 是有名的小提琴家，另外一位教體育的客家人溫兆宗老師。後來因為白色恐怖我被抓，曾經在軍法處看守所還看到一位外省人譚老師，有衛兵拿槍在旁邊，我也不敢認他。

下班前在學校二樓辦公室被捕

我不知道二二八之後，學校有沒有讀書會之類。從師範

5 李金土（1900-1972），臺北市人，音樂教育家。臺北師範學校畢業後，進入日本的東京上野音樂學校，主修小提琴和音樂教育。1925年返臺後，回母校臺北師範學校任教。參見許雪姬總策畫，《臺灣歷史辭典》（臺北市：文建會，2004），頁380-381。

1950年1月12日，衛德全（前排坐者左1）被捕前，師生在楊梅國校借用教室前合影。（衛德全 提供 / 曹欽榮 翻拍）

學校畢業後，我被派到楊梅國校教書，認識一位從臺中師範畢業的鄭石林老師，他認識我親生哥哥，他們同樣從臺中師範畢業。鄭老師先到楊梅國校當老師，非常照顧我這個新手，他對音樂很有興趣，我也很喜愛音樂，我們經常一起彈鋼琴，我彈鋼琴彈得不錯，而且還受到當時楊梅中學校長張芳杰先生的肯定，特地到我家來邀請我到他的學校去教音樂，但是還沒有接到正式派令之前，我就出事了。我就被國民黨特務抓走了。我出事也因為鄭老師的關係。

鄭石林被逮捕後，當天下午脫逃的消息在楊梅鎮上傳開，養姐還提醒我要小心，因為親生哥哥與鄭老師的交情很深。沒想到，情治人員在鄭老師逃掉的隔天，就到學校逮捕我。

一九五〇年六月十三日下午，大約四點多我準備下班，我從二樓辦公室被抓走。當時學校被蔣介石軍隊占領，學生沒有教室可以上課，在不得已之下，只好借用街上空屋或廢棄工廠廠房上課；有的更到鄉下借用老百姓的客廳上課，我就曾經在楊梅火車站附近的空廠房，和吵雜的市場內一間空房上過課。換地方上課，雖不是一件大事，但是要把學生課桌椅搬來搬去，才是一件傷腦筋又累人的大事。而這裡所說的二樓辦公室，是借用一位開業醫生在屋後擴建的二樓，當我們教師開朝會或夕會用的臨時辦公室。當天來抓我的兩個便衣特務直闖辦公室，先問哪一位是衛老師，有同事告訴他們，那位就是衛老師。他們對我說：「你是衛老師嗎？樓下有你的朋友來找你。」我說：「那就請他上來呀。」「不！不！他要你下去見他。」便衣特務立刻這樣回答我。我到樓下，卻馬上被兩個人銬著，架著我走到楊梅警察分局。有同事看到，都不敢聲張，他們不讓我跟同事交代事情，也不讓我回家告訴家人一下，他們說：「沒關係、沒關係，等一下就回來了。」我想到前一天，姐姐才跟我說過：「唉呀！最近抓人抓得很兇，隨便抓人，你要注意哦！」我想我沒有做什麼，沒想到第二天真的就被抓了。

無端入獄 與論及婚嫁女友分手

之前，我知道情治單位到學校來抓鄭石林，他是在郊外的家裡被抓到，被帶走到街上，經過學校旁的一家小店，他說：「我可以到店裡買一包菸嗎？」情治人員想：我看著你，你也跑不掉。沒想到他趁機真的跑掉了，據說後來他躲了一兩年才出來自首，自首後不久，他又被放回，繼續在學校教書。鄭老師溜掉後第二天就來抓我，誰會知道我常常和他在一起呢？便衣特務問我：「你不是跟鄭石林很要好嗎？你知道他跑到哪裡去嗎？」我回答說：「我們有時候會一起彈鋼琴而已。」「你參加他的外圍組織、讀書會嗎？」我說：「根本就沒有讀書會這件事！」他們就一直說：「我不相信！」只記得那些詢問的人說了這些話。

穿便服的特務來抓我，一邊一個人用手挽著你，走在街上好像朋友一樣，到了警察局，就把我關在拘留所裡。一直到晚上十二點叫醒我，把我的手銬到背部，然後用繩子繞身體，五花大綁，推我上卡車。當時車上已經有六人，有楊梅國校同事三人，還有中學老師三人。深夜上車後，卡車開到新竹監獄的少年看守所。

我那時候的生活很單純，也交了女朋友，她是在師範學校低我一兩屆的學妹，我畢業後回楊梅教書，和她一直有來往，她是臺北人，我禮拜天常常跑臺北。之後，我被送到軍法處的軍人監獄，她也來看過我。當時我們兩人已經論及婚嫁，只是雙方家長還沒溝通好。雖然我們之前很要好，她來會面，我沒有特別表示也不敢表示，因為判刑十年，刑期很長，所以結束了這段傷心的初戀愛情。

我被送到新竹監獄後，大概待了三個月。剛開始與一位

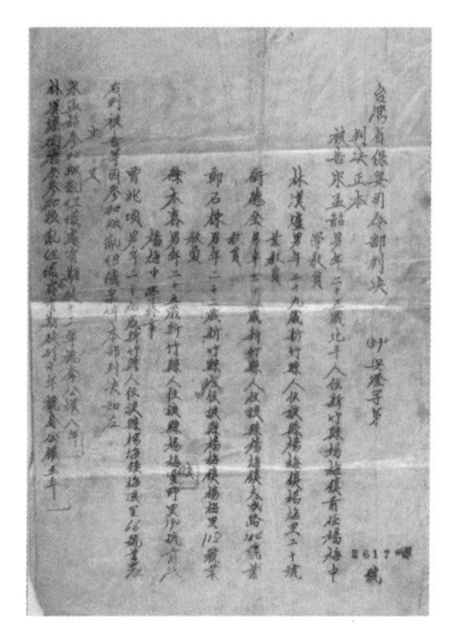
台灣省保安司令部判決

判決正本

被告宋孟韶 男 [illegible]

衛德全 男 [illegible]

2617號

衛德全帶到綠島再帶回臺灣，保存數十年的鋼板油印判決書。（衛德全 提供 / 曹欽榮 翻拍）

外省人關在一起，聽他說二二八時就被抓進來。一週後，我調到別房，大約六、七坪，關四、五個人，都是因為政治案件，在裡面也不敢多問。記得一位外省人姓廖、一位楊梅人是醫生，他和一位女老師和男老師據說被抓的第二天，就分別放出去。我出來之後聽說，是用錢買回來。養父在我被抓前退休，我被抓以後像失蹤一樣，家裡沒有半點消息，他著急又傷心。我們同時被送到新竹監獄有七個人，放回來三個人，據說都是送錢去買回來的。養父就想：居然可以用錢救回兒子，但是我後母阻止他。她說：「不可以，你送錢等於你承認你兒子做壞事。」我爸爸聽了就不敢送錢。其實「送錢」是在當時「公開的祕密」，也是中國官場文化的傳統，至於後母（**其實是和元配，我的養母，同住在一起的養父的「小三」**），可能是希望我永遠不要回來。

告密抓人有獎金 聽了令人心寒

剛進監獄，一直穿著原來的衣服，身上的東西連皮帶都被拿走。牢房裡面沒有水，有馬桶，廁所上面有小窗；從這個小窗，我每天可以聽到監獄圍牆外小販叫「巴布、巴布」的聲音，他的人隔著監獄圍牆，跟我的距離最多也不會超過十幾公尺，但是在我覺得離我有幾千萬公里之遠，簡直是成為另外一個世界。至此，我徹底領悟一個人失去自由的悲慘滋味。有一天我隱約聽到窗外傳來：「今天又抓到幾個，又賺多少錢！」令人恐怖又寒心。獄中一天兩頓飯，糙米飯一小碗、空心菜數根、豆豉（黑豆）五、六粒，沒有湯。一個月後，有一天放出來洗澡，手一摸身上的汙垢就會掉下來，在新竹監獄，我就洗這麼一次澡。監獄裡不能跟家人通信，家人不知道我在新竹監獄吧。

我最不甘心的就是在新竹監獄被關時，晚上拉我出去審問，不管我怎麼講，他們都說我會很快出去，但直指我被同事鄭石林牽連到。我說：「他若出來，叫他來與我對質！」因為情治人員的大意，抓到鄭石林後又讓他跑掉，跑掉後抓不到人就來抓我。為什麼別人不抓，卻會來抓我？這是因為我當時喜歡音樂，鄭石林也喜歡音樂，我們經常會一起彈鋼琴，可能是因為這個原因被抓。為什麼彈鋼琴會被抓呢？可能是因為當初大陸過來很多青年軍，軍人退役後當老師，可能是他們告密的，不然情治人員怎麼知道我跟鄭石林很好。他們告密有錢、有獎金可以領，抓我的人也有獎金。我怎麼知道有獎金呢？因

綠島新生訓導處生產班「新生」在山上合照。（衛德全　提供／曹欽榮　翻拍）

為我被關的時候，睡在監獄的一個牢房，因為空氣不好，所以窗戶是開的。有天我聽到外面有人走過，他說：「最近怎麼樣，好不好啊？」另一人說：「不錯，今天我又抓到幾個人。」他說：「那好啊！我也不錯，最近收入很高。」原來抓人是有獎金的，我就是被獎金害到的。抓鄭石林只是藉口，情治人員沒有對我刑求，寫的口供也沒有讓我看，只說我可以很快可以出去，然後抓我的手沾朱印，蓋在他寫的口供上。我一直想：「過幾天就可以回去了！」沒想到一關就兩個月，然後被送到臺北青島東路軍法處。

軍法處判十年　牢房擁擠　坐抱屈膝

軍法處牢房裡的人密密麻麻，有很多房間，每間人都很多，已經秋天了，大家還是只穿內褲。約四坪大的牢房，大概有五十個人吧，大家都抱著膝，看起來沒辦法睡覺。一進去，就很多人競相擠在出入口，有人用臺語問：「你從哪裡來？」我說我聽不懂，他就改用日語：「とこからきたの？」我回答：「楊梅（ようばい）からです。」同房有一位叫吳長生[6]的人，特別照顧我也教我閩南語，他問我怎麼被抓，我照實跟他講，他說：「你這個案子很單純，你可以很快被放出去，最多也只能判感訓吧！」在軍法處的看守所待了差不多一、兩個禮拜就開庭了，開庭時，法官一樣問我是什麼人，住在哪裡、幾歲。他問我什麼事情被抓知道嗎？我說我不知道。他說：「你是因為參加讀書會。」我說我根本沒有參加什麼會。他說：「這個我知道。」然後講幾句話後就站起來，宣讀判決十年，我差點昏倒。連讓我解釋的機會也沒有，就判我十年。從頭到尾都很荒唐，怎麼會有這樣的事情、這樣的政府。開始被抓到判決，我一直認為我是無辜的，這是一種災難，過一段時間我就可以出去，沒想到我竟然會被判十年。

判十年是什麼原因我也搞不清楚。你說讀書會，有名冊嗎？或是有什麼證據？根本什麼都沒有，就說我參加讀書會。同案的幾個人我都不認識，有六個人吧[7]！判刑兩三天後就移到隔壁的軍人監獄。判決書出現的人名，我只認識鄭石林和林漢爐，宋增勳是楊梅人，也是老師。宋孟韶之前我根本就不認識。

---

6 吳長生，1918年生，宜蘭人。涉1950年「蘭陽地區工委會盧盛泉等案」判刑5年；服刑期間又因「臺灣軍人監獄在監馬時彥叛亂案」，1960年被判決於刑期執行完畢或赦免後交付感化3年。

7 同案共6人，宋孟韶（楊梅中學教員）判刑12年、林漢爐（教員，住楊梅）和衛德全判刑10年、鄭石棟（教員，住楊梅）判刑5年、徐木村（楊梅中學幹事）判刑3年、曾兆頊（業農）無罪。

衛德全（右1）與高鈺鐺吹黑管（左1）、張晃昇打鼓（左2）、林烈臣吹薩克斯風（右3），於綠島新生訓導處當樂隊公差（管樂合奏）時留影。（衛德全 提供／曹欽榮 翻拍）

第一次接見，生母有來看我，女朋友也是那個時候來的。養父一直都沒有來看我，我被捕之後就沒有再看到養父，他在一九五三年去世，造成我這一生不可磨滅的椎心之痛。

第五中隊特殊才藝 擔任樂隊成員

一九五一年五月，我們從基隆上船前往綠島，成為第一批到綠島新生訓導處的政治犯。我記得那時候全部有兩個大隊，一個大隊有四個中隊，剛去的時候被派去第四中隊，要到海邊打石頭、築圍牆，把自己圍起來，上山砍茅草，生產班負責在山上養火雞、在流麻溝旁養豬。因為我對黑管（洋簫）的演奏略知一二，一、兩年後就被編到第五中隊，第五中隊專收有藝術專才或特殊技能者。編到第五中隊待遇比較特殊，管理比較寬鬆，其他隊的管理就很嚴格。第五中隊是特殊的隊，有各種技藝、各種能力的人，比方說攝影、布景、木工、電機、醫師等。樂隊要參加每天升旗、降旗吹奏，每個月有音樂會，我們曾經到南寮表演。綠島有視察團來，要用音樂歡迎官長，參加樂隊有時候就不用去勞動。我不記得「一人一事運動」[8] ，要參加上課，早飯前有小組討論，老實說上什麼課，忘得一乾二淨。我比較記得一些難友，像高鈺鐺[9] 找我參加樂隊，林義旭[10] 很會編曲，蘇友鵬的小提琴演奏很動人，陳孟和[11] 負責攝影，歐陽文[12] 、許省五、許省六[13] 很會畫布景。後來，我就一直待在樂隊到釋放為止。

我們煮飯要煤炭，晚上船到了我們就要去抬回來，不管幾點，有時候晚上十點，十一點也要去。不管冬天多麼冷，我們都去流麻溝洗澡，十年間我真正洗過熱水澡，大概只有一、二次而已，是被派到廚房工作才享受得到。在綠島將近十年，對我最重要的是我告訴自己說：「你已經很幸運了，被槍斃的人

8 1953年，綠島新生訓導處發起「一人一事良心救國運動」，強迫政治犯「自願」在身上刺上「反共抗俄」等政治標語，很少政治犯願意響應配合，此項運動在離島的勞動營以失敗收場。

9 高鈺鐺，1925年生，高雄人。涉1950年「省工委高鈺鐺等案」，被判無期徒刑。

10 林義旭，1923年生，臺北人。涉1950年「臺北市工作委員會郭琇琮等案」，被判刑12年。

11 陳孟和，1930年生，臺北市人，涉1952年「省工委會學術研究會」被判15年。曾在新生訓導處被監禁將近15年，他原是師大美術系學生，加上家裡經營照相館，而被指派負責新生訓導處攝影、製作舞臺道具等相關的公差。近十多年來，積極參與綠島人權園區重建。

12 歐陽文（1924-2012），嘉義人，涉1950年「省工委會高鈺鐺等案」，被判刑12年。另參考《陽光依然燦爛：追思歐陽文先生》，2012年。

13 許省五、許省六兩兄弟，基隆人，分別出生於1920年、1922年。被捕前，哥哥許省五開設海燕廣告社，許省六在哥哥的廣告社工作，涉1949年「基隆市工委會鍾浩東等案」，均判刑10年。

多的很，能幸運活下來還悲嘆什麼？被槍斃的人連悲嘆的權利都沒有。」我用這樣的方式鼓勵自己要活下去。

釋放回家 害怕罩頂 變了一個人

最傷心的就是我養父過世，經過一、兩個禮拜才通知我。養父養我、育我，他老人家離世時，我連最後一面都無法看到，更不用說平時盡心行孝他了，這是我一生最自責之痛。養父過世後，我就沒有接濟了，之前他每一、兩個月就寄錢給我，寄來接濟的錢都換成購物券。十年刑期滿了開釋，我和林漢爐同時回臺灣，出來後又和鄭石林一起教書。鄭石林因是自首，故他沒有被判刑，等於是我替他坐十年牢一樣。回來後我很低調，盡量不講話，小心翼翼。被抓之前人生燦爛，出獄後卻變了一個人，變成很膽小、怕黑暗。

養父過世前寫信到綠島給我，要我安心，他會留著退休金給我娶老婆、做生意，但是回來什麼都變了。回來一段時間，我半夜經常會驚醒，不知道是被關、還是在家裡，出去看到外面，才知道自己自由了。白白浪費十年，我剛出來時連理髮都不敢去、看到小姐也怕、看到親戚朋友來也躲，一個人的尊嚴完全沒有了。我現在想起來，當時真不是人過的生活。十年不見，大多數的朋友都不敢與我接近，只有少數幾個比較熟的友人還有連絡。

為了生計，我想回學校教書，我也想要試看看再當老師。

當時從綠島回來的人怎麼可能會有工作，能夠回去當老師也好，雖然辛苦、錢少了點。但是能不能當還不知道。我到縣政府去問，他們說可以，只要我考到有老師缺的學校，需要的時候再通知我來考試。等了一段時間，有徵求老師的考試，結果我被錄取了。

復職條件 交思想改正證明書

那個時候我覺得很幸運，像我這樣被關十年後回來還可以當老師，可能是絕無僅有。我前往新竹縣教育局詢問相關的復職手續，承辦人員竟然要我拿出「思想改正證明書」和參加中國國民黨作為復職的條件，我只好寫封信到綠島新生訓導處請處長協助。沒想到處長第一時間就回信，並附上思想改正證明書一紙，我喜出望外，立刻加入國民黨，我才順利復職。

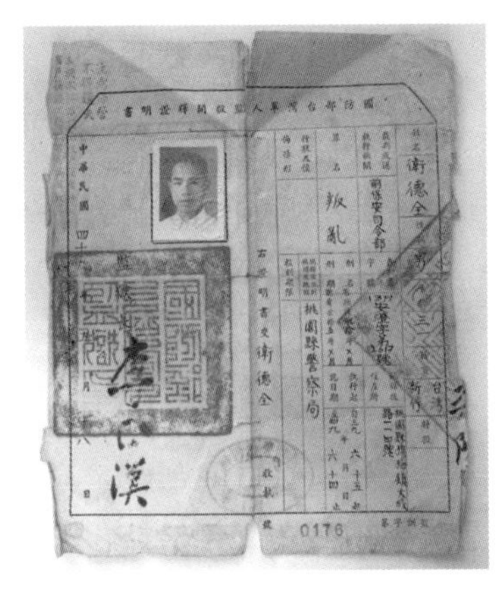
衛德全
叛亂
桃園縣警察局
衛德全
0176

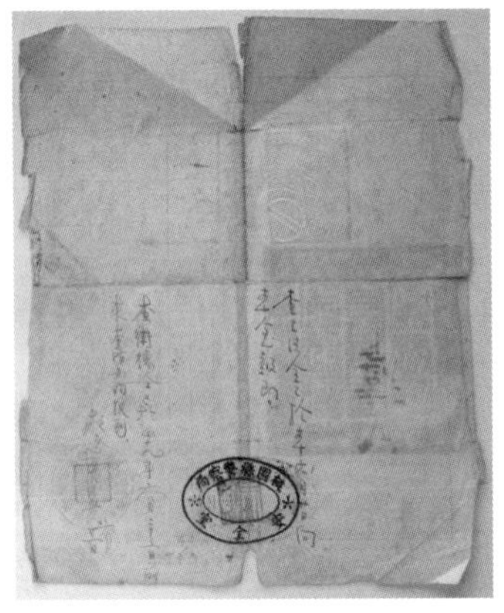

1960年5月18日當局發給衛德全的開釋證明書，背面有桃園縣警察局、楊梅派出所報到的註記。（衛德全 提供 / 曹欽榮 翻拍）

原本熱愛音樂的我，在綠島也有機會當樂隊成員，出來之後，卻不再想任何跟音樂有關的事。回來以後不到半年，申請回學校，很幸運的回去。學校在鄉下，比較安靜，學校有風琴、沒有鋼琴，我根本沒有心情去彈。除了教學唱歌之外，我就不敢去摸風琴，因為摸風琴一定要心情很快樂、很安詳的時候。被關十年出來，不要說去摸風琴，聽到音樂也不會給我振奮、感動，好像我已經變了一個人。

不敢說曾經被關十年 低調行事

因為我的身分，到退休前，與學校老師、學生之間，我都不敢說自己曾經被關過十年。有人認為這是不名譽的事，有些人認為你是匪諜。這個事情最好不要讓人知道，藏在心裡就好，我盡量低調不講話，要就講好話，不然就不要講，這是我做人一向的原則。有老師曾批評我說：「我若像衛老師那樣，我會悶死掉。」我不是生來就這樣。過去的社會你講話，不小心就被關、被判刑、甚至命就沒有了。

生活上，我在家裡盡量看書。在教育界，政治方面的事，我一概不提。我也和大家一樣喊：「反攻大陸」、「殺朱拔毛」，老實講，我只是做做樣子，不做不行，主要為了保護自己，必須做些心不由己、不願意做的、不想做的。解嚴後情況才比較好。我在這十年內學乖了，過去我在師範讀書、被抓前教書，我的人生是非常燦爛的、有希望、快樂的，非常爽朗。被關十年，被抓前的同事、朋友、同學、都覺得我完全變了一個人。

妻子願下嫁 不用聘金 心懷感謝

我太太是楊梅人，我回來半年後認識的，她跟我後母有點遠親關係，後母知道我回來，想辦法要我娶媳婦。我的岳父母雖然知道我從綠島回來，不要聘金，後母就看上這一點，有面子又不用花錢。有人願意嫁給我，就很滿意了，沒什麼特別的要求。第一是因為人家怕你關十年，我想娶她是因為女孩子一聽到綠島被關十年，都會退避三舍，而且老師在當時幾乎沒有地位。

太太那時候在六和紡織廠上班，我和她差十歲，見面時兩個人看一看，也沒說話，有一起去看電影、散步，半年後結婚。結婚後跟後母住在一起半年。

管區警察一個月一次來訪問，還暗示我回來能教書應該表示一下，要我送錢。我的孩子都知道警察很討厭。

有一陣子我嘗試全家遷到日本，因為哥哥在日本唸大學，認識幾個日本朋友。他想：「弟弟受過日本教育，把他叫到日本來也不錯。」他請一位日本人聘請我，那位日本人立即發張聘書給我。

我當時想，在臺灣幾乎失去生存的意念，因為教育工作必須要符合社會的需要、國家的政策，對我來講當老師也是很大

衛德全（右1）於日本打工時，於打工餐廳前與同事留影。（衛德全 提供 / 曹欽榮 翻拍）

的負擔，常常要說違背自己的話。當時教師一個月七百多塊，因為錢少，在社會上完全沒有地位，不像過去日治時代的老師備受尊重。當時，有些年輕女孩聽到老師都會退避三舍，不敢嫁給老師，跟日治時代比起來差很多。日治時代老師很清高，老師薪水比警察還要多。

當初會想去日本是因為當老師錢少，臺灣社會不安定。日治時代夜不閉戶，現在臺灣治安一日不如一日，幾乎天天有詐騙、殺人、自殺、搶人、打群架等令人不安的報導，不要說「夜不閉戶」，連白天都家家戶戶有鐵窗設備防護，居不安心，我想這是二戰後，中國人來臺所帶來的「支那文化」影響所至。所以我總覺得臺灣很不安全。我受過日本教育，覺得到日本也不錯。沒想到我要出去時，政府竟然很寬大讓我出去。去日本，我就去打工，做兩份工作，早上八九點到下午四點在一家餐廳負責櫃檯，五點半上班到十二點到酒店當服務生。兩份工作讓我在日本根本沒花到自己什麼錢，還可以把錢寄回臺灣，我賺很多錢，幾乎是當老師的兩倍。

赴日打工賺錢 政府不許家人去

日本人對我不錯，給我一間有洗澡間的房子，家裡需要的應有盡有。我想把孩子也接過來，認識世界之大，家人也很高興。我回到臺灣辦手續，那時候我有三個孩子，最小的還沒唸書，最大的三、四年級，去日本剛好可以唸書。但是警備總部不讓我出去，他說：「你是政治犯，你要出去政府讓你出去，已經對你很寬大。你還想全家搬出去，沒有這回事。」當場拒絕，並表示我若再講下去，連自己都必須要搬回來，我知道沒有希望了。

剛好當年（一九七二年）中日斷交，我一個人在日本沒有希望，家裡人沒有過來的話，我睡不著覺的毛病會再發生。後來真的發生了，因為知道家裡人不可能來，我天天掛念家裡。太太一方面要上班、顧家裡、又要帶孩子，很辛苦，想到這裡我的心裡就亂了、慌了，幾乎要發瘋的地步，趕快趁著中日斷交的時候從日本飛回來。回來後申請復職再考試，回到原來離職的三湖國校（後來改名為瑞原國校），教了一年，我想去東部發展，申請調校，調到宜蘭南澳蓬萊國校，但後來發現很難兼顧，於是又再請調回到楊梅。

晚上怕黑暗 一定要點燈睡覺

從綠島回來後，除了自己覺得變了一個人，生活變得膽

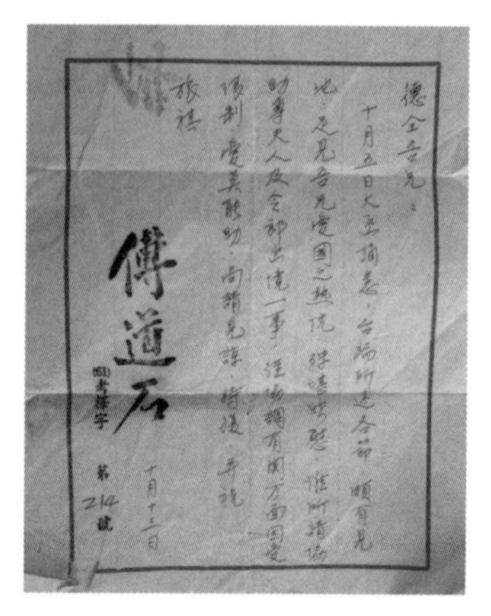

德全吾兄：

十月五日大函誦悉，台端所述各節，頗有見地，足見吾兄愛國之熱忱，殊堪嘉慰。惟所請協助尊大人及令[illegible]出境一事，經協調有關方面因受限制，爰莫能助，尚請見諒。特復，并頌

旅祺

傅道石

十月十三日

(61)[illegible]字第214號

警總傅道石（輔導室代稱）寫信給在日本的衛德全。（衛德全 提供）

小、謹慎，做什麼都怕又惹禍。到現在為止，我還覺得做人好像是不得已，都沒有一點快樂、希望。銳氣、想法在這十年內都磨光了。我覺得我的人生不是彩色的，而是灰色的。到了晚上特別怕黑，一黑，就全身不舒服，人好像要瘋掉，平常人可能無法體會、想像這種情境。睡覺的時候，偶爾不小心想到過去，就不得了了；要出去，外面都是黑暗的，跑到哪裡都黑暗的。睡覺前，我的房間、家裡一定要亮亮的。有時候碰到停電，常常使我想跑到三樓，從三樓跳下去。

自己覺得很幸運，為什麼這種噩夢還會揮之不去？這很奇怪，到晚上我就覺得受不了。白天還好，到了晚上聲音沒有、光亮也沒有，雖然在家裡，但是想到外面是黑暗的，就好像又回到綠島，想跑出去卻跑不出去。所以我晚上睡覺是絕不敢關燈的，但是太亮又睡不著。必須要有點亮，如果眼睛睜開，完全黑暗，我會瘋掉。每天都一樣，經常失眠，第二天就會很

累。到了晚上就怕，不要晚上來，希望天天都是白天，一般人可能體會不了。

這種情形也會影響太太，往往我睡不著，影響她也睡不著，帶來她的擔心與不安。被抓之前我姐姐還告訴我要小心，會不會因為這樣，讓我忿忿不平，噩夢拖這麼久？我為什麼這麼倒楣，我想都不會去想政治問題，竟然會因為政治問題被抓。

半夜想跳樓 依賴安眠藥助眠

有一次，我半夜還是會有想要上到樓上，跳下來的想法。到底有沒有辦法克服？真的沒有辦法克服，要靠安眠藥。我跟醫生講晚上睡不著，他問什麼原因，我說我也不知道，我不敢講我被關十年。我就說我睡不著覺，他就開安眠藥。已經二十幾年了，到現在還在吃安眠藥，年齡越大這個情況越嚴重。年輕的時候還有點抵抗精神衰弱的能力，年齡越大就越灰心。

人家說年齡大了會怕死，我倒覺得不怕，早一點離開，越快越好。因為我覺得我已經死過一次，對人生已經沒有希望了，反而早點離開比較好，才不會受這麼多的苦。我這樣講可能很多現在的人不會相信，無緣無故就會受這種災難。可是我也要想到這麼好的太太、兒子、孫子，就是因為有他們，看到他們有今天，就是我辛辛苦苦，忍著自己心裡的痛苦，忍到今天，看到他們有笑容，有快樂家庭，可能這也是我繼續生存、繼續抱著對人生希望的一個原因吧！像這樣一個社會、這樣的人生，我想我不值得去留戀。人的尊嚴沒有了，人被當作一個什麼東西看，我覺得這個社會真的很不公平。

回想起過去 每天都在做噩夢

一九八七年解嚴之後，臺灣比較民主，我覺得對我是有改善一些。兩千年陳水扁上臺後，有一段時間好像改善很多，社會上的人也不會怕被抓。但是到馬英九上臺，好像國民黨又回過來了，像（二〇〇八年）大陸的陳雲林來臺灣，馬英九不讓住在臺灣的人拿自己的國旗，而且還要動用警察暴力對付人民，這點我就認為國民黨又回來了。我對國民黨完全沒信心，雖然沒有來抓我，但是我的精神、靈魂好像又被抓去了。所以晚上我一定會作噩夢，我就怕國民黨，國民黨對我的傷害很大。可能是因為當時抓越多，消滅共產黨的希望越多，他們對不管是外省人、臺灣人，寧錯殺一百個無辜的人，若裡面有一

2009年1月19日，綠島人權園區舉辦第三屆青年體驗營，衛德全（右）與難友蔡焜霖（左）合影。（曹欽榮 攝影）

個共產黨就回本，而且情治人員（**特務人員**）捉人還可以有高額獎金領。所以我認為這個社會真的很不公平，也沒有人性和公理正義。

有時候越想我越傷心，一想晚上就睡不著覺，整個人好像快瘋掉。所以，我盡量不去回想過去，把它忘掉。這麼辛苦，我們再不講話，歷史就會埋沒。我被抓時二十歲，比我年紀大的那些人都沒有機會講話了，有機會講話的是現在我們這些七、八十歲的人。再過幾年我們可能都要離開，過去的歷史可能就要埋沒在黑暗裡，所以這六、七年我才答應接受採訪、參加受難者的活動。

幾年前接受採訪之後，講一講好像睡得比較好，過幾天就不行了。我到底該講嗎？講有用嗎？慢慢的回想起忘記的過去，每天都作噩夢。這是沒親身經歷的局外人難以體會的情境。

期待公義、自由、人權的社會

十年牢獄之災與出獄後的精神煎熬，我只有一句話：「我要活下去！」這樣的信念支持著我。我知道像我一樣被抓、被判刑的人，有很多人不明不白就被槍決了。早在二二八發生時，更多的人是先槍決、後判刑，有的根本不用判刑，是暗殺。林義雄家滅門案、陳文成枉死案可證明，大部分都是當時的知識分子與社會菁英。反觀自己，既沒被刑求，出獄後又順利復職，是該好好的珍惜。但是，我對當今的社會政治局勢感到很憂心，因為臺灣若與中國統一，中國的專制、非人道等社會控制手段將會影響臺灣。所以，我期許臺灣人（在臺灣有戶籍，在臺灣生活，在臺灣生存的人）要團結，不分族群，一起為臺灣的後代與未來著想。

最後，我要強調的是，我們希望要有一個公平、正義、人民有尊嚴、社會和諧、快樂、有公義，這樣的社會、這樣的國家。我希望有一天，能夠創造一個公義、有自由、人權的社會，這方面臺灣是很需要的。

撐過磨難考驗

— 鄒秀連訪談紀錄（衛德全的妻子）

（衛：我的後遺症，現在好很多了。太太幫忙很多，好在有她。我很感謝太太，我們家就是靠她。）

我們家有三個兒子、三位媳婦、兩個孫女、一個孫子。我不知道我先生出獄多久，我們才成家，認識的時候他沒有跟我講，結婚前也沒講。

小學曾被衛教過　父親要我嫁他

我們結婚前，我在中壢六和紡織廠上班，小學沒畢業就去工廠工作，就是現在SOGO百貨附近，前後上班十年左右。我的伯母認識他的後母，她們是堂姊妹，那時我媽媽常生病，她跟我媽媽講，我二十二歲可以結婚了。

我小學讀楊梅國校，讀到二年級，媽媽生病就沒有去讀了。我讀一年級時，還是他（衛德全）教的呢。我伯母跟我講，她姊姊有一個兒子，長得還不錯，我伯母沒有跟我講他去過綠島。有一次楊梅有運動會，我從中壢回楊梅，好像十月，有一個妹妹在楊梅國校參加運動會，我就去看看。去的時候，發現有三個人跟著我，我走到哪跟到哪，我就一直躲他們。他知道，我不知道，我想想不對，很害怕。三個男生一直跟著，我趕快走去坐公路局，回去中壢工廠。

（衛：那天是運動會，我們三個人第一次看到她。）

我回到宿舍跟她們講，我說：「我看到三條狼狗。」她們還不知道什麼「狼狗」，她們笑得要死。大家在那裡討論男生怎麼壞，然後她們說：「以後嫁老公喔，絕對不要嫁給當老師的。」沒有錢呀！我在六和紡織工廠，一個月九百多塊，老師才七百多塊。我做紡織工，是做件的，做一碼算多少錢給你。

後來我媽媽生病很嚴重，爸爸一直勸我說：「你媽媽生病，不然她死不瞑目。」叫我一定要嫁給他。我說：「我又沒有看過他。」他是誰啊？我說：「我不要。」教書的人沒有錢，我不要嫁那種人。後來，有一次下班後，伯母叫我去她家，也叫他過來，他沒有進來，在外面等我。他帶我去楊梅國校，這是第一次見面，然後我去坐車回工廠，我九點以前一定要回到宿舍。那次，不記得我們講什麼話，時間很短。之後，

1994年7月10日，衛德全（第2排右2）與所教的楊梅國小第49屆同學會留影，合照中包括告密的外省老師。（衛德全 提供 / 曹欽榮 翻拍）

跟他見面一次，然後很久沒跟他見面，我不想嫁給老師，但我爸一直催婚。

（衛：第一時間趕，第二是因為我被關十年，跟社會隔絕，看到女孩子就怕。那時候，老人家還有日本時代印象，老師高高在上。）

我在工廠都是上十二小時班，要賺錢養家，每月領錢就拿錢回家。爸爸是耕田的，我有九個兄弟姐妹，我最大，很辛苦。家裡沒有錢啊，只有養豬、養雞賣，連田都沒有水。

還沒有結婚前，我媽生病，每天要回家。結婚前，我沒有真正交過男朋友，我爸爸一直叫我跟他在一起，我當時想：我真的長大了嗎？我怎麼還不知道那個男人一直要追我，我還不懂。到他追我的時候，我才知道。每次回家的時候，他就會在我家的門口站著。

不收聘金 也沒有任何嫁妝

我爸爸認為他很好，雖然他多我十歲，我不會覺得年紀差那麼多，我沒有這麼想。我不想跟他見面，每次我回來，我爸爸一直講那件事情。最後我心裡想：啊算了，這是我的命吧！

（衛：當時想結婚原因很多，我出來沒有工作，心裡還是飄浮，人生沒有目標，能不能娶到老婆不知道，既然有女孩子肯嫁給我，好啦！）

一九六〇年十一月，我們就結婚了，他六月才從綠島回來。見面沒有幾次，我們訂婚十二天後就結婚，他怕我反悔吧。爸爸說不用聘金，什麼都不要，他說，拿人家聘金，以後我嫁過去會很可憐。爸爸不買東西，沒有嫁妝，他也不收聘金。

夫妻薪水全交出去 每天餓肚子

我嫁給他半年後，還沒懷孕，因為壓力很重。我每天早上趕六點半的車去上班，回來也都六點半了。天天要回楊梅，同樣回家，你知道我怎麼過日子？我整天過得非常的苦，上夜班也是早上六點半下班，一天工作十二小時。回到家七點多，還要做家事，做完才能睡覺。他的後母眼睛很大，很恐怖，她不會罵你，她就說：「死貓、死狗，什麼都不會動。」

後來，我六和沒做，改到埔心益新紡織廠，有交通車、也比較近。因為早上不用那麼早，回來不會太晚。那時候楊梅有一條小河，阿兵哥全都在那邊洗澡，下班以後，我要到河邊去洗全家的衣服。家裡有井水，後母不給我洗，她說水不夠用。到河邊洗衣，我很害怕，因為有很多阿兵哥。等到我洗衣服回來，桌上的菜全部吃光光，我還沒吃啊。只剩下湯，碗筷全部在。我一回來，看到後母一眼，臉沒有臭臭，我就添一碗飯拌湯，趕快吃一吃。看臉色不對，我晚上就不敢吃了，只有餓肚子。

我們兩人的薪水要交給後母，我靠一個好朋友，她每月領八、九百塊，她會給我一百塊。她知道我沒有錢。後母不是一般的人，她是專門做老娼，在楊梅車站旁開酒家。

（衛：日治時代，我的養父在車站當站伕，他們在酒家碰到的，養父講客家話，很會賺錢，他什麼都會。後母看到我家房子那麼大，地那麼大，她的目的是要財產。所以我太太嫁過來以後，很可憐，經常要受苦。）

婚後與後母同住 吃盡各種苦頭

結婚住楊梅老家，那時候地還沒賣完，大概剩下一千多坪，四合院的房子。那時候，我不是很會吃苦，我是死愛面子，如果不是愛面子，我早就跑掉了。像那樣的家庭，你能住嗎？看到人家高興就好，不高興連飯都不敢吃啊。我第二天到工廠，他們都知道我今天來一定不對勁，我每天晚上都哭。飯、菜吃光光，剩下湯，我就趕去收一收、洗一洗。

（衛：後母的目的是要苦毒我們，讓我們住不下去，然後把我們趕出去。）

我一年沒有生，後母就跟他講：「沒關係，你把她離掉，我會娶一個給你。」你想想看，那種生活你會生嗎？我這隻手剁到，疤還在，有一條線。她養豬，我要剁豬菜。結婚時，後母送的項鍊我都戴著，有天我先生要去上班，後母叫他脫我的項鍊給她。我很生氣，一直剁豬菜，我想說：為什麼我戴著項鍊要脫走？我爸爸沒有收你們的聘金，什麼都沒有。我就一直剁，亂剁啦，就剁到手，我也不理，就讓它流血，豬菜裡很多血，我就煮好一鍋，煮好我去洗澡。洗完澡，我也不包，讓它流血，看會不會死。所以現在我心裡會想說，我不要讓我的媳婦吃這個苦。

衛德全與鄒秀連結婚時，兩家家族合照。（衛德全　提供　／曹欽榮　翻拍）

衛德全結婚後，最有家庭幸福感的日子，是在三湖國校任教時，一家五口在宿舍前合影。（衛德全 提供 / 曹欽榮 翻拍）

結婚第三天就想走 怕丟臉不敢講

我娘家都不知道這些事，講起來我很傻，不知道不能用她（後母）的籃子放要洗的衣服。我去洗衣服回來，要到走廊晾衣服，那時候我怕到連衣服都不會晾，租我們店面賣鞋子的老板娘咬牙跟我講：「晚上你該死！」因為她看到後母把衣服丟在地上。後母竟然跟他（衛德全）講：「你太太很可惡、很不孝，把衣服丟地上，不相信你去看…」。那天晚上，我沒吃，我一直哭、一直哭，哭到天亮。第二天上班眼睛都腫起來了，後來後母跟別人講，說我哭到天亮。她從倉庫那邊偷聽，再繞兩個門出去，你看，這樣的家怎麼住下去啊！

我老實告訴你（指衛德全），我結婚第三天就想要走人。為什麼我沒有走？這是很丟臉的事情，我一直想要跟你講，我不敢講。結婚的那天，是誰弄的我不知道，我進房間還沒有發現，我還不知道，我很笨，我很單純的人，就只在工廠上班。結婚第二天，在睡覺的時候，我婆婆衝進來，我不知道她衝進來要幹什麼？怎麼會有我這麼笨的人？她就跑到我的床上去看，她放了一塊白布在那裡，我不知道咧，那塊白布她拿走了。後來聽我伯母講，她說今天我不是處女，她馬上要叫我走。

你知道她多壞嗎？有一次後母從裡面走出來看到我，人就走掉了，她跑去洗手檯，水打開，把衣服弄得濕濕的，我在看她幹什麼，我想問她：「妳衣服弄到什麼了嗎？」但是我不敢問，我很怕她。他一回來，她就跟他（衛德全）講說：「你看你老婆，是不是外面有客兄啦。」她說是不是我的客兄來了，茶還沒有喝完，當著我的面，說：「你看我的衣服。」我很久以前就想講，我怕傷到他。說什麼魚最毒？鯉魚最毒，人什麼最毒？後母最毒。我生了老大時，後母和她的養女兩母女，站在我的房間跟我講：「你生一個就死一個。」這個話我不曾講過。

被趕出家門 忍辱持家帶小孩

有一次我煮飯，已經生了老大，我想奇怪，飯怎麼有怪味道，有肥皂味，很臭，飯大概不能吃。我想講這飯大概不能吃，她就說：「妳那麼辛苦，就搬出去啊。」她拿一個鍋子、兩個碗給我，鍋子根本不能煮飯，我們就這樣出去什麼都沒有。我們去租學校校工的房子，姓葉的大家族，我們住在他那裡。大家都對我很好，他們全是客家人，那個阿公很好，很早就在學校當校工，後來換他兒子做。在那邊住很久，到我生第兩個孩子，才搬到三湖國校的宿舍，那是日本時代留下來的，後來學校改名瑞原國小，三湖國校是一九二五年建校吧。

那位阿公年老生病時，我去看他好幾次，去看他的時候，他拉著我的手，我坐他的床頭，他牽我的手說：「妳以後會很好，現在辛苦一點沒有關係。」他說：「妳的手掌很厚，以後妳很有福氣。」阿公這樣說：「妳以後不會吃很多苦，你要有耐心。」我知道要忍耐，連我娘家都不知道我過什麼生活，我不曾回去講，講了能怎麼樣？不嫁人不是很好嗎？我沒有這樣想過。只想說，我怕我老公會被我爸爸、媽媽看不起，我會怕。我不要讓人家看不起我老公，說我老公怎樣，家庭怎樣，我不會跟別人講。

為照顧三個孩子　養豬養兔子賣錢

在三湖國校，住了很多年，三個小孩都出生以後，一陣子我沒有上班，我有養豬、養兔子，兔子那時候很貴，可以賣錢。不然，怎麼生活？他一個月那麼少錢。

到小孩要讀書的時候我自己帶，我也去上班，四點半起來做便當，做好叫老大起床，我要出門，五點十分，搭三班車去楊梅上班。能買現在的房子，是一位張老師的老婆幫忙，她問我：「妳現在要不要買房子？」我說：「我沒有錢啊。」她說：「你沒有錢，沒關係，我幫妳打會，讓妳做會頭。」我那時候沒有錢不敢買房子，他（衛德全）在南澳教書，我在楊梅上班，那時候七萬塊買的房子，她幫忙很大。

還沒結婚前，我活得很快樂，雖然我爸爸很沒有錢，可是我很快樂。真的呀。每個月幫忙家裡，我還可以買很多衣服，穿得很漂亮。那時候我認識他，公司要我出國，薪水加兩倍，去外國的工廠教人半年，爸爸卻不讓我去。

結婚後生老大，生活實在不太好，搬出去以後就慢慢好了。慢慢像個家，是搬到宿舍，三湖國校的宿舍住了十年左右。從三湖國校搬出來，他去日本一年，然後回來，搬到水美國小。他說要去日本，然後要帶我們去日本，他是這樣想，在臺灣生活不下去。

先生怕黑恐慌 需陪伴不敢出遠門

（衛：但是臺灣政府不讓我們去，警備總部的人說：「讓你去就很好了，你還要全家搬去。」我是從日本回來以後睡覺才要開燈，我只要有一點亮就可以了，我從來都不敢講。怕她傷心，我自己也傷心。第一個我是擔心家裡，她一個人帶三個孩子，政府又不讓我帶他們出去，那我必須回去，我心裡很亂很亂，天天想到家裡，引起恐慌的心理。她有時候是因為忙啊，很累，孩子要照顧，又要去工作，所以她一下子就睡著了。我有時候沒有睡，她也不知道。我經常還沒有睡著，她已經睡著了。我特別到臺中去看醫生，一位孫醫師，我不敢講說我被關

1971年，衛德全赴日本工作時，至日本皇居二重橋前留影。（衛德全 提供 / 曹欽榮 翻拍）

十年，只說我晚上睡不著。）

他是我不在家的時候，我三、五天不在家，才會這樣。所以我不太敢出門，很多人找我去哪裡，有時候我就想，一天的可以，像有一次跟朋友去泰國五、六天，回來他跟我講，他開車開到迷路，我嚇死了。

為衛家三個媽媽盡心料理後事

後母本來有糖尿病，她吃藥不會好，就把一隻腳鋸到膝蓋。後母腳鋸掉的時候，我還不知道，我沒有住在那裡，過年過節我會回去拜拜。有一次我回去拜拜，我問她：「媽媽，妳怎麼腳鋸掉？」雖然她那麼討厭我，我看她這樣子不能走，一個人躺在那裡，沒有人照顧她，我也不忍心。我要煮給她吃，每天吃得不一樣，我每天跑回來埔頂。跑回來遇到轉角那家小書店的太太，原本大家不相識，她看我每天這樣跑，有一天，她問我：「為什麼妳每天這樣跑？這麼辛苦，跑什麼？」我說：「我上班，婆婆生病，我要買東西趕回來，還要洗，還要煮。」她說：「妳這樣好辛苦，乾脆我幫妳，多少錢不知道，我去買，妳來付錢，我幫妳洗好，幫妳煮，讓妳輕鬆一點，讓妳好下鍋。」我煮好送去楊梅給她吃，回來都晚上十二點了。

（衛：雖然後母對我、對她真的很可惡，但是我們還是很尊重她，很孝順她。她常常買東西回去給她吃，她的養女說：「就是妳啦，她會早死就是妳…」）

她之前很討厭我，她說：「死了不要給我看到。」你絕對不會相信，所以她死，他（衛德全）沒有看到。我端午節送粽子給她吃，我回去拜拜，煮給她吃。她很高興，跟我說：「我現在沒有錢好給妳。沒有關係，我現在活著，對她（她的養女）沒有辦法，我死了，我還是會把她的錢耙回來給妳。」她這樣跟我講。她死了，我不知道我為什麼哭得那麼傷心，那麼難過，我是恨她，還是看她那麼可憐沒人理？她早上出殯，從裡面抬到外面去，沒有一個人在那裡，都是我一個人，哭個不停，我自己不太了解，我也不知道我哭什麼。我只有給她罵，我才會這樣哭，我哭什麼沒有人知道的。

我嫁給他之後，有一次我作夢，他的爸爸我不曾看過，也沒有看過照片，我只有作夢夢到他，晚上睡覺在哭的時候，哭到睡著了，爸爸來跟我講：「妳不要天天在傷心了，我會難過，她（指後母）對我也是這樣子，不是對妳這樣子而已。」他說：我要忍耐。我都不曾講，他叫我要忍耐。

每天下班跑到臺北照顧大媽

我大媽（衛的養母）生病。大媽被後母趕走，離開衛家之後，去幫人家煮飯。大媽去照顧一對老人，一直照顧到兩個老人家都過世，他兒子就把她帶去臺北。後來，她生病了，我在工廠上班，他就打電話到工廠，跟我說我大媽在臺大住院。那時他（衛德全）在日本，我天天下班都要去臺北，你看我三個小孩子都要照顧，我還要跑臺北。差不多不到半年的時間，她就走了，放在殯儀館。第二天，我又去，把後事辦一辦，辦完的時候半夜十二點多，我三個孩子在家，沒有去，那我要怎麼辦？我叫計程車，問計程車司機：「你可不可以載我到楊梅？可是我先跟你講一個條件，我是要載媽媽回家。」司機回說：「可以呀。」我問：「多少錢？」我想一百二，大概是。然後我說；「我媽媽往生了。」司機說：「那妳要包紅包。」紅包一百二，我說好。回去楊梅，我租人家房子，你想我要把帶回來的祭藍吊在哪裡？我大兒子才六年級，把它吊在門口，大兒子說：「阿婆以後就住在這裡，妳要保佑我們。」然後點香，半夜一、二點，三個孩子叫起來，點香拜阿婆。

婆婆往生前為她梳洗打理後事

說到生他（衛德全）的婆婆，生病沒有很久，頭尾只有二十一天就過世，我住在臺北十五天，沒有洗過澡，也沒有洗過臉，沒有一個人去幫我，我每天都在她旁邊，她什麼話都會跟我講。她跟我講說：「榻榻米搬起來，下面有錢。」我不會為了那個錢，大家傷和氣，大家也不知道我婆婆有錢。她跟我講哪裡有戒指、哪裡有一條項鍊。我婆婆往生前，只有我一個人在，我幫她洗完澡，很冷，我就用木炭，弄一盆一盆火。我抱她上去，讓她坐著，幫她洗頭、洗澡。她還沒有死，跟我講說：「有一天我要走的話，妳一定要幫我洗頭髮。」我說：「好，我會的。妳不要講那會嚇人的話，我會很害怕。」我說我膽子很小，不要一直嚇我。她說：「我跟你講真的啦。」她出院回來才往生的，那八千塊我全部交出來給廖家兄弟，連戒指、項鍊，我全部交出來。我二姑還跟我講說：「妳怎麼那麼忠實（**客語，老實**）啊？不會自己暗藏下來啊？」我說：「我做不到！」

現在他每天早上起來吃早餐，吃完就看他的報紙，剪他的報紙。我一早五點多，就去菜園。他的養姊，住在臺北，也是受日本教育，已經九十六歲了，這位姑姑很疼我。她一直住在美國，現在才回來臺灣住。她每次來都罵我：「什麼事都不給他做，都是妳一個人在做。」我媳婦就跟她姑姑講：「你不知道我媽媽很厲害，我媽媽會做水電，我媽媽會接電，我媽媽會打地，我媽媽什麼都會做。」我看錢不會很重，我現在沒有錢，也過得很快樂，我就傻傻的。

夫妻老來相伴 兒媳孝順生活快樂

我已經七十幾歲了，身體還很健康，像牛一樣，我一天要動三、四次，勞碌命啦。現在每天早上四點半就起床，五點多去菜園澆菜、採菜，採完、挑好，一包一包用報紙捆起來，拿回來放冰箱冰庫，回來洗一次澡，等一下午再去，回來再洗一次澡，晚上洗一次澡。我第二個媳婦會回來煮，現在我不煮了。老大在臺北上班，禮拜六、禮拜天就回來，他還沒有回來前，會打電話說：「爸爸，明天早一點起床。」媳婦會說：「爸爸明天早上幾點吃早餐，我會買回去，我今天要帶你去哪裡…」。

等三個兒子通通高中畢業以後，他爸爸才跟他們講過去被關的事。大的很照顧他兩個弟弟，每個禮拜，他和大媳婦會帶我們出去走走，三個兒子都很孝順就夠了。老二跟老三開的天祥公司，是做清潔維護。孩子雖然沒有大學畢業，但是他們對我們很孝順。小孩子都不用我們操心，反而小孩在操心我們。

採訪時間	採訪地點	主採訪者	說明
2014年7月10日	桃園中壢衛宅	曹欽榮	本計畫，鄒秀連陪同受訪
2009年1月9日	桃園中壢衛宅	曹欽榮	

另參考：2008年「臺灣民間真相與和解促進會採訪計畫」。

錄音轉文字稿：林芳微、曹欽榮
文字稿整理：曹欽榮
修稿：衛德全、曹欽榮

圖左起為邱賢農、邱文華、邱景耀。（陳銘城 攝影）

戰地歸來 七年牢災

— 邱景耀訪談紀錄

邱景耀每日早、晚到八德邱氏公廳餘慶堂上香，他過去不曾正式受訪，這次兩位兒子陪同於公廳受訪。他最愛談新幾內亞當日本兵三年，八德同鄉出征三十人，只有十二人於戰後返鄉；他不多談白色恐怖，卻認識很多難友。邱家在桃園八德綿延超過兩百年，見證八德地方更替。

日治時代出生於大家族

一九二六年四月二十六日我出生。我有八兄姊，三個阿兄、三個阿姊，我第七，一個小弟。其實還有一個大哥出世就沒了，戶籍上面有他的名字。我老爸兩兄弟，當時在這裡作田。我知道時就沒做了，他是忠厚的人，幫姊夫的雜貨店當雇員，老爸幫他抓豬、刣豬、賣豬肉。聽說我阿伯吃鴉片吃光了家產。

我讀八塊公學校，現在的八德國小，創校超過一百多年了，我是第三十三屆，一九三九年畢業。虛歲八歲入學，讀六年，十四歲畢業。家裡沒錢繼續讀，我去內壢大日本製糖會社吃頭路，在私人製糖廠管倉庫，沒製糖就補布袋、接洽工作。在八塊附近到處都是甘蔗園。小時候，甘蔗折下來吃，吃二節，就飽了。管倉庫兩年多，十八歲就被叫去當日本兵，其實是軍屬。我有兩段歷史，頭一段是當日本軍屬，我比較想講，白色恐怖政治犯的問題，我比較不愛講；以前當軍屬的事，我沒有接受過採訪。

日治時期臺灣原住民高砂義勇隊，出征前合影。（照片來源：取自2003年「戰火浮生臺灣人去打仗：臺灣兵影像文物展」）

兄弟當日本兵 幸運都回來

一九四三年，第四回臺灣特設勤勞團[1]，新竹州桃園郡八塊莊三十個人，那不是兵，都是雜工仔。我阿兄那一輩的，很多人去當志願兵。我大兄去海南島，第二阿兄去左營海軍，只有我小弟沒有去，他去以前的「圈仔內」[2]做勞務工，「圈仔

1 中日戰爭開戰後，臺灣總督府常以不同名目，徵召臺灣人到戰場服勤與服役，大都是地位低微的「軍屬」（指在軍隊工作的老百姓）。1941年，總督府以「奉公團」名義，招募1,000名軍屬上前線。之後又派出六團，分赴菲律賓、馬來西亞、新幾內亞等地。此外又有臺灣特設農業團、臺灣特設勤勞團、建設團等徵調方式。其中「臺灣特設勤勞團」一直到1944年6月海上航路中斷前，已經出團30次，人數多達2萬8千名。參見《戰火浮生》展覽手冊（2003）；國史館臺灣文獻館，《烽火歲月：戰時體制下的臺灣史料特展》圖錄上、下冊（南投市：國史館臺灣文獻館，2003）。

2 圈仔內：二次大戰期間完成的大園軍用機場。

內」就是現在國際機場旁，以前有海軍的飛機場。

我們兄弟去當兵，很幸運都有回來，像我們那一期三十個人去新幾內亞（New Guinea）[3]，只有十二個人回來。在那裡，船來要搬東西，搬武器，勞務就是做工，沒有經過真正的軍事訓練。

我們從高雄出發，一團一千人同船，是一艘貨物船叫做漢口丸，坐好幾千人，再沒有多久，漢口丸就被炸沉了。那時坐的船好像第四團和第五團一起，第五團臺中，第四團是桃園郡、大溪郡、中壢郡、新竹州，北部的。先到達菲律賓的馬尼拉，在那裡等待，哪裡有需要兵源，再派去那裡。剛到菲律賓，看了很多風俗很奇怪，他們比較自由，當時很開化，樣樣不錯，不曾出外的我們，開了眼界。在菲律賓等一個月，再移到帛琉，再去新幾內亞，還好我們坐的船移動過程很平安。

新幾內亞三年 躲空襲沒東西吃

新幾內亞，東到西長長的本島，馬當（Madang）就在本島偏東的東北邊，沿著海邊往西來到兩、三百公里處，叫漢沙（Hansa），我就待在漢沙。漢沙再往西過來是韋瓦克（Wewak），再往西下一個是艾塔佩（Aitape），再西過來就

3 有關臺灣人日本兵戰地經驗，參見周婉窈主編，《台籍日本兵座談會記錄並相關資料》（臺北市：中央研究院臺灣史研究所籌備處，1997）；蔡慧玉編著，《走過兩個時代的人》（臺北市：中央研究院臺灣史研究所籌備處，1997）。

是查雅普拉（Jayipura），再往西就是現在的西巴布亞，跨海經過幾個島，再西邊就是印尼的婆羅洲，往南就是印尼的爪哇（Jawa）島，西到新加坡、馬來西亞。

前後三年多，我們一千多人，這一隊、那一隊，派來派去，四四散散。在那裡，過了三年的空襲，天未亮就躲在戰壕。一九四一年底珍珠港事件發生後兩年，我才到新幾內亞，在那裡撐了三年，我們都在山上，一年多沒看到米，連看到一粒米都沒有。都是靠山上野生東西，那時候很難過，蛇也吃，老鼠也吃，什麼都吃。

在椰子林有碰過高砂義勇隊[4]，我們不認識，但是他們會說：「臺灣Takasao Tomodachi…，たかさお ともだち（Takasao Tomodachi）」，他們爬上椰子樹上採椰子，丟下來，丟得滿地，大家也吃得滿地。那時候椰子吃半熟的，不是足熟。半熟的那種，裡面兩個軟軟的果肉，若肚子餓，很好吃。有什麼吃什麼，沒有任何補給，日本都沒有船來，也沒飛機，幾年沒有補給，全都靠野生活命。三年真正有在做搬運工作的時間沒多久，都在空襲。他們在飛機上，我們在地上跑，炸彈從天空下來，怎麼叫打仗。整日都是轟炸，從天亮到晚上，沒有吃飯，要米也沒有米，講到這些心情歹歹，戰地的事情啊！

---

4 高砂義勇隊，二次大戰期間，日本動員臺灣原住民前往南洋叢林作戰的組織。參見許雪姬總策畫，《臺灣歷史辭典》（臺北市：文建會，2004），頁688。

八德三十人到南洋當兵 十二人生還

到昭和二十年（一九四五年）八月十五日，日本投降，我才能回來臺灣。

日本天皇宣布投降的聲音，我在戰地沒有聽到，我們也不知道。我記得很清楚是怎麼變成俘虜的，八月終戰，九月司令部發布命令，司令官叫安達二十三。他說話的意思，不是日本輸，只說是終戰，他講說九月何時你們的東西都要準備好，要從山上出來到海邊，山上到海邊還有七十公里。一年多沒看到米，都在山上吃野生，人瘦巴巴的。

到了海邊，美軍和澳洲軍在那裡，我們一個一個到美軍衛兵站的地方，東西翻出來給他們看，武器、刀、什麼的…。美國兵看到你的錶、鋼筆、什麼也好，美國兵會拿東西來換，拿罐頭或什麼跟你換，他說那是戰利品。他們最愛的是有日本國旗的手巾Hiromaru。然後我們幾個人，一臺車就載走。我們被移送到韋瓦克（Wewak）對面叫穆舒島（Mushu Island），這是個島上的俘虜營，不只幾千人，總共有一萬多人吧。我們集中在那裡，我的牌子是一萬二千幾號，我有帶牌子回來。

一個連著一個的帳蓬，睡的床、設備都好了，人很多。編隊之後開始正常生活，一個禮拜領一次糧食，米三合，約衛生紙盒的三分之一，這樣的量不夠吃。也有麥片、罐頭，不一定，有時魚，有時牛肉，有時豬肉，一、兩罐，很少就對了。一個禮拜的糧食，我們正常人三天就吃掉，只好自己去山上找

戰爭倖存者抱著戰歿者骨灰回鄉。（照片來源：取自2003年「戰火浮生臺灣人去打仗：臺灣兵影像文物展」展覽手冊）

東西吃。雖然那是座島，島很大，有椰子林，在椰子樹下找掉下來好幾個月的椰子，殼都黑掉、裡面發芽了，芽可以吃，殼硬硬的，殼裡的果肉嚼起來像吃生土豆，香香的，很好吃。還有吃木瓜心、香蕉心，香蕉欉的心都吃。

經過戰時，很多人起痟（臺語khí-siáu，發瘋），在現場起痟的也有。大我五、六歲的李傳溪就起痟。一天到晚空襲，煩惱家裡父母、煩惱家裡妻小，煩惱到…，他是同期一起去。

在俘虜營五個多月，到昭和二十一年二月二十七日，這一輩子的紀錄，一定記得日期，我們坐一艘巡邏艦叫鹿島丸（shikashima）回臺灣。我們三十個人去，就剩十二個人同船回來，互相都知道，十八個人沒辦法回來。炸死的、餓死的，十個有九個是餓死的。

國民黨接管臺灣 返臺被當敵人

要回來的時候，今天要坐船，部隊在海邊集合。剛開始我們不知道，海邊做了一個祭壇，日本師公、道士要祭祀，他們都穿日本道士衣褲，拜一拜、做一做法事，唸經唸一唸，然後用信封袋寫名字，在海邊的海沙埔的沙，一個拿湯匙，就喊這是什麼人的骨灰、這是什麼人的骨灰，寫下名字…。一個信封袋裝著，寫名字，這什麼人的遺骨，其實是海沙埔的沙。大家還是歡歡喜喜拿著，說我拿誰的，我回來時拿了七個人。我當時是分隊長，我回來就分出去，拿去他們的家。

當時從新幾內亞回來，大家都剩一口氣而已，在船上這邊吐，那邊吐，頭尾差不多三、四天，回到基隆上陸。回來的時候是新曆二月，還是冬天。我們下船，碼頭有一些穿棉衣的拿著槍，像在威脅著我們，一直罵，罵什麼我聽不懂，把我們當作敵人吧。回到臺北公會堂，說要發錢給我們，在那裡等到晚上，那時已經都是中國人在管理。

我大兄最先回來，他差不多十六歲就去海南島，他回來的時候我還沒去當兵，我大兄不是兵，他是去山口組（Yamaguchigumi）做營造監視，他去了一、兩年。第二個是我回來。我去了南洋之後，第三個兄弟才去海南島，他在海南島拖了一年多才回來。

我們從新幾內亞回來的十二個人，現在只剩我和許文水。三十個人，我都記得名字，差不多十個去之前已經有太太。

十二個人回來後，很少往來，到二二八事件那時，社會沒多好，經濟也沒多好；只好隨人顧自己，隨人顧性命。

回來，天下已經大變了，我們不適合那個時代，他們講的我們聽不懂。我們沒有讀漢語，我們懂的是日語あいうえお（a-i-u-e-o），ㄅㄆㄇ我們不會。我會日本話和河洛話，客語不會。我們本來是客家人，但是都「背祖」了，現在叫河洛客。回來還年輕，除了養身體，就去做粗工，幫人家割稻子。那時候普通農家割稻子、播種，都是請人做。我回來，我老爸已七十幾歲，沒有賣豬肉了，吃好吃壞，我是覺得沒有被餓到，以前厝邊隔壁比較有人情味。

二二八清鄉 家人被兵仔叫出去

二二八，我比較沒有印象。我從海外回來生病到快要死了，顧身體比較要緊，都在家裡，回來一年多都在養病，工作時間少。到二二八清鄉，我才知道發生二二八，清鄉是直接來到我們的家。他們只有歹歹叫，一直唸著：「媽你個B！」罵什麼我們也不知道。清鄉的時候，兵仔、派出所的警察都去人家的厝裡，人家的父子、兄弟，查埔、查某都叫出來。看到我們這麼多兄弟，我們五個兄弟全是查埔，中國兵仔就一直罵，罵我們什麼，都聽不懂。

當時八德鄉長是邱創乾，他是我們的宗親。副鄉長是邱蒼輝，他也是我們自己的宗親，他又是我公學校的老師。他就說：「你沒頭路，不然，公所有成立一個國民兵隊部。」判決書就是這樣寫我的職務，工作就是跟駐在我們地方的部隊聯絡事情。鄉公所要準備稻草、竹子、什麼的，給中國兵仔蓋草寮住，這些都跟公所聯絡。我那老師說：「你們兩個，我們的宗親，沒工作，就來這裡做。」以前若沒有意外，做個兩、三年就升了，我和另一個宗親邱垂意[5] 就去公所工作，邱垂意後來判七年。邱垂意來找我說：「你若要去，我們兩個一起比較有伴。」我想說我沒頭路，他來找就去了。一九四九年進去公所，那時候社會很困難，新社會我們沒有辦法適應。物價漲還不要緊，社會的人際關係，變成新的環境。

我單身，晚上都在公所值班，忽然間，一些什麼第三勢力的來了，都兵仔啦，像遊民一樣，聽說是李宗仁的部隊、金上校，一些宿舍都被他們占光，地方上那些少年的比較不怕死，一天到晚都和他們相罵。

一九五〇年六月，韓戰爆發，鄉公所在牆壁貼一張朝鮮地圖，一些少年就說：「今天北韓又戰到哪裡」、「今天到釜山」，大家都好事，整間辦公室鬧轟轟。大家對時局不太了解，那時候少年很幼稚，一看北韓軍戰到哪裡，今天打到那裡…，那時候我什麼都不知道，還很幼稚。第三勢力的那位金上校，說第三勢力就是毛澤東、蔣介石以外，李宗仁就是第三勢力。他們自己講的，我哪知道，臺灣仔都傻傻的。

5　邱垂意，1927年生，桃園人。與受訪者同案，被捕前是八德鄉公所戶籍員，被判刑7年。

亂世的災難 不知為何被抓

我們的案件發生什麼事情，我真的不知道。徐木火[6] ，曾聽過名字不曾見到人，劉鎮國[7] 是八德公所戶籍員，劉長川[8] 是生意人，怎麼牽在一起？要抓人，也不管你怎麼樣。劉登科[9]說徐木火來八塊好幾次，那是跟他們，他們才會知道。大家都是朋友，少年人比較幼稚，每天一起接觸，這樣牽連的。我在公所兵隊部，單身都在公所，晚上值班有幾塊錢可以領。我們常住公所，跟那些第三勢力的金上校，不時在鬥嘴鼓，講話不投機，就比較大小聲。他們告我們，我們也不知道。亂世的時代，人家說：「做太平狗，不做亂世人。」亂世人一定比較有

---

6 徐木火（1915-1951），桃園人。與作者同案，被捕前為桃園信用合作社職員，1951年8月28日被槍決。依據判決書：「…徐木火於民國三十七年十月間由游好文介紹參加朱毛匪幫，先後受曾水賢、周博源等領導，曾任區委等職在新竹、桃園一帶地區活動，並先後發展領導龜山支部、八德兩小組、桃園學生支部、街頭支部、農業學校支部、民主自治同盟桃園支部等匪幫組織。曾創立讀書會以為外圍組織灌輸反動思想…」。

7 劉鎮國（1926-1951），桃園人。與作者同案，被捕前為八德鄉公所戶籍員，1951年8月28日被槍決。依據判決書「…劉鎮國於民國三十八年十月間，經徐木火介紹參加匪幫之組織，先後受徐木火、游好文之領導，為匪幹八德鄉之幹部。曾以團結青年共同爭取臺灣自治為目標，組織新青年協會以為外圍組織。於三十八年冬暨三十九年春，先後吸收劉長川、邱垂意、邱景耀參加該會嗣於三十九年八月間參加國民黨以為掩護…」；另參見本書〈取名志清的血淚故事：劉登科訪談紀錄〉、〈不畏艱困 逆游而上：劉志清訪談紀錄〉。

8 劉長川，1918年生，桃園人。與作者同案，被判刑7年。依據判決書：「…劉長川邱垂意邱景耀先後於民國三十八年冬卅九年春經被告劉鎮國煽惑參加新青年協會…」。

9 劉登科，劉鎮國弟弟，另參見本書〈取名志清的血淚故事：劉登科訪談紀錄〉。

災難。

那時候的社會，特務隨便抓人，不管你有沒有什麼。我認識劉鎮國，邱垂意是宗親，劉長川在廟邊做豆腐店，我每天去學校都會經過，當然認識他。王昌隆[10] 是一位學生，我不認識，張添石[11] 認識、彭奎松[12] 也認識。蕭國良[13] 是桃園人，我不認識。不只徐木火和劉鎮國被槍殺，還有一個鍾水寶[14] ，他是鍾桃[15] 的侄仔，鍾水寶在稅捐處，他是鍾桃大兄的兒子，和鍾桃差九歲。

一九五〇年十一月二十九日晚上十一點，他們來家裡抓

---

10 王昌隆，1928年生，臺北市人。與作者同案，被判刑5年。依據判決書：「…王昌隆與在逃匪幹李世雄同學時，該李匪曾向該被告暨其同學一再宣揚匪幫優點，且常供以左傾書刊閱讀其有匪諜之嫌，且為該被告所明知乃不告密檢舉，…」。

11 張添石，1913年生，桃園人。與作者同案，被判刑5年。依據判決書：「…游好文等於民國三十九年三四月間，曾假張添石家中開會三次，嗣該張添石以聞有宣揚匪幫之言論，畏而勸移地點…」。

12 彭奎松，1920年生，桃園人。與作者同案，被判刑5年。依據判決書：「…三十九年三四月間，匪幹劉鎮國、游好文曾一再煽誘被告彭奎松參加匪幫組織，終未允諾…然其明知為匪諜而不告發…」。

13 蕭國良，1923年生，桃園人。與作者同案，被判刑3年6個月。依據判決書：「…民國三十八年…徐木火曾以新民主主義中國文摘、土地大綱等反動書籍供被告蕭國良閱讀…」。

14 鍾水寶（1921-1951），桃園人。與作者同案，1951年8月28日被槍決。依據判決書：「…鍾水寶於民國三十九年三月，經匪幹游好文介紹參加朱毛匪幫之組織，同時更介紹被告鍾桃參加…」。

15 鍾桃，1912年生，桃園人。與作者同案，被判刑10年。依據判決書：「…鍾桃于卅九年三月間經鍾水寶之介紹參加朱毛匪幫…」。

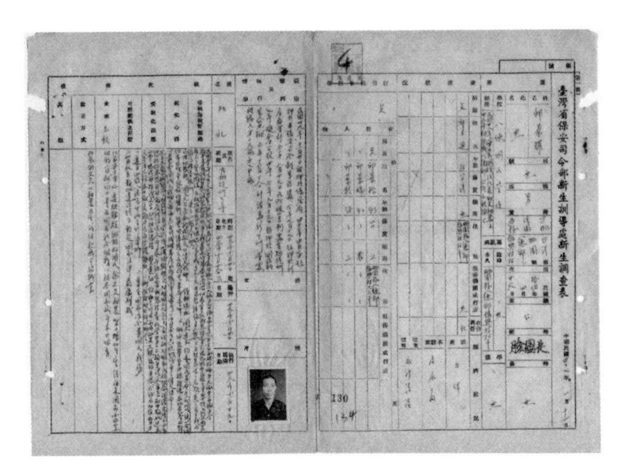

臺灣省保安司令部新生訓導處新生調查表

邱景耀的「新生調查表」中，清楚記載他的關押經歷，從1950年11月30日被捕關押於保密局、軍法處、新店看守所、軍人監獄及綠島新生訓導處。

人，我正好晚上和人聊天回來，回到家裡準備要睡覺，就被叫出去、銬起來了。八德派出所的管區警察，自己的好朋友游錫德說：「警察、警察來了，開門，開門！」我說：「要做什麼？」我以為有話要講，我一看，哇！兵仔一群，我一出門口隨即被銬起來，送到派出所，我一看，邱垂意、劉長川、鍾桃幾個都在，那一晚就載去桃園後火車站的朝日煤礦。朝日煤礦是游冬山的，去到那裡之後，再載去臺北大橋頭的保密局（北所，高砂鐵工廠）。劉鎮國比較早被抓，十一月初吧。

胡鑫麟、林恩魁醫生是我的恩人

高砂鐵工廠是辜顯榮媳婦的（辜顏碧霞）。在那裡四、五個月，沒被修理。又不是什麼重犯，我被問：「你跟什麼人一起做什麼？有跟劉鎮國組織一個讀書會嗎？」，我說：「沒有。」他說：「有。」他們說：「他（劉）說有，這樣事情不能解決。這也沒什麼事情。」「讀書會又沒什麼事情，你就承認，有就有。兩、三個月沒事情就回去，沒事情啦。」才問了一次，我說叫劉鎮國和我對質，他說：「免啦，不用什麼對質。這又沒什麼事情。」

在那裡，天天好像在吃餿水，上午稀飯，沒看到米粒，一個人才五、六粒土豆，這樣一頓。中午稀飯配冬瓜，冬瓜整鍋，不然就是空心菜，大家吃得都有腳氣，肚子腫。一天兩餐，我就跟他們說：「都吃冬瓜和稀飯，大家都有腳氣，受不了。」有一晚才煮了一些黃豆、沾醬油吃，吃下去，隔天放尿才放得出來。大家沒有營養，餓得要死，要命還是得吃。古早人話：「偷扛古井」，古井哪能扛，官若打下去、摃下去，他沒扛也會說有，被強逼就是冤案。冤案就是冤案，國民黨要甘願來賠償。

在高砂鐵工廠，有印象的人像陳英泰、張火山、涂南山，還有軒轅國權、唐朝雲、黃鼎實、林秋祥、呂沙棠、陳台明、陳德旺，很多啦，說不完[16]。

之後，送到軍法處判刑，那裡人很多，出出入入，一天來

---

16 參見陳英泰著，〈保密局北所，桃園案、龜山案〉，《回憶，見證白色恐怖》（上）（臺北市：唐山，2005），頁67-69。

綠島人權園區的新生訓導處模型展示區，中央條狀房舍左起第三棟是邱景耀初到綠島編入的第二大隊第七中隊、第四棟是女生分隊；左側是第一大隊，右側是第三大隊。（曹欽榮 攝影）

整群，出去整群，在軍法處三、四個月後，就送到軍人監獄。沒多久，被送去火燒島。

一九五一年底，我第三批去火燒島，到那裡快要過年了，我編在第二大隊七中隊，後來編到二中隊。大家都會講：我第一批、我第二批。火燒島人多的時候上千人，三大隊還有一些南日島的俘虜。第七中隊隔壁是女生分隊，女生人數最多時有九十幾位，最少也有五、六十個人。一個叫五十九號王孝敏[17]，大家公認是綠島美人！我後來看了《流麻溝十五號》這本書，

17 王孝敏（1929-1992），中國河北籍。涉「中央社會部潛臺餘黨于凱梁鍾濬等案」，1951年5月12日被捕，時為國防部醫學院學生，被判刑10年。曾關押於綠島新生訓導處女生分隊。另參見胡子丹，〈第二一章　新生之花〉，《跨世紀的糾葛》（臺北市：國際翻譯社，2009），頁161-168。

左起：佐藤先生、邱景耀、佐藤夫人、劉長川，2004年11月23日，佐藤夫婦來臺旅遊於石門水庫合影。（邱文華 攝影）

了解更多女生政治犯。

胡鑫麟[18]，他是臺大醫院的眼科主任。我都叫他日文名字：胡鑫麟，我曾經在火燒島手術盲腸，他來幫我看，開刀是林恩魁[19]外科醫生，他們是我的恩人。

讓戰友進入日本戰亡慰靈塔

將近八年我從火燒島釋放，記得四、五月，我自己一個

---

18 胡鑫麟（1919-1997），臺南人，任臺大醫院眼科主任時，因涉1950年「臺北市工作委員會郭琇琮等案」，被判刑10年。其子胡乃元，是世界知名的小提琴家。胡鑫麟在綠島製作星象圖複製品在綠島人權園區展出。參見胡乃元口述〈老爸爸的星空圖〉，《看到陽光的時候》（新北市：國家人權博物館籌備處，2014）。

19 林恩魁，1922年生，高雄人，東京大學醫科、臺大醫學院畢業，任旗山醫院外科醫生。涉「省工委學委案」，1950年10月30日被捕，被判刑7年。1985-1991年間，將巴克禮「羅馬拼音臺語聖經」譯成120萬字「臺語漢字聖經」，右眼因而喪失視力。2008年出版回憶錄《荊棘·冠冕·動盪歲月－林恩魁醫師自傳》。

人坐船回來。回來之後，公所不能回去，做零工，跟三哥做醬油。警察仔會來查戶口，很多事讓它都忘記最好。

日本戰後就有「在鄉軍人會」[20]，隨每個人的部隊組織一個小團體。戰後臺灣這麼亂，二二八、白色恐怖，我們這裡沒有戰友的組織。

到了日本昭和天皇死了，我才和以前日本人戰友接觸。開始接觸是臺灣解嚴後，有人組織團體向日本政府要求還我們在戰地的月給儲金，我的寄金當時二百多元，後來日本政府同意還錢，當時臺灣的報紙都有報導，他們還了我新臺幣四萬九千多元。我跟許文燦兩個人一起去日本遊玩，花光了，去日本為了找我們在新幾內亞的部隊戰友，之前透過寫信，找到部隊長。因此，日本有很多戰時的朋友，常常來臺灣，三年、兩年就來。

當時我在東京下飛機時，大家已經不相識了，佐藤先生舉了一張牌子「歡迎老戰友 邱景耀」，五十年後相見，佐藤先生很高興。還帶我們去他在仙台的家，去那裡到處玩。後來我去了好幾趟，有一年的慰靈祭在奈良舉行我去了，每年換地方辦慰靈祭，今年在這裡，明年換那裡。

---

20 在鄉軍人會，參見維基百科日文網站：http://ja.wikipedia.org/wiki/%E5%9C%A8%E9%83%B7%E8%BB%8D%E4%BA%BA%E4%BC%9A（2014年8月11日瀏覽）。

邱景耀（第2排左1）全家歡迎佐藤先生之長男、長女全家來臺旅遊，兩家人於三義木雕館前合影。（邱文華攝影，2005年7月18日）

有一次我去參加在名古屋三根山的慰靈塔，那座慰靈塔旁有一個「殉國七士之墓」[21]，就是東條英機、板垣征西郎、土肥原賢二、木村兵太郎、武藤章、松井石根等人，七個人的慰靈塔，在我們紀念碑旁邊。整座山，這裡一個、那裡一個紀念碑。

我一看，我就說：「佐藤先生，這就不對了。」他說：「怎麼不對？」當時隊員死很多，我們當時的身分也是日本人，我說：「你們有名字，我們都沒有。」他就說：「太久沒聯絡，你知道你們戰友的名字嗎？」我抄了二十個名字，都是我們八德、桃園、大園的戰友。我們從臺灣出門是日本人，回來變成中華民國。我說我們當時是日本人身分，同樣是死了卻沒名字，他就把這二十幾名加入紀念碑、慰靈塔裡。

---

21 「殉國七士之墓」，互動百科稱為日本右翼勢力勝地，另參見維基百科日文網站http://ja.wikipedia.org/wiki/ %E6%AE%89%E5%9B%BD%E4%B8%83%E5%A3%AB%E5%BB%9F（2014年8月9日瀏覽）。

協助難友寫訴狀 冤獄補償

以前戒嚴，講到白色恐怖的事情，大家都怕死了。我是沒什麼感覺，我人神經很粗，我沒什麼感覺到有什麼，不過一般社會是這樣。別說什麼，厝邊隔壁從做囡仔就是朋友，我一回來，沒有人要跟我相認，過去的朋友都沒了。很無情，人情就是這樣，人情比紙還薄。

互助會[22] 和促進會[23] 我都有參加，兩個月一次去促進會的餐會，還有高齡政治受難的關懷會。以前互助會常常邀去活動，好幾年前互助會要去唐山（中國），說有什麼優待、什麼不要錢，我不要去，唐山我還沒去過。

同案的可能只剩我一個人，其他人都不在了。我記得很多難友，陳英泰六十年前在保密局北所認識，我和他同房，英泰人很感心，很認真記錄難友的事，我家裡有他的書好幾本，楊國宇[24] 的書也都有寄給我。盧兆麟[25] 過世前跟我也很好，火燒

---

22 互助會，指由政治受難者及家屬於1988年成立的「臺灣地區政治受難人互助會」。

23 促進會，參見本書〈運轉手的人生：陳景通訪談紀錄〉，註解39。

24 楊國宇，1932年生，桃園人，曾是臺灣劇作家簡國賢的學生。涉1951年「省工委會桃園街頭支部、學生支部林秋祥等案」，被判刑10年。出獄後楊國宇從事紡織業與藥品業，曾獲選為「全國第五屆十大企業家」。參見楊國宇著，《68x68：楊國宇對弈人生》（臺北市：商訊文化，2007）。

25 盧兆麟（1929-2008），彰化人，涉1950年「盧兆麟等案」，被判無期徒刑，1975年自綠島出獄。2008年2月28日，盧兆麟於馬場町為青年人導覽白色恐怖歷史，倒下送醫，隔日清晨過世。參見〈爭取平反，終結迫害：盧兆麟口述史〉，《白色封印》（臺北市：國家人權紀念館籌備處，2003）頁13-62。

島同隊同班呂錫寬[26]、蘇友鵬[27]…，還有簡士性[28]，李天生[29]在軍人監獄開鐵工廠。張樹旺[30]、宋盛淼[31]被槍斃，宋盛淼，客家人，張樹旺是臺中人，在火燒島跟我一起，他們從火燒島又被調回來槍斃掉。

我多關了三個月，冤獄補償多領三十五萬，我自己寫訴狀，寫我確實有這些事實，軍人監獄開證明，我幾年進去，幾年出來。後來難友叫我幫他寫，有的一天賠五千，我賠四千，

---

26 呂錫寬，1927年生，臺中人。涉1950年「臺灣省工委會學生工委會李水井等案」，被判刑10年。參見〈呂錫寬先生訪問紀錄〉，中央研究院近代史研究所，《戒嚴時期臺北地區政治案件口述歷史（二）》（臺北市：中央研究院近代史研究所，1999），頁495-507。

27 蘇友鵬，1926年生，臺南人。涉1950年「臺北市工作委員會郭琇琮等案」被判刑10年。參見〈蘇友鵬先生訪問紀錄〉，中央研究院近代史研究所，《戒嚴時期臺北地區政治案件口述歷史（一）》（臺北市：中央研究院近代史研究所，1999），頁161-184。另參考：綠島人權園區DVD《綠島的一天》（2009）；國家人權博物館籌備處《蘇友鵬影像專輯》（2014）。

28 簡士性，1927年生，桃園人。涉1951年「臺灣省工委會桃園街頭支部、學生支部林秋祥等案」被判刑12年。

29 李天生（1906-1984），為大榮鐵工廠創辦人。日治時曾參加「農民組合」的活動，和簡吉、劉啟光在一起。戰後在高雄開大榮鐵工廠，臺灣白色恐怖時期，受簡吉牽連，而遭逮捕，以「資匪」罪名被判6年，並沒收全部財產。參見李天生著，《天星回憶錄》（自印）。

30 張樹旺（1920-1956），臺中人。涉1950年「臺中地區工委會張伯哲等案」，被判刑12年；1955年再被以涉「在訓（綠島新生訓導處）吳聲達、陳華等案」，1956年1月13日被槍決。

31 宋盛淼（1924-1956年），臺中人。涉1950年「臺中地區工委會張伯哲等案」，被判刑12年；1955年再被以涉「在訓（綠島新生訓導處）吳聲達、陳華等案」，1956年1月13日被槍決。

2014年7月16日，邱景耀於八德邱氏公廳餘慶堂接受採訪時留影。（曹欽榮 攝影）

我替人家寫了幾張，其中有一個桃園人叫蔡亮[32]。我們這些政治受難人爭取補償的那十幾年[33]，奔波的要命。

我很愛看客家電視臺，認識祖先的過去。我也想再去綠島看看人權園區，可惜我很怕坐船。雖然年紀大，我的記憶算很好。到現在，公學校畢業五十八位，你叫我寫名字，我都寫得出來他們的名字。一起去海外當軍屬的那三十位的名字，到現在我都記得，回來的十二個，只剩兩個人，當時戰地情形，今天已經很少人知道了。

---

32 蔡亮，1918年生，桃園人。涉1949年「林秋蘭等案」被判刑2年。

33 補償條例：1998年由法務部、司法院、國家安全局、行政院第一組、法規會，國防部、軍管區司令部等機關研擬完成「戒嚴時期不當叛亂暨匪諜審判案件補償條例草案」，1998年5月28日經立法院完成三讀，同年6月17日總統公布。財團法人戒嚴時期不當叛亂暨匪諜審判案件補償基金會設立後，1998年12月開始接受申請補償，2014年9月8日結束業務運作。參見財團法人戒嚴時期不當叛亂暨匪諜審判案件補償基金會／歷史沿革網站http://www.cf.org.tw/about.php?list=history（2014年11月1日瀏覽）。

八塊文史另一章

— 邱文華訪談紀錄（邱景耀的長子）

有些事很傷感，我曾跟父親去臺北青年公園馬場町參加白色恐怖受難者的秋祭，他們說以前被槍決，血流成河、手和手如何牽在一起，當時我體會不出來，只是聽他們講故事。現在我五十多歲了，聽父親講這些的感觸就不一樣。父親在我四十歲時，才願意帶我出去認識他的難友，我三十幾歲之前他還不太讓我跟去，我也還不知道白色恐怖。我的兄弟姐妹都沒有因為爸爸的關係，在學校、在部隊有什麼影響，這我們要坦白說的。

關注八塊地方文史工作

我是一九六二年生。這本《八德三元宮 一〇二歲次癸巳：慶讚中元 合境平安——感謝》是我寫的，讓你帶回去做參考。前段寫我們邱姓祖先來臺，後段寫到我爸爸。我們有兩兄弟，一個妹妹，爸爸喜歡說內孫五個，外孫有十幾個，我爸爸還領養一個大女兒，養女也生四個，他的孫子很多個。

兩年前我開始收集一點資料，趁這兩年工作比較有空，想要做地方的文史工作，我想的工作只有八塊這個地方，把它做好，別人要了解，我就把資料給他。我可以把耆老們的訪談，人事地物，整理成檔案，這樣對地方能有幫助。

這裡地方的人都叫「八塊厝」，八塊厝的名稱怎麼來的？

有兩種說法，一種是說以前這裡有八大姓，八大姓在這裡起家，就叫「八塊」。另外一種，這裡有建八塊厝，這些地名來自清朝，以前客家話叫「八支屋」（ba-tsu-o）。一般漢文絕對是寫成「八塊厝」。國民黨來臺灣，他們認為難聽，改成「八德」，叫「八德鄉」。不管是八塊厝，是八大姓、還是八間房子。對我來說最基本的認識是，在福建詔安的客家人，移民到八德。

查族譜才知自己是客家人

我們邱姓祖先會來這邊住，因為坐船來到大溪，再走路上來，經過埔頂，來到這裡。住下來以後，大家做田，年節到了，稻也好、雞鴨也好、豬也好，雖然要賣大溪那邊的人比較近，但都是平埔族，所以一定要拿到桃園去賣。去桃園這條路，有蘆葦、竹林，我問過我爸，以前這條路小小的。到了桃園大廟那裡，人家問說：「你從哪裡來？」這裡的人不會講河洛話，而那裡是泉州人，我們這裡是漳州人，我們說客，我說的客叫ba-tsu-o，七八的八、一支兩支的支、房屋的屋，八支屋。我講給你聽，你河洛人也聽不懂，不然用寫的，寫在地上叫「八支屋」，以前沒有筆寫在地上，他們就說：「你們是八塊厝的人哦！」三講四講，就是八塊厝，從客家話的ba-tsu-o，轉換成閩南話的「八塊厝」，日本人來稱「八塊」、國民黨來改為「八德」鄉，所以地名有語言的轉變。我們的族譜裡寫「ba-tsu-o」，奇怪，「ba-tsu-o」和八德市會有相連？一定有脈絡可循嘛，原來這是客家話發音，我們去大陸祭祖，除

2014年7月16日，邱文華於八德邱氏公廳餘慶堂接受採訪時留影。（曹欽榮 攝影）

了說普通語以外，你跟他說客語，可通啊，我才知道我是客家人…。

邱家祖先來八塊逾兩百年

我爸說，太祖有留八甲地，到我阿祖三十九歲過世，留下我伯公跟我阿公兩個人，我伯公很年輕就接下作田工作。之後，我爸他們兄弟和阿姑們稍微知道，又聽厝邊叔侄說，可能就是那個時代吃鴉片、賭博，所以他們才搬到三峽山裡面的墓仔埔。我們住八塊家族的人，就不想要搬去那裡，所以留下我阿公。

我阿公很了不起，雖然沒什麼收入，除了我大伯以外，我爸爸他們五個兄弟，日本時代都讀到公學校畢業。包括我的阿姑都讀，只有二姑沒讀，她從小給人家當童養媳，我大姑和我屘姑都有讀到書。那個時候，我們在八塊，雖然不是很有錢，也不是很有名望，但是他們兄弟在我阿公的領導之下，兄弟都算是滿合的。我爸爸當日本兵回來，過了一陣子，阿嬤才過世，阿公又沒有田地，幫人賣豬肉，戶籍上面是寫「肉攤商」，就是賣豬肉的肉攤。

八塊厝有一些我們邱家從詔安同時來臺灣的先人，他們日後買一些田地租給人家，可能我們沒有租到，或是沒有分到公田，還是我們有私人的田已經賣掉了。邱姓祖產是我們祖先留下的公田，像這間公廳（餘慶堂、祭祀公業邱蓮塘管理委員會）也是公家的，每年所分的祭祀金不多，祭祀金是讓我們隔年掃墓、燒金用的，不可能用來補償個人家庭開銷。所以，我爸爸他們兄弟，我小時候所知道的，我阿伯他們大家都很打拚，出去外面做事。

歡迎來拍電影 願提供場地

因為二戰的時候，環境不好，國民黨來臺灣，又發生二二八事件，可以活命算不錯，我們沒有政商什麼關係，算是一般家庭。那時，我想是以活命為第一優先。不然的話，以我爸爸的年紀，在公所吃頭路，家裡同樣也有孩子三、四個，有人不用當兵。我爸爸五兄弟四個去當兵，這就是看人、看環境。不用當兵的，也是我們自己的叔侄，也不是別的姓。但是這是過去他們的往事，畢竟站在八德這個地方，姓邱、姓呂、姓黃、姓游，都好，有人曾經過來跟我們提說，來拍一部有關八塊厝的一部微電影。我說：「你們要來，我們都可以提供場地。」

有一陣子，簡士性來找我爸爸，那時鍾桃也很勇健，他們來找我爸爸都在罵國民黨，那時我三十八、九歲，我想奇怪，你們怎麼一天到晚都在講這些。解嚴後，劉長川，阿川伯，跟我爸那麼好，我也不知道過去的事，鍾桃如果來，我就問阿伯。

家人從未到綠島探望父親

白色恐怖八德鄉公所的案，我問爸爸，你為什麼被抓去關？他說，劉鎮國拿共產主義的書、資本論的書，拿那些書給大家看，講一講，阿川伯、我爸、鍾桃、簡士性這些人，越牽越多人，怎麼會這樣？因為看書，為什麼會被抓去關，我也想不通，又不是關三、五個月，一關七、八年。據我所知，我爸爸同輩，比我爸爸年紀大的都過世了，我沒有機會去訪問，比他少歲的不知道這件事。

等我爸爸從監獄中寄第一封信回來後，差不多過了幾個月了，他那時候在新店監獄。寄信回來說他人現在在那裡，我二伯和三伯去看他，我爸爸請他們拿布鞋、衣褲、什麼的去給他。二伯和三伯回來說，我的祖母就哭得要命，祖母說：「你去南洋戰爭沒戰死，你回來我殺豬公幫你還願，怎麼現在被抓去關？」祖母一直哭啊！我大伯、二伯、三伯和我父親全部去當兵，我祖母才還願殺豬公，既然殺豬公還願了，怎麼現在會被抓去關？再下一次收到信時，他人已經在綠島。家人沒有去綠島探望過他，第一點是遠，講實在也沒有人敢去看，要去那

邱景耀每日早晚到餘慶堂燒香祭拜祖先。（曹欽榮 攝影）

裡要坐船，那時很不方便。

兄弟賣醬油為生 辛苦賺錢

我爸爸會講北京話和寫中文，他說去綠島學的。也有外省人被抓去關，他常跟我說的有：上海商業銀行的董事長、臺中一中的校長，什麼名字我忘記了，他就是在那裡學到中文、說北京話。他跟我大姑的養女，兩個人感情最好，常常寫信，她寄信給我爸爸，我爸爸也有寄照片給她，我看過寫：「母舅惠存」的照片。

爸爸回來一直拖到三十六歲才娶，沒人敢嫁給他呀。媽媽二十七歲結婚，隔年生我，媽媽今年八十一歲了，媽媽姓趙。

爸爸從綠島回來後，三伯和我爸爸兩兄弟做醬油，阿伯負責做醬油，我爸爸負責載出去賣，到處去送醬油，做業務。載醬油去桃園後火車站、去鶯歌、去樹林，一直到我們這裡的石門水庫。石門水庫那時正在建設，工人很多，要吃醬油，那時用瓶子裝。當時，醬油不是一罐送出去就能馬上收錢，等下一個月再送一罐去，再收錢，收上一次的錢。

後來我的祖母過世，阿公還在，兄弟說要分家，我爸就分到一隻母豬（**大笑**），醬油就讓我阿伯去做。母豬寄在我阿嬤的娘家，給我舅妗婆養，我們去茄冬溪，開米店，以前叫土礱間，就是輾米廠。有位丁先生當警察，去合作會社幫父親擔保，父親借錢開米店，我媽媽一直很懷念他。經營米店時，我已經兩歲，我在八塊生、我弟弟一歲，妹妹在米店生的。我去當兵時，米店沒做，都搬回來八德，父母靠那間米店養大我們。

爸爸找到昔日日本軍隊班長

之後，父親常去廟裡幫忙，燒香點燭，在廟裡幫忙那段時間，他身體還很好，他們那一群難友就比較常來找他。二十年前吧，有時候遊覽車在南華街集合，要去臺中、哪裡，就一群人，有南崁、龜山來的。

我爸爸很喜歡去桃園的書局找日文書，他要看二次大戰一些書，找哪一個部隊，後來寫信給他的隊長，有兩個人從日本回信。終於找到他們的班長佐藤先生，他開始跟我爸爸通信，通了一年多。佐藤先生來桃園、第一次來臺灣找我爸爸，我們全家去機場迎接他，我那時三十七、八歲。佐藤先生在戰地被子彈打到腳，不良於行，我爸爸揹他，他們兩個人感情才會那麼好。佐藤先生七、八年前過世了，現在換他兒子、女兒、太太都會來臺灣，我爸爸會陪他們。日本三一一大地震時，我爸爸很緊張，經過六、七天聯絡不上，後來電話通了，爸爸問他們需要什麼，他們說缺吃的東西。我爸爸準備了一、二十公斤的東西寄去仙台，他們收到後，也分給隔壁鄰居。我們跟他們的感情，從這樣的過程累積下來，慢慢的，爸爸才說出以前的事情。

八塊邱姓宗族及餘慶堂

我們邱姓是一七五七年（乾隆二十二年）來臺灣，我現在當祭祀公業餘慶堂的管理人。這是由派下兩千多人，每一房兩位委員代表，委員選出來之後，我們再選管理人代表。冬至那一天，我們會有八、九百人來這裡（餘慶堂）拜祖先。我曾召開派下員大會立案，這塊地（餘慶堂）永遠不會變更目前的狀況。這座餘慶堂輩份最高，是我們來臺十三、四世，為了紀

八德邱氏公廳餘慶堂建築，已有百年歷史，見證八德的變遷。（曹欽榮 攝影）

邱景耀長子邱文華所寫餘慶堂祭祖文「一爐一炷香　求祖保平安　問孫求何事　哎呀已忘然」。（曹欽榮　攝影）

念第四世蓋的，雖然第四世沒來臺灣，他們的子孫為了紀念他（**第四世**），大正十二年，成立了一個祠堂。最近新蓋好的兩個公廳是紀念來臺第二代的兩兄弟，也紀念第一代邱強芝，父親帶著大兒子和二兒子來臺。我們是大兒子這房、還有二房。大房再生四個，我們是第三房。八塊邱姓公廳算一算有七間，冬至祭祖、報告帳目、撥祭祀金給大家。

人家說邱家是地方的望族，有三點原因，我認為能自豪的，頭一件是我們一定要有公廳，很多姓沒有公廳，姓邱的也有很多沒有公廳，有公廳表示祖先以前有能力，那時有田有地，所以第一件、一定要有公廳；第二、要有田地，田地不是子孫私人的，是祖先的田地，不能讓你賣，你要做可以做，是公的；第三、一定要人丁興旺，子孫要多。

我們捐的土地，大部分有地盡其利，譬如說瑞祥國小，邱家只得到「功在教育」一塊牌子。國防大學以前是日本時代的輕航空基地，這間餘慶堂曾經是神風特攻隊的招待所，他們要去出征，在這裡吃喝玩樂，然後就到輕航空隊的基地，開飛機往北飛、或往南飛。國防大學沿著大漢溪，因為寬廣，飛機跑道整條沿著大漢溪，以前八塊要去鶯歌那條路是管制的，現在才開通。

救濟院，我們邱家捐了五十甲。現在的國防大學，在日本時代都是田，有一半是我們邱家捐的。我長期在公業裡打轉十多年，如去詔安祭祖，詔安那邊的祖先牌位也會寫，哪一年誰搬到臺灣。八塊這裡全部有二、三十位詔安出來的人，來臺灣就是開臺祖。

祖先在這裡做田兩、三百年，腳下踩的那塊田地，田土深到小腿肚，表示田很肥。但是現在到處蓋房子，怪手一挖，這些田都沒有了。想想要經過兩百年後，才能累積那麼肥沃的土地，但是一夕之間就沒有了，這樣是破壞我們常民的生活生態。

採訪時間	採訪地點	主採訪者	說明
2014年7月16日	桃園八德邱氏公廳餘慶堂	曹欽榮 陳銘城	本計畫，邱文華、邱賢農陪同受訪

錄音轉文字稿：林芳微、曹欽榮
文字稿整理：曹欽榮
修稿：邱景耀、邱文華、曹欽榮

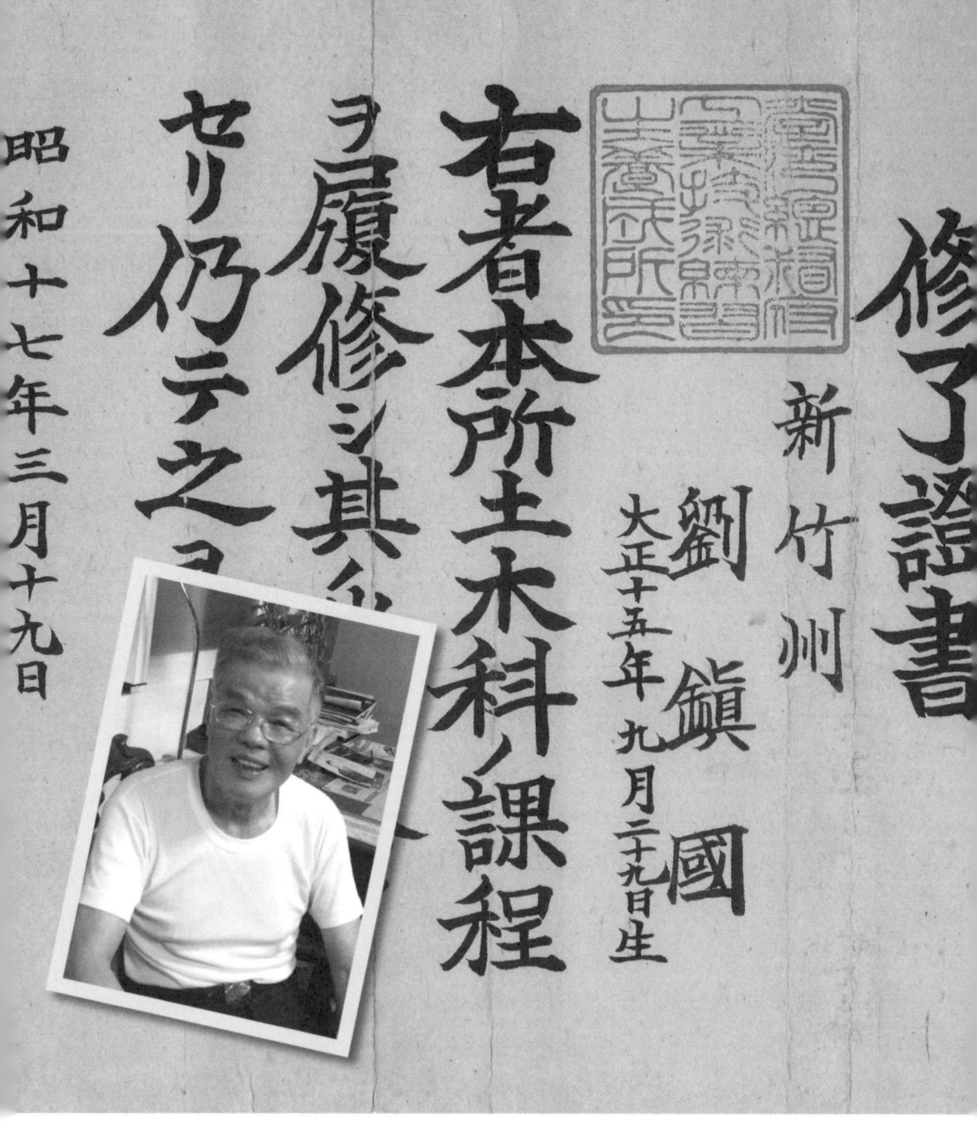
修了證書

新竹州

劉鎮國

大正十五年九月二十九日生

右者本所土木科ノ課程

ヲ履修シ其

セリ仍テ之ヲ

昭和十七年三月十九日

陳銘城　攝影 / 劉志清　提供

取名志清的血淚故事

— 劉登科訪談紀錄（劉鎮國的三弟）

表現優異　二哥屢獲郡守獎賞

我是劉登科，一九二八年生，今年八十七歲。父親劉海，他有四個兄弟，大伯獨身，沒結婚；二伯劉彬早逝，他有個最小的兒子劉振源[1]，當國小美術老師，在我二哥劉鎮國被槍殺後，也被抓去關三年；最小的叔叔住高雄，在做豆干。我們都住在八德林本源祭祀公業的土地，阮太祖和阿祖跟林本源有往來關係，所以從我阿祖開始就住八德那裡。我二伯劉彬在二二八那一年過世後，他們那一房就離開八德，搬去臺北，我們父子和小叔都住在八德老家，地址是：八德興仁村中山路，我在八德住到五十歲，從八德鄉公所建設課長退休後，才從八德搬到桃園市住。

我有八個兄弟、五個姐妹，大哥在開車，二哥很會唸書，就讀國民學校時就會看英文。他讀公學校畢業後，原本有機會考上臺北商業學校，但是家裡沒錢。父親就叫他去唸高等科，然後再去唸臺北工業學校夜間部土木科（**即臺灣總督府立臺北工業技術養成所**），畢業後就在桃園郡役所服務。當時，二哥有幾次特殊表現，被日本人的郡守獎賞。第一次是他在龜山兔子坑，找出測量的基準點，那是很重要的測點，以前找很久都沒找到，卻讓二哥找到了，因此日本人的郡守獎賞他。第二次則是二哥根據測點，畫出桃園郡十三鄉鎮的原圖，再度獲得郡

1　劉振源，1931年生，臺北市人。涉1954年「樹林三角埔隱蔽基地張潮賢等案」，被判刑3年。參見劉振源著，《我的一生　狂流中的孤葉：一個白色恐怖受害者的自述》（新北市：劉振源，2011）。

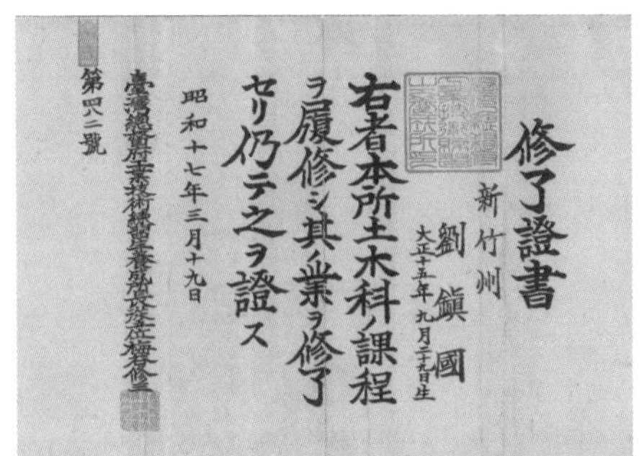

修了證書

新竹州

劉鎮國

大正十五年九月二十九日生

右者本所土木科ノ課程ヲ履修シ其ノ業ヲ修了セリ仍テ之ヲ證ス

昭和十七年三月十九日

左圖為劉鎮國日治時期的學生照。右圖為劉鎮國於日治時代的畢業證書。

（劉志清　提供）

守賞。

光復後，二哥轉到桃園縣政府建設課，他的課長李家全（原本是土木協會技手），和他意見不合。當時八德鄉長邱創乾，就告訴我父親說，要叫我二哥回來八德鄉公所。一九四六年底，二哥就回來八德老家，在八德鄉公所當民政課員兼代表會書記。一九五〇年初，他才結婚，卻在同一年底被捕。

在獄中為兒子命名志清　表清白

二哥在結婚前，都是和我一起睡通鋪，下班回家的飯後，他就是愛看書。父親也認為他是個人才，不會只有在鄉公所的作為和表現而已。日治時代，二哥就熟讀早稻田大學的講義，考上日本士官學校，但是無法去日本就讀。他當兵時，日本軍方給予他日本士官的待遇，不用跟其他士兵一起出操。戰後，日本人走後，他原本想進入臺灣大學讀夜間部，但還是先到政

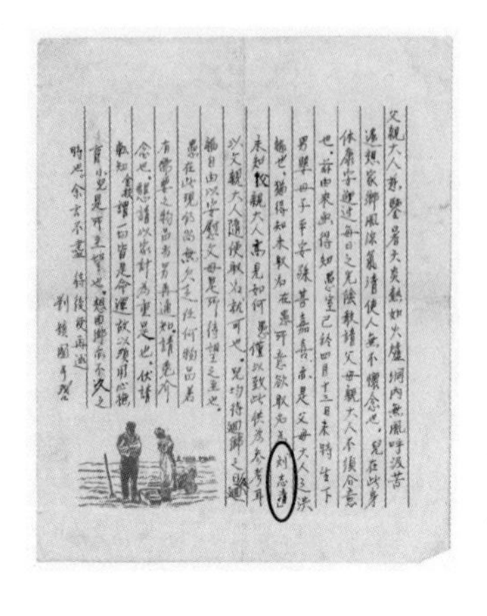

父親大人[illegible]暑天炎熱如火爐 [illegible]內無風呼吸苦
遙想家鄉風涼氣清使人無不懷念也，兒在此身
休康安適過每日之兒[illegible]請父母親大人不須介意
也。前由來函得知愚室已於四月十三日來[illegible]生下
男嬰母子平安[illegible]，亦是父母大人之洪
福也，[illegible]得知未取名在[illegible]所意欲取名為刘志清
未知双親大人高見如何[illegible]以致此[illegible]參考耳
以父親大人隨便取名就可也。兒[illegible]
[illegible]父母是所得望之至也。
愚在此現[illegible]任何物品若
有需要之物品[illegible]請免[illegible]
念也。懇請以家計為重是也，伏請
[illegible]一切皆是命運故以[illegible]用心[illegible]
育小兒是所至[illegible]也，[illegible]
[illegible]余言不盡 待後再函述
刘鎮國 手[illegible]

劉鎮國在軍法看守所內得知妻子生下一男嬰，在家書中為見不到面的兒子取名為「劉志清」（見圈點處），似乎也在表達自己心中的「志節清白」。（劉志清 提供）

府機關工作，賺錢補貼家用。

我小二哥兩歲，十六歲才考入臺北工業學校建築科夜間部。日本時代，因為戰爭，教我們的日本老師，雖然年齡較大，但他們愛惜人才，上課認真，沒有放暑假，那時我的成績很好。畢業後，老師馬上介紹我去當日本海軍施設部製圖員，相當於日本軍屬的身分。

關於二哥的遇害，家人都覺得很冤枉。他可能有接觸、閱讀共產黨書籍和思想。我見過二哥曾和徐木火，一起坐在八德鄉霄裡的圳溝仔埕，我只見過那一次，也沒見到其他人和他們在一起。一九五〇年十一月，二哥就被抓走，那時他才結婚半年多，他的孩子志清，還在妻子的肚子裡，二哥也沒見過自己的兒子。家人也不知二哥被抓去哪裡了。

後來，知道二哥被關在軍法處看守所，他曾寫信回家給爸爸，也為兒子取名：「志清」。他在信中一直認為自己是清白的，很快就可以回家，沒想到還是被判死刑。他被槍殺那一晚，我還單身未婚，在鄉公所值夜班。那是夏天夜晚，天氣很熱，又沒風，我將辦公室的窗戶拆下，半夜十二點多才睡。我夢到有人要殺我，又聽到叫我名字：「登科、登科、…」睡夢中，我驚醒，急忙跳出窗外，窗外並沒有人也沒有事，才查覺是一場惡夢。再睡不到五分鐘，就接到臺北堂哥劉振祿（劉振源的四哥）的電話，那已經是清晨五點了。電話裡，堂哥說：「你的二哥劉鎮國已經被槍殺了！」我不敢馬上告訴父親。只是先告訴大哥，和大哥商量後，才告訴父親。父親雖然很傷心，但是很堅強，他本來是連屍體也不要，只叫我帶把剪刀去，將二哥的指甲、頭髮剪下後帶回，其餘遺體就交給醫院，做醫學教學解剖用。

借錢幫二哥收屍 火化帶回桃園

我和大哥，先到桃園鎮和平路舅舅開的逢春中醫診所，找舅舅借兩千元，再上臺北的殯儀館認屍。到了臺北市中山北路石橋頭，找到殯儀館，要為二哥認屍時，卻遭到許多的刁難。他們先問我們有沒帶身分證，領屍要錢，解開二哥槍決時被綁的繩索，也要錢。到了下午二點，我和大哥被帶到陳屍窟，看到今天才槍決的三具屍體。我一眼就認出二哥的屍體，他被五花大綁，胸前還有寫著他姓名的布條。我先用帶去的剪刀，剪掉他手上和身上的綁繩，也看到他身上的槍痕。二哥是由背後開的一槍，打中心臟，一槍斃命。我也幫另外兩具屍體，剪斷

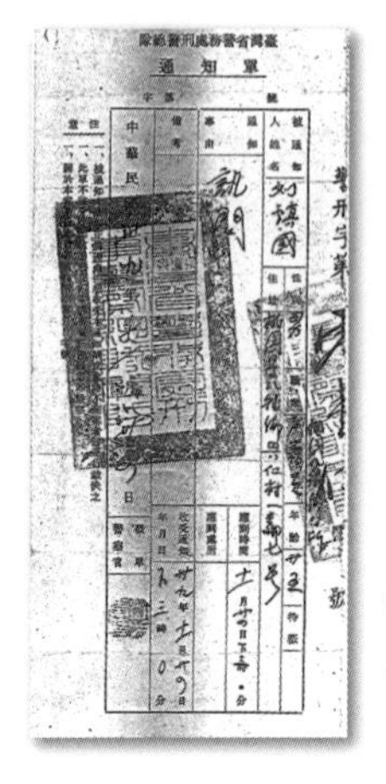

臺灣省警務處刑警總隊
通知單
被通知人姓名 劉鎮國
事由 訊問
年齡 廿五

劉鎮國被捕的訊問通知單，臺灣省警務處刑警總隊通知應於民國39年11月24日下午3點報到。（劉志清 提供）

被綁的繩索，發現徐木火也是一槍斃命，還有一位鍾水寶則是身中兩槍。我去為二哥買乾淨的衣褲、運動鞋，幫他更衣，再安排火化，我不捨沒帶回二哥的屍骨，決定不聽父親的原先計畫，只剪下二哥的毛髮、指甲回去。我留在殯儀館，等候二哥的屍體火化，讓大哥先回桃園，他白天還要去桃園客運上班，當客運公司的巡視員。

認屍那一天，正好陳果夫也在那家殯儀館出殯，有很多外省的黨國大員都去送行。有一位外省男子，似乎懂得面相，他看了我二哥容貌後，告訴我說：「令兄雙眉相連，有天才樣，但相不好。」

次日早上九點，二哥的屍體火化完成，那時，在臺北的堂哥劉振祿、劉振明也都趕來關心和幫忙。我拾骨後，放進骨灰罐，然後由我自己揹著去搭火車回到桃園，再從桃園乘客運車回八德家裡。那趟為二哥認領屍體、換穿新衣褲、鞋襪，還有火化，大約花費一千七、八百元，向舅舅借的二千元，回家後只剩一、二百元。大約花掉我半年的薪水。

母親憂傷過世 由我照顧二哥小孩

母親看到二哥的骨灰回家後，整個人就昏倒下去，二嫂抱著幾個月大的志清哭泣。堅強的父親，交代我在老家屋後，為二哥砌磚做暫厝，他也叫我拿錢去還舅舅。母親在二哥被槍殺後，整個人就軟下來，既不會說話，也聽不見。舅舅曾拿珍珠粉給她吃，雖然皮膚變年輕，但是沒好轉。她去臺北中心診所的西醫看病，那裡的醫師都來自臺大醫院，但他們診斷說：母親的腦部乾了。二哥死後三年，母親在五十九歲時病逝，我們將母親和她最心疼的二哥葬在一起。

志清出生後，身體不是很好，因此冬天常在祖母肚子上睡覺。後來，祖母過世後，他母親帶了一陣子，帶他到她工作的臺中去住。但多數時間，志清都在八德和阿公、叔叔一起住。大家都很心疼他，幾個叔叔常帶他在樹下乘涼，陪他玩，常給他零用錢。他和我一起睡時，有一次我探他口袋裡的零用錢很多，我告訴他：「你的錢快比阿叔還多了。」但是，每次看到他，想到二哥無法陪伴他的唯一兒子，還是忍不住又拿零用錢給他。

志清頭腦很好，很像他爸爸，功課很好。八德國校的男老師謝新梅曾向我說：「志清讀書很厲害，上課時，老師叫別的學生背書時，他在書上畫武俠漫畫。老師突然叫他接著背書，他都能接著背下去…」。他的記憶力很好，說過一遍、或看過一次，志清就記起來，老師時常誇讚他。

父親報紙剪洞 老蔣被丟垃圾桶

父親身體原本健康，但在二哥和母親相繼離去後，變得很鬱卒，只有小志清是他的安慰。二哥受難的事，我不敢跟志清說，但我聽過父親告訴志清，他的爸爸是因政治思想不容於政府，而被槍殺。漸漸地，親友不敢往來，父親也更孤獨，警察經常來查戶口。有一件事情很奇怪，我家在經銷報紙，家裡有很多報紙，但是自己看的報紙，常常被剪洞，原來被剪的都是蔣介石的照片，尤其是光輝的十月。後來我才發現，蔣介石的照片，都是爸爸剪的，他不想看他的照片，因此，被剪下的蔣介石照片，都被他丟棄在廁所的垃圾桶裡。

父親八十一歲那一年，得到食道癌，給醫生看過後，醫生用日語跟他說：「回家去，不用手術。」父親的精神一直很好，但兩個月後，他很平靜地過世了。

志清去臺北市唸臺北商校、政大時，平時都住我六弟文和家，他在臺北開貿易公司，也很照顧志清。在臺北念書或在外地當兵時，每遇放假日時，志清就回八德老家，和我們一起住。

警察每月查戶口 不勝其擾

我在一九七七年從八德鄉公所建設課長退休，因為有建築師資格，我和朋友合作，投入房地產事業，蓋了一些房子。記得，志清第一次上班，是到大溪地政事務所報到，上班前，我就請他大溪地政事務所的全體同事吃飯，希望大家好好照顧他，反正那時我在做建築，手頭也比較寬鬆，讓他的工作能一路順遂，這也是我對二哥和父母親的交代。

退休後，我從八德搬到桃園住，但是每個月警察都來查戶口。一直到有一天派出所主管蔡義猛來找我，我們一直都很熟悉，我告訴他：二哥的事都那麼久了，還在查戶口，實在不勝其擾。果然，他回去後，就不再有警察來戶口調查，不久就解嚴了。

採訪時間	採訪地點	主採訪者	說明
2014年7月9日	桃園市三和街劉宅	陳銘城	本計畫

錄音轉文字稿：陳淑玲
文字稿整理：陳銘城
修稿：劉登科、陳銘城、曹欽榮

陳銘城　攝影

不畏艱困 逆游而上

—　劉志清訪談紀錄（劉鎮國的兒子）

父親具甲考資格 返鄉服務

祖父劉海先生，在日治時期，就跟官方有往來，承包日本政府的營造工程，賣鹽營業的特許。戰後，經營報紙派送、廣告和訂報行業，是八德鄉所有報紙的經銷處。

父親在日治時期高等科畢業後，十八歲時，就讀臺灣總督府工業講習所（即今「臺北科技大學」）土木科畢業。他奉派新竹州派駐桃園郡的土木技士，月薪三十六元。臺灣光復後，一九四五年十一月他被派新竹州接管委員會，接管桃園郡。接管之後，新竹郡就改為新竹縣政府，那時還沒分成桃竹苗三個縣。一九四六年二月，他派任新竹縣政府桃園區署農業局建設科的雇用人員。那時，所有土木、建管、農業都歸農業局管。父親有全國行政人員甲等考試資格，是土木技士，薪水升為六十元。後來聽說，父親與上級就行政業務處理，意見相左，他就申請調回老家八德，到八德鄉公所當戶政員兼代表會秘書。這是家父的公務員的歷程。

我聽祖父說，父親調回八德後，有一位在桃園信用合作社的職員徐木火，偶而會來找我父親，我三叔也曾見到父親和徐木火在八德霄裡，可能去友人家中集會。在祖父追問下，父親才說出：「他們常一起集會，也常一起研究社會主義的思想。」後來，一九五〇年十一月二十四日下午三點，才結婚沒多久的父親，就被臺灣省警務處刑警總隊帶走，一去就沒有音訊。

新竹縣鄉鎮保甲幹部人員考試臨時及格證書

劉鎮國年二十四歲男性台灣省
新竹縣人應三十七年本縣鄉鎮
保甲幹部人員甲級考試及格
經評定成績列優等第十二名除
呈請省政府轉呈考試院發給
及格證書外合行發給臨時及
格證書為證

主任考試委員 鄒清之

中華民國三十八年十二月 日

戰後，劉鎮國保甲幹部人員甲級考試的及格證書。（劉志清 提供）

獄中家書表志節 為我取名

一直到一九五一年初，他被送到臺北市青島東路三號，臺灣省保安司令部軍法處看守所後，父親才能寫信回八德家裡。他在信中寫著，一直以為自己可以很快回鄉。我在一九五一年五月十八日出生，父親都沒見過我。他在獄中家書裡，為我取名：「志清」，可能也是想表達自己心中的志節。三個月後的八月二十八日，父親就和他同案的徐木火、鍾水寶（桃園縣稅捐處檢查員），同時被槍決。同案的其他被告大都是八德人，也都遭到判有期徒刑，他們是：鍾桃，農民，被判十年；邱景耀，國民兵隊部隊員，被判七年；邱垂意，父親的八德鄉公所同事，也是八德鄉戶籍員，被判七年；劉長川，商人，被判七年；王昌隆，學生，被判五年；彭奎松，農民，判刑五年；蕭國良，合庫辦事員，判刑三年半。

父親被槍決的事，是祖父接到軍法處看守所的通知，祖父母都很傷心。就讓我大伯和三叔一起去臺北，領回父親的屍

家人抱剛出生的劉志清去照相，寄給將被槍決的父親。（劉志清 提供）

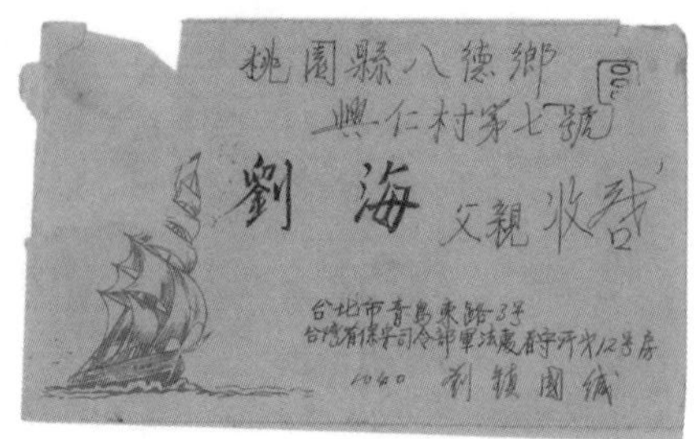

劉鎮國自軍法處看守所，寄回桃園縣八德鄉的獄中家書信封。（劉志清 提供）

體，火化後，帶回八德葬在祖厝後面。待家族宗祠建成後，才移厝入祠。

小時體弱多病 母親辛苦工作

我小的時候，身體不好，常常生病，很不好帶，但卻是父親唯一遺留下來奄奄一息的兒子。父親走了，母親因時常目睹家物，思念父親，每晚淚洗滿面。就請舅舅來帶媽媽和我，回去大溪月眉外祖父娘家住一段時間，外公家務農、耕作一、二十甲田地，家境還算富有。後來因我常常生病，母親深感扶養責任重大，怕有所閃失，對夫家無法交代，把我送回去八德劉家，由阿嬤撫養長大，阿嬤劉邱烏秋女士，為了我的病狀，時常帶著一兩歲的我，去桃園鎮和平路舅公所開設的逢春中醫診所看診。有一次，我出痲疹，又有併發症，舅公拿出吉藥

（白虎湯）讓我吃，病弱的我，不知能否救活，是死是活，就看這一帖藥了。過了兩三天，我的病情好轉，身體也漸漸恢復健康。母親就將我留在八德劉家，由祖父母和叔叔照顧我，她到臺北去當幫傭賺錢。

後來，她又轉到臺中市的一家醫療器材行工作，初中畢業的母親，在那器材行裡，幫人記帳、打雜，但卻能在臺中市買下二間房子。我在國校一年級升二年級時，母親曾幫我轉學到臺中市忠孝國校唸書半年。由於母親要上班，我下課後，家裡白天只有我一人，學業成績變不好，原本，在八德國校時，我的成績都是班上的前三名。祖父得知我在臺中市念書的環境，造成我的功課退步後，立即叫叔叔去臺中市將我帶回八德。

回到八德劉家後，和祖父、叔叔同住，他們都很照顧我。我在五、六歲時，祖父就告訴我父親的往事，他說：父親是思想問題不容於戒嚴時期的政府，所以被槍殺的。同庄的親友只有五、六十戶，大家都心照不宣。讀書時，還好沒有受到欺負。我在八德國校畢業後，就讀省立桃園中學初中部。畢業後，放棄直升省立桃園中學高中部，為了想儘早進入職場謀生，立業成家，因此轉考上省立臺北商業職業學校。

為減少政治麻煩 加入國民黨

唸臺北商職時，我都住臺北六叔家，我的成績也是在班上名列前茅。當時的班導師，應該是知道我是政治犯家屬的背景，有一天，他只找我一人，他說：「你高三了，參加國民黨，會對你比較好。」我相信這位老師的話，就入黨了，後來，果然減少我的政治麻煩。

在北商就讀的最後一年，我每晚去臺北市大華補習班上課，因為我想讀大學。高商畢業的那一年，我就順利考上國立政治大學地政系。我在大二時，就考上公務員的「普考」國家考試。在政大就讀時，我曾獲得每年級只有三個名額的「三民主義獎學金」。但是，警察還是定期到我八德老家「戶口調查」。我的叔叔在當兵時，或是上班工作時，也經常被調查、監視。連在臺中市工作、居住的母親，也常被戶口調查，讓她覺得很煩。直到政府宣布解除戒嚴後，才停止戶口調查。我讀書時，學費和生活費，都是靠母親支應，吃住都在八德阿公家，不用花錢；到臺北讀北商和政大時，都住六叔家，不必另外花錢租屋。

一九七三年，我政大畢業後，考不上預備軍官，雖然當時的預官錄取率很高，但是我的「政治犯家屬」身分，讓我只能當大專兵。我在高雄縣旗山，當海軍陸戰隊「步兵第三團」士兵。團長對我很好，他知道我念商校，又讀政大地政系，他讓我以大專兵代理「營產官」，兼代人事官。軍中幕僚同仁時常互動，有一天與保防官閒談，無意間翻閱到「人事保防資料袋」時，赫然看到自己的名字排在第一個，還是用紅筆寫著：我的父親的過往事件。我特別請教保防官，這是為什麼？他說：「反正沒辦法，就是這樣子，這些資料就是跟著你走的，但也不用緊張啦。」

補償金在母親過世後才核發

一九七六年十月，我開始了公務員生涯，第一份工作是在桃園縣大溪地政事務所當業務員，半年後，調回桃園地政事務所當業務員。一九七九年蒙桃園地政事務所主任王振先生的提攜，升任為地價股股長，在此之前，桃園縣的縣長許信良，在縣政府成立「立辦中心」時，主任胡俊雄調我去「立辦中心」服務一段時間，一九八二年調回大溪地政事務所當登記股股長。一九八四年再回到桃園縣政府地政科，當地用股股長，一九八七年調升大溪地政事務所主任。一九九〇年三月一日，我被調回桃園縣政府任九職等秘書。一九九一年任桃園縣政府秘書處主任，後來，先後當過工務局長、新聞室主任、民政局長、水務局長、主任秘書、秘書長等職務，歷經數任縣長，直到退休後，再回任桃園航空城公司董事長。說起來，我好像走了當年父親沒走完的公務員歷程。但是，一九七七年中壢事件[1]發生後，還有省主席謝東閔被郵包炸傷手後[2]，我也被警察要求書寫對時下政府的看法，其實他們是要查對我的筆跡。

---

1 中壢事件，1977年11月，臺灣舉行五項公職人員選舉（縣市長、縣市議員、臺灣省議員、臺北市議員與各縣的鄉鎮市長），其中桃園發生多起選務人員舞弊事件引起民眾不滿。其中在中壢國小投票所，抗議群眾不滿警方處理方式，最後演變成火燒警察局事件，直到選務機關宣布許信良當選桃園縣長，事件才平息。參見許雪姬總策畫，《臺灣歷史辭典》（臺北市：文建會，2004），頁154。

2 1976年10月10日，臺灣省主席謝東閔拆開郵包時，被炸彈炸傷左手。當時還有李煥、黃杰也收到炸彈郵包。經情治人員偵查，鎖定王幸男涉案，而逮捕王幸男的親人、好友，以逼迫王幸男回臺投案。參考王幸男口述，《我的選擇：謝東閔案始末》（臺南：財團法人台灣人文化基金會，2001）。

劉志清（右）與母親（左）在臺中公園合影。（劉志清 提供）

我的母親一直都習慣住在臺中市，她的朋友都在那裡，直到我成家立業後，我要求她來桃園和我同住，方便照顧她老人家。因為她的身體不好，她和阿姨、舅舅一樣，有著家族遺傳的「肌肉萎縮症」，走路不便，臺中、桃園兩地，來來去去各住一段時間。一九九三年才長住在我的桃園家裡，她篤信日本佛教日蓮正宗。母親生前曾申請父親白色恐怖的補償金，但是補償金卻在母親二〇〇〇年一月一日過世後，才核撥六百萬補償金，讓辛苦委屈一輩子的母親，來不及看到政府對當年逮捕、槍殺我父親的道歉與補償，讓我深感遺憾。

心存寬恕才能讓自己成長

過去，我一直沒有參加二二八或白色恐怖的相關活動，也不參加政治受難團體的追思會，唯一的一次，是一九九九年的二月二十八日，呂秀蓮縣長在桃園縣政府二樓會議室，舉辦「桃花泣血－桃園縣二二八與白色恐怖追思會」，當時參加的許多年長的受難者和家屬，像是吳鴻麒遺孀[3] 、簡國賢遺孀簡劉理[4] 等人，她們都過世了。

世間總是命運捉弄人，但命運絕對是操縱在自己，唯有心存理性、寬恕與拋前載後，才能讓自己成長、工作更加順利；和諧自己的心靈，才能讓週遭環境、人際與事務更融洽。這是我個人的人生體驗及心路歷程。

採訪時間	採訪地點	主採訪者	說明
2014年7月11日	桃園縣政府航空城股份有限公司董事長室	陳銘城	本計畫

錄音轉文字稿：陳淑玲
紀錄整理：陳銘城
修稿：劉志清、陳銘城、曹欽榮

3 指二二八受難者吳鴻麒（1899-1947）的妻子楊毛治。參見楊毛治口述，〈吳鴻麒〉，《臺北南港二二八》（臺北市：吳三連臺灣史料基金會，1995）頁42-85。

4 簡國賢（1913-1955），桃園人，是日治時代臺灣著名的劇作家，戰後曾以一齣〈壁〉，描繪二二八事件前，社會黑暗、民生凋敝的情形。二二八事件時，他曾發表演說，被列為清鄉對象，此後逃亡多年被捕，他被以涉1954年「簡國賢等案」，1955年4月16日遭槍決。其妻為簡劉理（-2011）。

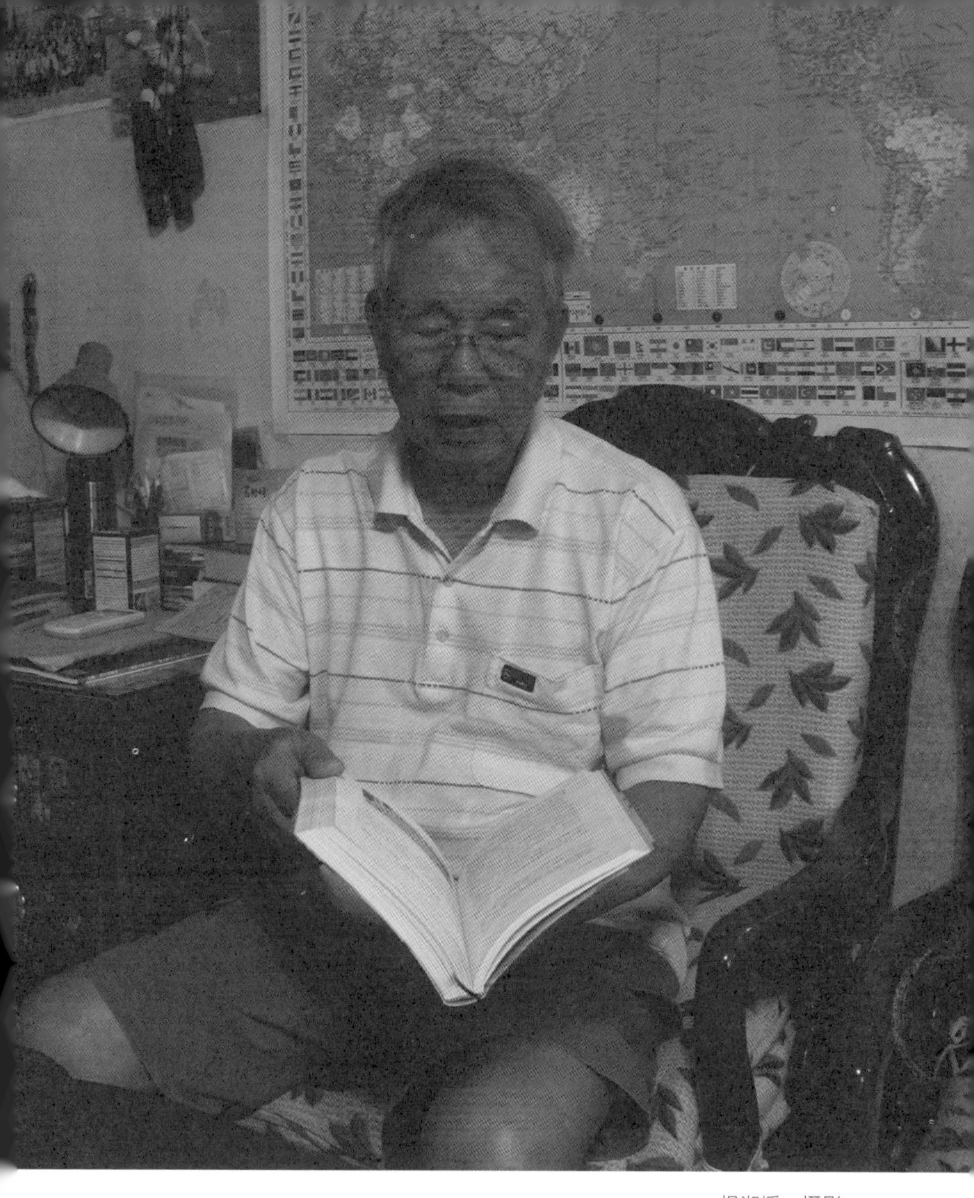

楊淑媛　攝影

銘心的記憶

—— 陳顯宗訪談紀錄

赴日當少年工 戰後遣返台灣

我於一九二八年，在桃園縣觀音鄉草漯出生，上有三個哥哥，但三哥早逝。從小被祖母帶大，祖母對我特別疼愛。八歲那年，我到桃園與母親及兄長們一起生活。

家人送我去讀附近桃園鎮最好的桃園公學校，唸了八年，唸完高等科，於一九四四年畢業。日本人統治臺灣，因為戰爭日本國內的男性被大批調到戰場，受日本教育的我，去報考日本高座海軍少年工[1]，要去日本前夕，家人很捨不得，安排我與兄弟們去相館拍照。因為戰亂的年代，誰也不知道從此一別，再聚首是何年何日。去日本沒多久，日本國戰敗，我們這些少年工被送回臺灣，已經是一九四六年。

我的兩個哥哥，在中藥店學習多年，學到如何調配中藥、抓藥草的經驗，哥哥們都希望我繼續唸書，以後才可以出人頭地，到公家機關上班。臺北市開南商工職業學校是當時很頂尖的學校，很多家境好的人家都把子弟送到那裡去讀，在兄長的鼓勵下，我很順利考取，一九四七年進入開南商工就讀，一九五〇年畢業於開南高級部土木科。

---

1 少年工，「高座海軍工場臺灣少年工」，與一般所稱臺籍日本兵海軍軍屬之「海軍工員」不同。參見張良澤、陳瑞雄、陳碧奎合編，《高座海軍工場：臺灣少年工》（臺北：前衛出版社，1997初版，1999二刷）；國史館臺灣文獻館，《烽火歲月：戰時體制下的臺灣史料特展》圖錄下冊（南投市：國史館臺灣文獻館，2003）。

陳顯宗要去日本當少年工前與家人合照，前排右起：陳顯宗的大哥、陳顯宗、母親抱著小妹、小弟，後排右起：大妹、二哥。（陳顯宗 提供）

那個年代的老師很受到尊重，老師對學生也相當「牽成」。開南的一位陳老師是我的班級導師，教我們水利，同時也在臺灣省水利局當課長，知道我住在桃園鎮，很熱心的介紹我去桃園農田水利會上班。水利會與桃園縣政府、縣議會這些政府單位，以前都在桃園火車站附近的中正路與中華路一帶。家人很歡喜我畢業就有「頭路」，萬萬沒想到，我進去工作才三個月，就在辦公廳被保密局的人員帶走！

聽到獄友遭刑求哀嚎 不寒而慄

被帶走的那天早上，大概是九點左右，我才進到辦公廳不久，正在整理桌上的東西，準備開始工作，這時進來三個人，把我叫出去。辦公廳外停了一輛帆布上有紅十字的軍用醫護車，那三個人要我坐進車內，然後把我送到桃園火車站旁的一間煤炭工寮。

我進去時，看到裡面已經有兩個不認識的男子，我們三人

陳顯宗（最後排左4）就讀開南商工時，就在桃園水利會實習，與當時隊長（第1排中）和正式職員合照。
（陳顯宗 提供）

互不相識，在工寮內待了大半天，一旁「看管」的二、三位特務人員，不時講一些令我們聽起來害怕的話，例如「再搞怪！我們去大溪抓人，用豬籠子裝來…」，我們在旁邊聽了都不敢吭聲，到了晚飯時間，才被帶到車站附近一個住家，吃了一些飯菜，那是當天唯一吃到的一餐。

當天晚上，我和另外兩人，可能是被列為同案的鄭禎盛[2]和黃振聲[3]、兩人當時都是桃園縣參議會的職員，被強押上那輛軍用醫護車，送到臺北市保密局南所。我在南所沒有被刑求，但是看到有人被修理的很慘，不時聽到刑求的哀嚎聲，淒厲的聲音，令人不寒而慄！我不知道我到底犯什麼罪，但是目

2 鄭禎盛，1921年生，苗栗人。與受訪者同案，被判刑10年。

3 黃振聲（1926-2013），新竹人。與受訪者同案，被判刑10年。

睹裡面的恐怖情形，心裡整天都很驚惶！

面對偵訊人員指控 一問三不知

有一天，我被帶去訊問，他們問我做了什麼？我說沒有啊！偵訊人員又再問：「你跟某某等人參加了某個組織？你怎麼會不知道？」他們提的那些組織，我聽都沒聽過，要我怎麼說，又哪會知道什麼事？事實上，真的沒有參加所謂的組織，只是和同學朋友聚在一起打打球，對當時的環境不滿，發表一些牢騷看法而已。當時，我們從桃園到臺北，搭火車通勤的學生多少都會認識，我認識愛運動、踢足球的林秋祥[4]，同樣讀開南，也去日本高座海軍少年工的簡士性[5]，他們也都被抓了。

偵訊人員的指控，當年我都沒有承認。問完筆錄那天，偵訊人員告訴我，你沒事啦，過幾天就可以回去，然後把我的手指就往筆錄上用力按下去，結束後我再被送回去牢房。在保密局一待三個月，過完年後又被送到青島東路的軍法處。

保密局的南所，進去裡面有一條直直走廊，同一側有七、八間牢房，每間都非常狹窄，如同「籠子間」，小小一間裡就

---

4 林秋祥（1930-1951），桃園人。與受訪者同案，1951年10月8日被槍決。參見林一奇，〈我終於見到了父親〉，《看到陽光的時候》（新北市：國家人權博物館籌備處，2014）頁213-221。

5 簡士性，與受訪者同案。參見本書〈戰地歸來 七年牢災：邱景耀訪談記錄〉，註解28。

關了二十多人。廁所在建築物的後面、是露天的，是一條用挖的水溝，看管的牢獄人員怕你逃跑，所以沒有任何遮蔽，一天放封兩次上廁所。

被送到軍法處時，已經是農曆年的冬天，天氣很冷。軍法處在現在的警政署對面，以前是日治時期的陸軍倉庫。裡面很大，一大棟的建築物裡面，中間有一個走廊，用大根的木頭、隔成一間一間的，大約有三十二間，我住在十六號，剛進去時和被列為同案的簡德星[6] 關在一起，同押房還有基隆中學教師藍明谷[7] ，他曾翻譯魯迅的作品〈故鄉〉為日文，他的妻子藍張阿冬[8] 也被關到綠島一年多，她獲釋回家後，才知道丈夫藍明谷已被槍殺。

住進死囚房 擔心即將被槍決

軍法處一天吃兩餐，下午四點多吃過飯後，如果被叫出去，大概都是被帶去「砰砰！」了。每天不時聽到這個人被「砰砰！」、那個人被「砰砰！」，過著提心吊膽的日子。

---

6 簡德星，1930年生，桃園人。與受訪者同案，被判刑12年。

7 藍明谷（1919-1951），高雄人。涉1951年「省工委藍明谷等案（基隆中學相關案）」，於1951年4月29日被槍決。參見藍博洲〈從福馬林池撈起來的詩人：藍明谷〉，《消失在歷史迷霧中的作家身影》（臺北市：聯合文學，2001），頁237-332。另參見江明樹，2009，《李旺輝傳》（高雄市：宏文館圖書，2008）。

8 藍張阿冬（1913-2013），臺北人，受難者藍明谷妻。參見《流麻溝十五號》（臺北市：書林，2012），頁373-412。

從保密局到軍法處之後，被關了七個多月，一九五一年七月九日，我被判十二年，同案有林秋祥、黃鼎實[9]、施教爐[10]等七人被判死刑。宣判後不久，我被送到新店一家由戲院改建的看所守，待了一個多月，又被送到內湖國校關押，我們等候要被送去火燒島的新生訓導處，我們在內湖國校待了十多天後，大家又被送到高雄搭船去綠島。

從新店監獄要移監到內湖國校前一天，令我印象深刻，最恐怖的是對方以時間太晚為由，拒絕收容我們這一批犯人，我們當天晚上又被送回軍法處，可能是調不出牢房，那一晚，我們被安排住進死囚房，大家以為自己隔天就要被「砰砰」！個個心情凝重、沈默不語。

在死囚房內，我看到好幾個跟我同案，已經被槍斃的人名字，他們有七人、名字被刻在牢房的木板上，記得有黃鼎實、林秋祥、施教爐等人，是誰把他們的名字刻上去？我覺得詭異又納悶！

第二天，從軍法處死囚房離開，雖然不知道綠島的日子會如何，但大家都暗自吐了一口氣。我在綠島的日子，長達十多年，那是我一輩子無法忘記銘心的記憶。我被編在第五中隊，那年原本共編為七個中隊，一個中隊差不多等於軍隊的一個連，有一百多人左右。四個中隊為一個大隊。隨著被送來的人

---

9 黃鼎實（1931-1951），桃園人。與受訪者同案，1951年10月8日被槍決。

10 施教爐（1932-1951），桃園人。與受訪者同案，1951年10月8日被槍決。

數越來越多，後來編成十二中隊，每一個中隊裡還設有隊長、分隊長、幹事等職務。

政治犯醫生對綠島醫療貢獻大

新生訓導處底下設有三個組，一組是管理組、二組教育組、三組是營繕組。教育組負責思想改造、教大家讀書、學國語；營繕組專門負責各種修繕工作，有東西壞掉就要去維修。我唸開南土木，三組營繕組有一位年紀約五十多歲、較年長的政治犯叫邵毓秀[11]、外省人，學的是土木，早我一年被送到綠島，他認為我可以編到三組，同組的還有一位傅玉碧[12]，是臺北工業學校土木科畢業、還有一位施顯華[13]。家裡開照相館的陳孟和[14]也和我同一隊，他常出公差拍照，不常看到他，他在照相部為人拍照，大多數的新生訓導處老照片，都是他拍的。

三組的成員都是有技術的，而五隊的隊友專業更是一等，隊內有醫生、還有康樂隊。七名醫師是：耳鼻喉科蘇友鵬[15]；

---

11 邵毓秀，1912年生，浙江人。涉1951年「臺糖公司沈鎮南等案」，被判刑10年。

12 傅玉碧，1924年生，臺北市人。涉1949年「臺灣民主自治聯盟林正亨等案」，被判刑12年。

13 施顯華，1930年生，臺北市人。涉1949年「臺灣民主自治聯盟林正亨等案」，被判刑12年。參見〈施顯華先生訪問紀錄〉，《戒嚴時期臺北地區政治案件口述歷史（三）》（臺北市：中央研究院近代史研究所，1999），頁896-911。

14 陳孟和，參見本書〈黑夜漫漫無時盡：衛德全訪談紀錄〉，註解11。

15 蘇友鵬，參見本書〈戰地歸來 七年牢災：邱景耀訪談紀錄〉，註解27。

綠島的排球隊，後排左2是陳顯宗、前排右1是王春長。（陳顯宗 提供）

臺大醫院眼科胡鑫麟[16]（小提琴家胡乃元的父親）；臺南人胡寶珍[17]是皮膚科，還有外科林恩魁[18]等，他們的醫術水準高，在綠島如同地方的醫療團隊，對綠島的醫療照顧付出不少。

雖然醫務室裡頭有軍方醫官，但遇到發生危急的狀況，第一個想到是這些政治犯醫生；有一次，新生訓導處副處長胡牧球少將的太太難產，情況很危急，王荊樹[19]是婦產科醫師，幫

16 胡鑫麟，參見本書〈戰地歸來 七年牢災：邱景耀訪談紀錄〉，註解18。

17 胡寶珍，1924年生，臺南市人。被捕前為臺大醫院皮膚科醫師。1950年涉「臺北市工作委員會郭琇琮等案」，與許強、胡鑫麟、蘇友鵬一起在臺大醫院被捕，被判刑10年。參考胡寶珍訪問紀錄，《戒嚴時期臺北地區政治案件口述歷史（一）》（臺北市：中研院近史所，1999），頁151-159。

18 林恩魁，參見本書〈戰地歸來 七年牢災：邱景耀訪談紀錄〉，註解19。

19 王荊樹，1921年生，高雄人。涉1950年「基隆市工委會鍾浩東等案」，1950年3月23日被捕，時為基隆衛生院醫師，被判刑10年。

胡太太接生，才能母子均安；對醫生而言，救人是沒有政治恩怨的。

敲硓𥑮石砌圍牆 與外面隔絕

綠島的海邊有很多硓𥑮石，管理人員為了要「操」我們的體力，要我們這些政治犯，所有的人每天早上都要到海邊去打硓𥑮石，再挑回來，才能吃早飯，個子不高的蘇友鵬醫師，體力無法負荷，常挑到哎哎叫。我們挑的硓𥑮石，說來很諷刺，是要用來蓋長長的圍牆，又稱「萬里長城」，讓我們與當地隔絕，還有蓋「克難房」置放民生用品。

從海邊挑回來的硓𥑮石很重、外形尖尖角角、坑坑洞洞，大家要先把硓𥑮石敲成石材形狀，硓𥑮石很堅硬、很難敲，需要力氣和技巧，一些體力狀況不佳的政治犯，做不來，相當辛苦！

敲好的硓𥑮石每天扛到工地現場，分配給每個中隊，大家各自負責做一段，硓𥑮石蓋的圍牆，之前已經做了一陣子，我算是第二批被送到綠島的政治犯，大約又做了一年多，就把圍牆完成，把整個新生訓導處裡面的人圍起來。多年後，我重回綠島，發現這條硓𥑮圍牆已經被拆掉了，但是我的硓𥑮圍牆記憶永遠無法抹去。

寬三公尺、高五公尺的硓𥑮圍牆，由我們自己設計、施工，遇到颱風後，破損或倒塌的屋舍，也是由我們自己來做。

還有蓋「克難房」置放我們用的米、鹽、油等民生用品。最早的營房是木造的，我們這些政治犯來了之後，要用的米、鹽、油等民生用品，必須有房舍來置放、保存，因此由我們負責增建「克難房」，用的也是硓砧石，由每一個中隊自己設計，如果遇到需要特別的材料，要事先列出清單，再由三組負責到臺東去採買。

設計引水道 獲頒克難模範獎狀

綠島當年島上並沒有生產蔬菜，我們每天要吃的食物量不少，新生訓導處想辦法要我們自己生產，因此成立生產班，要我們自己種菜。生產班種菜的地方在山上，每天必須從山下挑水到山上，很吃力，大家都苦不堪言。我學的是土木測量，他們來找我想辦法，於是我在附近測量到另一座山頭的水源比生產班種菜的位置高，於是我設計了一條引水道，剖開口徑較粗的竹子，用鐵絲在兩座山間架起引水，水源就不斷的流進菜園。

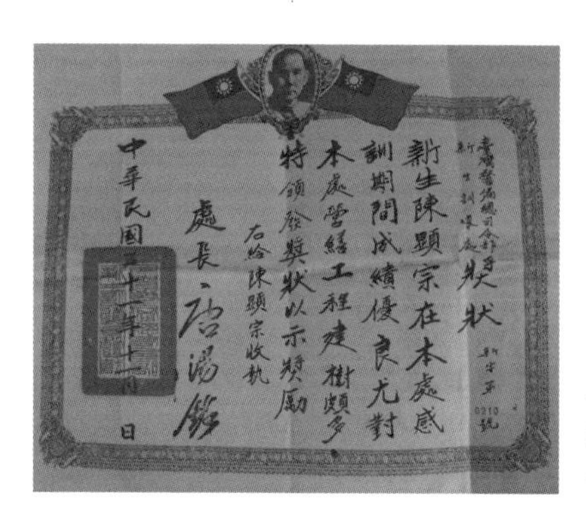
獎狀
新生陳顯宗在本處感
訓期間成績優良尤對
本處營繕工程建樹頗多
特頒發獎狀以示獎勵
右給陳顯宗收執
處長 唐湯銘

陳顯宗在綠島新生訓導處設計引水道，因此獲頒獎狀。（陳顯宗　提供）

看到做好的引水道，流進清澈的山泉水，生產班的人知道再也不用到山下挑水上山，他們都很感謝我，為了這條引水道，我獲頒贈一張獎狀，我們隊內一名負責菜園的幹事，則得到上頭頒贈的「克難模範」獎勵，並回去臺灣本島領獎。

難友發揮藝術才能 填補灰色日子

綠島的新生裡，人才很多。我的隊友許省五[20]，很會畫油畫，他的弟弟叫許省六[21]，兩人都被抓到綠島來，兩兄弟被抓前是一起經營廣告社，畫看板，到綠島後，以當地的景色，畫了很多油畫。我要回臺灣時，許省五送我一幅畫，那幅畫我一直保存著、掛在家裡的客廳，每次看到畫中駕駛牛車的女生，就會想起許省五、許省六兄弟，他們後來回到臺灣，在臺北繼續從事看板廣告的事業，早已過世了；據說，許省五畫中那位駛牛車的女子，是住在綠島中寮的董多美，後來也嫁給出獄後的難友廖天欣[22]。

我家客廳的牆上還有一幅水彩畫是王嵩岳[23]畫的，他是臺

20 許省五，參見本書〈黑夜漫漫無時盡：衛德全訪談紀錄〉，註解13。

21 許省六，參見本書〈黑夜漫漫無時盡：衛德全訪談紀錄〉，註解13。

22 廖天欣，1927年生，臺中人。涉1950年「臺灣民主自治同盟中部武裝組織王再龔案」，被判13年。參見〈廖天欣先生訪問紀錄〉，《戒嚴時期臺北地區政治案件口述歷史（三）》（臺北市：中央研究院近代史研究所，1999），頁955-971。

23 王嵩岳，1923年生，臺中人。原為斗六國民學校教員，涉1950年「省工委會中部山地組織林祿山等案」，被判刑12年。

陳顯宗家中客廳一直掛著難友許省五的畫作。畫中拉牛車的女子據說是住在綠島中寮的董多美。（楊淑媛 翻拍）

中人，原本是當老師，水彩畫的取景也是以綠島當地的風景為主；在綠島什麼都很克難，我們用硓𥑮石自己蓋克難房，也用當地、廢棄不用的木材做畫框、做小提琴、做吉他，當時陳孟和在綠島做小提琴，就是木工班難友，撿颱風過後的木材，幫他裁製成型的；還有把海邊的貝殼，排在畫布上做成一幅幅的貝殼畫。

四面被海包圍的綠島，雖然關了我們這些政治犯，但並沒有關住我們的心靈，很多人，在那些無奈苦悶的日子，對藝術與人文的潛能，被激發出來，調和那苦難的灰色日子。

大哥保存綠島白珊瑚 死後送還

新生中有位很會潛水的難友，見他經常一下子、身手矯健的潛入綠島的海底，沒多久浮上岸，雙手抱著從海底撈起來的白珊瑚，那些白色的珊瑚真的好美麗，我帶了一些回臺灣，送給最疼愛我的大哥。我的大哥陳顯義，長我九歲，跟著後叔學

陳顯宗當年送給大哥珍藏多年的綠島美麗白珊瑚，在大哥過世後，侄子又送回到陳顯宗夫妻的手上。（楊淑媛攝影）

中藥，對我疼愛如父，當年我因案被移送保密局、軍法處，大哥心急如焚，四處奔走，找了很多人、想盡各種辦法要讓我出來，大哥也因而被騙走不少錢；而我在偵訊、收押期間，都不能對外連絡，這些事情是到出獄後，家人才告訴我的。

前年，大哥過世不久，侄子拿了一個紙箱到我家說：「叔叔，這是您給我父親的東西，父親有交代，他走了後，要記得歸還給您。」沒想到，那些送給大哥的白珊瑚，多年來，大哥一直用紙箱把他珍藏起來！我打開紙箱，看到裡面保管完好的白珊瑚，霎那間，那封箱的記憶再度開啟，我的眼淚潸然而下…。

懷念綠島第三任處長唐湯銘

在綠島的那些年，除了被關的難友，還有管我們這些被關的「長官」了。剛成立的綠島新生訓導處，戒備森嚴，只要有本島的大官要來巡視，大家都很緊張，深怕遇到狀況，給自己或大家惹麻煩；過了幾年，不論是被關與管被關的人，大家都同在一個島上生活多年，或多或少有了些感情，所以關係和氣氛就不那麼緊張。有時候，我們出去買菜或者被派出去做事，管理人員也不會跟得那麼緊，對我們似乎較放心。

我在綠島共經歷過三位處長，第一位處長姚盛齋是少將，軍人出身，每次出來巡視，相當威嚴，大家對他很敬畏。我記得姚處長經常在訓話時，向我們說：「你們只要乖乖的，很快就可以回去。」結果是，姚處長到任沒多久，就被調回去了。而我們都還在關。

第二任處長周文彬病逝綠島，葬在綠島。第三任處長是唐湯銘，他對我們很友善。由於我負責營繕，他家裡有要修繕的東西，都會找我。唐處長對我很好，他的家人也一樣客氣，我離開綠島時，唐處長還在綠島服務，我剛回來臺灣那幾年，還會收到唐處長寄來的信。如今還在的人，都已八、九十歲，大家都已年邁，前些年昔日的難友聚會，談到早已過世的唐處長夫妻，大家都很肯定他。

難友介紹 感恩妻子願意嫁我

一九六二年十一月二十三日，距離我被逮捕剛好十二年，我回到臺灣。因為臺灣還處於戒嚴時期，我們的身分都相當敏感，以前那個對大環境愛發表看法的我，不見了，很多話不敢講、也不能講，怕給親友帶來困擾，更不敢去麻煩人家，對自己的過去，怕別人知道、怕會被排擠，更是不敢提。

有誰願意嫁給有紀錄的政治犯？對於已有年紀的我而言，想都不敢想要結婚，因為有哪位人家的女兒，願意和我過那種提心吊膽的生活？我也清楚知道，像我們這些有紀錄的人，要到政府機關工作很難，所以只要有人介紹我工作，就算是臨時雇員或編制外的員工，我都不拒絕。工作了三年，同樣住在桃園鎮，綠島的同案難友楊國宇[24]，介紹他最小的妹妹楊絨與我相識。楊絨年輕貌美、相當聰慧，追求者眾，因為哥哥是政治犯，她知道也認為我們都不是壞人，願意嫁給我，我很慶幸這一生能遇見楊絨。

我與楊絨育有兩個兒子，他們都很爭氣，從小到大功課表現優異，大兒子在臺灣工作，已結婚生子，因為兒媳都要工作，兩個孫子從小由我們夫妻照顧，直到唸小學才回到他們父母身邊。祖孫感情親密，我們還因此獲得桃園市公所的長青楷模、模範爺爺、奶奶等表揚。小兒子目前在美國工作，非常孝順，有一年我太太身體不適，他專程請假回來照顧，兒孫孝順，生活安定是我目前最大的幸福。

努力工作 求溫飽的日子

其實對於曾是政治犯的我們，重回社會找工作是很不容

---

24 楊國宇，參見本書〈戰地歸來 七年牢災：邱景耀訪談紀錄〉，註解24。

易的。剛回到臺灣，我的第一份工作，是一位開南的同學介紹的。當時他在公路局擔任主管的職務，不計較我曾是政治犯，也不怕自己會有困擾，他在花蓮、臺東一帶負責測量工作，找我去做日薪的工作，到現在我都很感謝他。

做了一陣子，隊裡有一位成大畢業的劉姓同事，內定要被公路局留下來當段長，他看我表現很認真，想留用我，我不敢告訴他我是政治犯，只好婉拒。離開測量隊，又有一位同學透過關係介紹我去營造廠工作，桃園縣政府前的復興路開闢工程，是我在營造廠工作時，曾參與規劃興工的。離開營造廠後，我已六十多歲，又經朋友介紹到內壢榮工處做事，直到六十六歲退休。

對於離開綠島後進入社會的工作，雖然都不是正職，但是我很感激那些肯用我的人，因此我很認真工作，感謝那些用我的人，讓我的家庭能夠求得溫飽。

退休後，我的同學在桃園市老人會擔任理事長，要我去當總幹事，我又在老人會工作了十二年，老人會經常舉辦許多大小活動，我們夫妻經常參加旅遊、上課，豐富我和家人的生活。因為我住的地方就在桃園市南門市場旁，妻子很賢慧，利用住家的樓下，自己做豆花，賣豆花，豆花、薑汁、黑糖水都是真材實料，慢火熬煮，很受顧客歡迎；直到這幾年，有了兩個孫子，我與妻子都年紀大了，才不做豆花生意，不時有過去老主顧來說，很懷念妻子的好吃豆花。

出獄長期被監控 不敢聯絡同學

距當年我莫名被逮捕，已時隔六十四年，你們要問我真正的原因，我也不知道。我曾仔細回想，揣測我會被捕的原因，可能是與我的公學校同班同學陳茂發[25] 有關。陳茂發和我都是唸開南商工，另外還有一位簡士性，唸的是開南機械科，大我一歲，但屆數比我低。我們三人都是桃園人，不時會聚在一起打球運動，或者談論一些評論時局的話，但並沒有什麼組織。

日本統治時代，臺灣人是二等公民，沒想到臺灣光復，因為語言、生活習慣的不同，早年經常發生摩擦、衝突的不愉快情事。臺灣人受到的遭遇，當年並沒有比日本人統治時好，所以那些年，年輕的我們，總會相互發表看法、見解。陳茂發因案被捕，我大概也因此而被抓，之後陳茂發辦理自新，未被起訴；我從綠島回來後，因為被嚴密控管，家裡每隔一段時間，就會有警察以查戶口為由來看看，很長的一段時間，我根本不敢和陳茂發連絡，直到這十幾年來，大環境變化了，才敢和陳茂發連絡。

儘管和陳茂發已經有了連絡，我們都絕口不提過去的案子，對於他當年有沒有參加組織，更不敢問。陳茂發的書法寫得很好，掛在客廳的書法卷軸是他親自寫送我的，二〇一三年，陳茂發過世了，他送我的字畫還掛在客廳。

---

25 陳茂發，依據判決書「…陳顯宗於三十七年底經在逃之陳茂發介紹加入匪幫…簡士性於三十八年五月經陳茂發吸收加入匪黨組織…」。

我從當日本少年工到綠島當「新生」十二年，經歷過日治、光復、戒嚴到解嚴的不同年代，妻子常說，我這一生坎坎坷坷！如果說，漫長人生是一本劇本，這本劇本，我雖身為主角，遇到多變的年代，每個角色的轉換，我都無法決定，悉由他人安排；儘管如此，對於生命的旅程，我只能勇敢邁步走過苦難！

採訪時間	採訪地點	主採訪者	說明
2014年7月8日	桃園市文化街陳宅	陳銘城、楊淑媛	本計畫

錄音轉文字稿：陳淑玲
紀錄整理：楊淑媛
修稿：陳顯宗、陳銘城、曹欽榮

楊淑媛　攝影

為父親討回名譽與公道

—— 陳惠珠訪談紀錄（陳振奇的女兒）

我的父親陳振奇[1] 在我三歲那年，因為白色恐怖事件被槍斃；在戒嚴的年代，父親的家族雖然田產很多，事業很大，但是親友們怕和我們沾上關係，遭惹禍端，斷絕和我們來往，無情排擠、冷漠對待，我們寄居偌大宅院，善良明理的祖母成為我們母女最重要的精神依靠！

有一年，一位堂叔帶來父親的判決書，引起我想了解父親蒙冤受死的真相。解嚴多年後，因緣際會，經由李坤龍[2] 先生協助，我四處奔走、搜集與父親受難的有關資料，日漸拼湊出父親受難的悲慘歷程。

父親出身望族 聰穎好學

桃園市，早年稱為桃園鎮。鎮上大檜溪的陳家是地方望族，我的爺爺陳惷頂是位精明能幹的生意人，事業做得很大，有磚窯廠、木材廠等事業。奶奶陳王旦是善良開明的女子，祖父母育有四子三女，第二個兒子出生不久就過世，我的父親最小。

父親很孝順，從小就很會讀書，受到爺爺奶奶疼愛，自東門公學校畢業後，被爺爺奶奶刻意栽培，送到臺北唸有名的

---

1 陳振奇，參見本書受難者簡介。

2 李坤龍，受難者李日富（1926-1952）的兒子。參見〈尋找父親的下落〉，《看到陽光的時候》（新北市：國家人權博物館籌備處，2014），頁273-288。

陳振奇被判死刑，上呈蔣中正的簽呈公文。（陳惠珠 提供）

開南商工。而父親的兩位哥哥陳阿坤和陳沛，卻沒有受過完整的教育，他們與父親的年齡有些差距，早已掌管家族的龐大事業。

開南商工畢業後，父親進入桃園縣政府服務。二十一歲時與相差兩歲，小檜溪一河之鄰的母親相識，兩人相戀並結婚。母親楊蜂一九二九年出生，也是東門公學校畢業，非常聰穎，是外公楊連財斗笠工廠的得力幫手。

婚後突遭變故 母親被迫扛家計

父母親於一九四九年生下我，父親二十二歲，兩人感情深厚。婚後受到父親的影響，母親非常積極好學，卻因父親遇害，母親被迫扛起家計，整日為生活勞碌。父親入獄那年，母親已懷有數月身孕，母代父職，肩負照顧公婆及年幼的我，並且得保重有孕之身，好能平安順利地生產。

父親入獄後，大家族的親友紛紛斷絕與母親往來，堅強的母親不放棄任何希望，向娘家求助，四處找人營救父親。母親說，那是個當局要你活就活、要你死就死的年代；一名黃姓友人與父親同案，他的父親是地方上夠力人士，也一樣被槍斃！

爺爺在我出生時已經中風，不良於行，整天坐在太師椅上；爺爺生前最疼愛的就是屘子的父親，在他過世兩年後，父親遭到當局的槍決，感情深厚的父子倆，似乎很快在黃泉路上相遇！

父親被捕 母女飽嘗世情冷暖

父親為何被捕？什麼罪名？年幼時，母親絕口不提，她深怕影響我和妹妹的成長。但是寄居大宅院的我，幼小的心靈，早已感受到冷暖的世間人情！

奶奶害怕年輕的母親改嫁，向母親哀求：「阿蜂，妳不要離開陳家，帶走我的孫女，妳煮什麼，我就跟著妳吃什麼！」奶奶非常疼愛從小失去父親的我，小時候我和奶奶一起睡，還會幫她洗澡擦背，我二十歲那年，奶奶八十多歲過世。

陳家偌大的三合院庭院，有一整排房屋是給數名長工居住，也有牛僮專門照顧牛隻，地方農會附近的建築物，還刻著爺爺的名字，不難想見當年陳家家大業大。

大伯父、三伯父比父親年長許多，他們的孩子與母親年

陳惠珠桃園老家，是桃園市大檜溪陳家古厝「餘慶居」，現仍保留完好的閩南式三合院建築。（陳惠珠提供）

紀差不多，大伯父的長孫還與我同年。祖厝附近的磚窯、建材廠及木材廠等主要家業，在爺爺中風後就由大伯、三伯全權負責，經濟大權緊握在大伯母手上。父親並沒有分到任何值錢的家業。

親友強逼分家產 無情排擠與欺凌

父親出事後，大伯與三伯想盡各種辦法，擬將我們母女三人趕出陳家，不斷力勸祖母分家產。最後逼不得已，以抽籤方式進行分房，我們分配到桃園市福元街祖厝中左邊的外護龍廂房，以及一些當時被認為不值錢的土地；大伯分到右邊廂房，三伯擁有三合院的正身；有價值的祖業都被大伯、三伯拿走，如信用合作社股票等等，輪不到我們。分房後，一個大宅院落，各自住、各自開伙，互不往來。

母親永遠忘不了那備受欺凌的日子，她不只一次向我們提起，當年陳家有一座穀倉，存放滿滿的穀子，陳家的長輩居然狠心地對母親說，寧可讓穀子放到發霉或腐爛，也不願意讓我們吃到一口糧；惡意堆疊採收後的西瓜在左廂房，滋生蚊蟲。

母親長年遭受家族親友無情排擠，內心的陰影始終照不到燦爛的陽光，縱然今年已八十六歲，對國民黨政府以及無情的長輩，仍然懷恨不已！

母親改嫁　扶養五女長大成人

父親過世幾年後，母親考量要給孩子更好的家庭生活與求學環境，必須有個男人依靠。我小學三、四年級時，母親取得奶奶的同意與支持，經由親友介紹，與來自基隆的江叔叔結婚。兩人婚後並沒有離開陳家，而是江叔叔搬進我們家，不過他沒有入贅。奶奶對待江叔叔很好，認為她失去一個心愛的兒子，江叔叔正可填補她失去兒子的痛苦與缺憾。

留學日本的江叔叔具有土木工程專長，曾替桃園縣復興鄉設計、規劃許多橋樑及土木工程，我的大舅楊昆山擔任縣議員，介紹江叔叔進入桃園農田水利會擔任工程師，希望他能有穩定的收入，照顧她的妹妹及家庭。

母親婚後，與江叔叔陸續生下三個女兒，同母異父的家庭，孩子間不時爭執。雖有安定工作、固定薪水，但因江叔叔對家庭缺乏責任感，反而使母親的責任更重，日久終因心力交瘁而分開，母親含辛茹苦，把同母異父的妹妹撫養成人。

半工半讀 完成實踐家專學業

普遍貧窮的五十年代，我雖然從小沒有父親，但因母親重視教育，從小就送我去唸桃園市成功路上的教會幼稚園，小學唸的是和父母親一樣的東門國校，國校畢業後進入文昌初中（現今文昌國中），初中畢業後唸中壢商職（中壢高級商業職業學校）。我與妹妹都選擇唸商校，因為我們認為只有唸商校，才有一技之長，才能很快進入社會，為母親分擔責任。

唸商校的時候，沒有錢上補習班加強課業，只好在家努力自修，每天早上三、四點鐘起床讀書，希望拿到好成績領取獎學金。但母親更辛苦，我經常半夜起床上廁所時，看到母親在暗夜裡「叩、叩、叩」編織斗笠，貼補家用，於是更加立志好好唸書，希望能出人頭地，奉養母親；而我也多次領到水利會獎學金，減輕母親負擔。

十九歲那年高商畢業，我很幸運地考上福豐造紙廠，擔任會計，服務約三年。在福豐造紙廠期間，沈恆勤老師（後來創辦桃園龜山鄉成功工商）不斷鼓勵我，並主動替我寫推薦函，讓我去臺北中興大學法商學院選讀一年；不久，我順利考上實踐家專（今實踐大學）會計科夜間部，以半工半讀方式完成學業。

陳惠珠獲優質創業婦女獎。（陳惠珠 提供）

二十三歲創業 從事答錄機貿易

半工半讀期間，一位營造廠前輩看我做事認真、待人有禮，主動出借空間讓我設立辦公室。我以專業的記帳實力，獲得朋友信任、介紹，為多家商家、工廠記帳。這段期間，為回報沈校長的恩情，主動向沈校長毛遂自薦，協助完成增建成功工商校舍。

隨著記帳顧客家數不斷增加，我的收入日增，日漸累積創業基金。二十三歲那年，我以初生之犢不畏虎的精神，從辦公室只有一臺傳真機開始，在臺北開設貿易公司，臺灣第一臺答錄機就是由我經手代理的。

創業期間，我仍不時回到桃園探望母親。二十六歲那年，回來桃園正好遇到來家裡查戶口的員警，對於我還沒結婚，竟然不斷質問我是不是有問題？

由於年紀尚輕，不懂得保護自己，有一次被配合的廠商資金週轉不靈所波及，二十八歲時事業被迫結束。不過，在求新求變的貿易商場走一回，也促使我在日後的每項事業發展上，都能迅速判斷，把握當下，經營出一片天。

大舅出面 協助母親護家產

陳家的男性長輩思想相當傳統，認為祖業不該由女性後代繼承。有一天，他們聚在大伯家的廚房，討論如何先將我們家分配到的祖業土地，過戶到奶奶名下，再想辦法從奶奶手中把土地轉移到他們手上。或許是父親庇佑我們孤兒寡母，大伯父他們討論這件事情的時候，母親剛好去探望奶奶，大伯的廚房又鄰近奶奶房間，討論內容傳入母親耳中，知道長輩的企圖，母親立刻趕回娘家，與她擔任縣議員的大哥商量因應之道。

大舅聽到後氣憤不已，帶著母親趕往承辦過戶的許姓代書處，強硬要求代書不得欺負我們孤兒寡母。幸好土地證明文件一直放在代書處，沒有受到影響，直到我三十多歲時，才進行土地分配。

父親被槍決後家庭巨變，除了奶奶關心我們，親友們與我們形同陌路，連父親的大姊（我的大姑），多次回祖厝探望親屬，走訪同一宅院中的大伯、三伯，就是不踏進我們家一步。

奶奶常常哀嘆，可憐這群母女，跌倒了沒人願意牽，充分道出家族的冷漠。同處大宅院，陳家長輩不聞不問，只有母親娘家的長輩，總是適時給予幫助。我將近三十歲時，四舅楊吉雄在春日路附近蓋房子，以半買半送的方式留給母親一間，那時我們才有辦法搬離陳家祖厝。

長期承受壓力恐懼 母親性情丕變

陳家長輩雖然不關心我們，但是母親認為她既是陳家媳婦，照顧公婆的責任一樣不能免！聰明靈巧的母親，以她協助外公斗笠廠所學到的手藝，日夜編織斗笠，向街坊鄰居兜售，換取微薄收入，侍奉公婆，養育孩子。母親常說，爺爺非常愛吃豬肉，每天都要吃上半斤，在物資貧乏的年代，每天要買半斤豬肉並非易事，母親努力掙錢，孝順爺爺，替父親善盡人子之責，滿足中風已年邁的爺爺口腹之慾。

在母親的心中，始終堅信父親是清白、無辜的，是被抓錯的；那些被指控涉案的人，都是三伯父的朋友，父親一個也不認識。三伯父在父親被槍決後，常偷偷摸摸地來家裡祭拜父親。母親認為，那是三伯父「內心有鬼、內心不安」的舉止。她常向我們說：「妳父親是替妳三伯去當替死鬼的！」每每提起此事，母親總是嚎啕大哭，宣洩長年飽受壓抑的情緒。

母親也多次提起嫁到臺北的姑姑，書讀的非常多，從小與父親感情很好，是陳家那一輩書讀得較多的兩個人，夫家也不錯，但是當父親被監禁在臺北時，奶奶多次請姑姑去探視、關

陳惠珠（左）與妹妹陳惠連（右）在原鶴飯店為母親（中）慶生。（陳惠珠 提供）

心自己的弟弟，姑姑卻避之唯恐不及，更遑論在父親受難後關心我們。

父親受難，親友不相聞問，還想盡辦法奪取我們分到的祖產，為了捍衛生存與尊嚴，母親長期承受巨大的負面情緒，日漸失去對人的信任，整日生活在無止盡的恐懼中，從此變得暴躁易怒與多疑。

戰勝病魔 回桃園開創事業

長期處於孤獨而無助的生活環境，我和妹妹比同年紀的女孩，更清楚感受到唯有認真學習、堅強獨立，才能讓自己活得有尊嚴。

三十三歲那年，我結婚並定居臺北。豈料婚後不久，我莫名罹患「梅尼爾式眩暈症」。這是一種突發的病症，外觀看似正常人，往往因突發眩暈，終日天旋地轉，無法站立，嘔吐不止，嚴重時連膽汁都吐出來。為了全力對抗病魔，我曾經無法接受自己、封閉自己，不與朋友往來長達十年。

直到有一回，想到年幼的兒子與年邁的母親，我鼓起勇氣走出內心苦厄的世界，到農禪寺學習打坐，同時接受長庚醫院黃俊生醫師開刀治療。健康恢復後，想到婚後生活重心都在臺北，忽略日漸年邁的母親，於是取得先生支持，搬回桃園，負起照顧母親的責任，並重新開創事業。

善盡長女責任 與母親緊密相處

我們這一房沒有男性手足，我又是家中長女，與我最親的惠連妹妹長年定居海外，每年掃墓或修繕祖墓等祭祀工作，都由我包辦，婚後我將父親及祖先牌位遷到臺北祭祀。當我決定回來桃園時，取得母親及先生支持，成立營造公司，在桃園市郊雙峰路上，將分得的祖產土地興建住宅大樓與商務飯店，也將父親及祖先的牌位從臺北遷回桃園，並把母親接來同住，以善盡長女的責任。

回到桃園定居後，或許母親有了心靈寄託，早晚都要到父親的牌位上炷清香，情緒逐漸變得穩定。商務飯店就在母親住處附近，她更不時到飯店「看頭看尾」，而我的孩子此時到國外讀書，事業又漸上軌道，與母親相處更加緊密，有更多機會聽到母親重提父親的受難經過。

父親疑遭刑求　以致蒙冤受死

母親說，父親被槍決時年僅二十六歲，我才三歲，妹妹還是個嬰兒，白白胖胖的樣子很可愛。很多人告訴母親：「阿蜂，妳翁（臺語，丈夫）已經沒去，囡仔擱小漢，將伊分給人家做養女，大家日子嘛卡好過。」母親任憑他人如何遊說，也不願骨肉分離，把女兒送給他人養。

父親被捕前，情治單位到處抓人，風聲鶴唳，人人自危！聽到風聲說，當局要來逮捕父親，父親雖曾逃到鄉下避禍，卻仍在家中被逮捕。父親先被帶往當年位於文昌公園旁的桃園憲兵隊，母親總是獨自去探望他。為了能順利看到父親，母親要透過很多管道、關係，才能到看所守探望；探望父親的路途中，母親行經景福宮大廟旁的麵攤，總會買一碗熱騰騰的湯麵到監所，端給父親吃。後來，父親又陸續被轉移到新竹、嘉義、臺北等地監禁。

母親說，父親被送到新竹時，妹妹已經生出來了，她一手牽著我，一手抱著尚在襁褓中的妹妹，不辭路遠，就是要讓父親看到剛出生的小女兒。直到有一天，一位朋友跑來告訴母親，在火車站的公布欄，看到父親遭槍決的訊息，母親才不得不相信，再也等不到丈夫平安歸來！

母親心中永遠堅信，父親是被冤枉的。母親在探望父親的日子中，曾聽到一位警衛告訴她，當年情治單位逮捕民眾入獄，不但有成績，還可以獲得一筆豐厚獎金。在名與利的驅使下，這些情治人員大肆逮捕無辜民眾，造成許多冤案，斷送許多有為青年的大好前程及家庭幸福。基於那位警衛的說法，探望父親時，她多次親眼目睹父親身上的多處傷口，母親堅信，父親曾經遭受過刑求，被迫簽下假口供，以致含冤被處死。

害怕遭陷害 母親燒毀父親家書

獄中的父親牽掛家裡妻女，幾乎是每週一信寄回家。母親害怕又遭人陷害，不敢留下父親的隻字片語，將文件及照片全部燒毀，連父親遺留的一整櫃書籍也統統燒毀。

因為家人刻意保密，我與妹妹始終不清楚原因，只是小時候，每當看見鄰居或親友有父親照料生活大小事，我總是相當難過，常常問自己：「為什麼我們沒有父親？」我想母親之所以不願意談論父親的案情，主要是想要保護我們，瞭解越少越安全，才不會給我們帶來困擾。

我對父親開始有印象，是我讀初中時，小堂哥偷偷拿了一封父親的獄中家書給我，但不知道怎麼回事，這封家書居然不見了！這份我看過的家書，印象深刻，父親用沾水筆寫的，字體工整秀麗，文字優雅；信中內容敘述他對母親的思念、為我們姊妹孤苦無依憂心，寄望兄長們好好照顧我們母女，其次，談到他對秋天景色的觀察，整封信函充滿哀傷之情，令人不忍卒睹。

我以為那次拿到父親親筆家書，是他唯一留在世上的遺物，一直很在意並懊悔家書不見了。直到有一天，一位曾被抓到綠島監禁十多年的堂叔陳阿添[3]，突然帶著一份父親的判決書來家裡，重新啟動我尋找父親的生命故事。

平反時機成熟 幸獲貴人相助

或許是為父親平反的時候到了！堂叔陳阿添帶來父親的判決書，並提起當年他因案被抓，遭受嚴刑時，被槍桿打到內出血，無奈之餘只能逼迫喝自己的尿液「自救」而倖活，送軍法處關了兩年、又送到綠島「訓練」八年。

阿添叔始終深信，當年有多少人無法像他那樣，挺得起嚴刑酷打，因屈打後成招被判死！

阿添叔帶來父親的判決書，親口吐露當年的沈痛過往。有一天，我接到檔案管理局來函，表示他們擁有父親所遺留的文件，要我過去確認，我正準備要前往檔案管理局，出發前，在我經營的商務飯店遇到一位友人，隨口提出此事，並順手拿起飯店訂閱的一份雜誌。翻閱雜誌內容時，不經意看到大篇幅報導李坤龍先生，他以白色恐怖受難家屬立場，談論當年的事件。

報導內容的各項情境，仿如我的經歷，我心想，或許李先生對白色恐怖事件的了解，能夠提供我更多訊息，協助我找到

3　陳阿添，1932年生，桃園人。涉1952年「臺盟桃園劉福增等案」，被判刑10年。

左圖為陳惠珠出示父親陳振奇生前照片，心中無限感慨。右圖為陳惠珠（右）與李坤龍（左）的合影。（楊淑媛 攝影）

父親受難的真相，早日還我父親清白。一旁的朋友知道我的想法，鼓勵我不要猶疑，當下連絡李先生。我打電話到查號臺詢問李先生的電話，幸運地聯絡上他，他非常熱心地教我如何申請檔案管理局的相關資料，並告訴我，父親當年可能在現在的青年公園附近受害，當下，我內心激動莫名，開始看到一絲陽光照進我的心口。

鍥而不捨追查 找到父親遺書

在朋友協助下，我的行動更加主動積極，除了檔管局的資料外，我決定進一步申請調閱跟父親有關的所有文件，希望有助於瞭解事情真相。我覺得父親的資料應該不只檔管局告訴我的這些，可能還有其他，經由李先生的指導，我先到檔管局使用電腦查詢，在該機構的網站上輸入一些可能跟我父親相關的關鍵字，再將查詢結果抄下來向工作人員申請，資料數量開始不斷的「跳」出來。儘管檔管局人員表示，一時間找不到能夠跟我所提出的資料清單相對應的文件。

直覺告訴我，父親應該留有遺書，我毫不死心，持續追查，不久檔管局回應，同一批資料裡只有抄寫白衣神咒的紙片署名「陳振奇」，確認是我父親的遺物沒錯，但有一份遺書，字跡與白衣神咒不同，又沒有署名，不敢隨便判定是我父親的。經我鍥而不捨的努力，終於再找到部分資料，我拷貝相當數量的文件帶回家。而那份「無名」遺書，一看之下，裡面寫著要向「母親」、「坤、沛我兄」、「阿蜂」等人交代後事，分明就是我父親的遺書！

經我詳細說明，遺書終於歸還給我們。我所取得的資料，包括父親執行死刑的判決往來公文、判決書、自白書、筆錄、遺書、經文等各項資料，內容算是相當完整，不過我並沒有將全部資料閱讀過一遍，有一些我認為比較繁雜，就跳過不看，而且公文部份的真實性如何，也應該持保留態度。

看到父親塵封多年的珍貴文件不斷浮現，那年我已年近六十，花甲之年的我，終於拼湊出父親遭受苦難的模糊經過，真相逐漸浮現。其中一張父親在獄中親手寫的觀世音菩薩白衣神咒經文，經文中有段父親改寫的「與佛有緣．佛法相應．常樂我正…」，似乎透露父親知道自己時日無多，藉由神咒經文傳遞自己的清白。

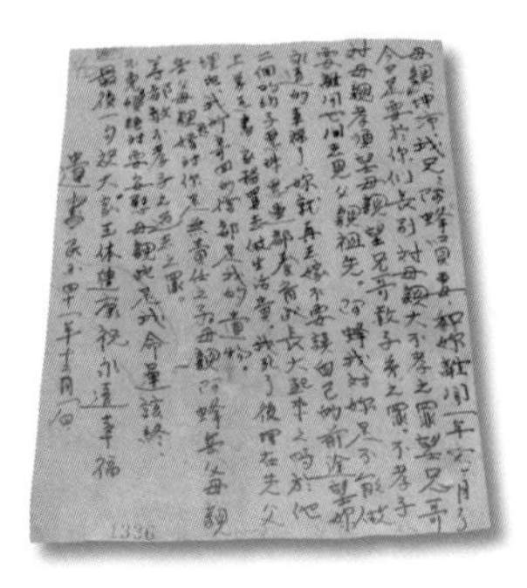

陳振奇的獄中遺書（民國41年12月8日，槍決前一日），50多年後家人才收到。（陳惠珠 提供）

父親勇者無懼的笑容 化解仇恨

我曾經向我的孩子簡略地述說父親遭受冤獄的事，讓他知道外公是獨裁政治下的犧牲者，過去我心中充滿著對政府當局的仇恨，更一度希望仇恨的火苗繼續延燒下去！可是，當我拿到、看到父親被槍決前，被當局拍下生前的最後一張照片，我知道我的心中不該有恨！因為照片中名牌緊貼胸前的父親，臨刑時，並沒有害怕或痛苦的表情，反而是面露微笑，那抹笑容代表著勇者的無懼，代表著一切苦厄的解脫，更代表著他對獨裁者的原諒吧！

而父親的另一個遺物——觀世音菩薩白衣神咒經文，更令我莫名感動。因為，約莫十年前，我獲友人相贈，得到一本白衣神咒經文，天天努力朗讀此經，日久就會背誦整部白衣神咒。因此，當我看到父親臨終前留下他親自抄寫的白衣神咒，是我每天虔誠背誦，可以倒背如流的經文之際，當下那種種的無名與巧合，讓我與父親已逝的生命，因為白衣神咒重新緊密連結在一起，彷彿他的生命已獲得重生；而我與母親那道早已布滿厚疤的傷口，終將漸獲撫平！

名譽，是一個人的第二生命。距父親受難五十多年後，我拿到政府發給父親的恢復名譽證書、相關遺物，趕緊將證書及遺物放在祖先牌位後方，除了告慰父親在天之靈，更要讓陳家祖先知道，昔日那被槍決無法入祀的父親，他不是壞人，而是大時代獨裁政權的犧牲者！

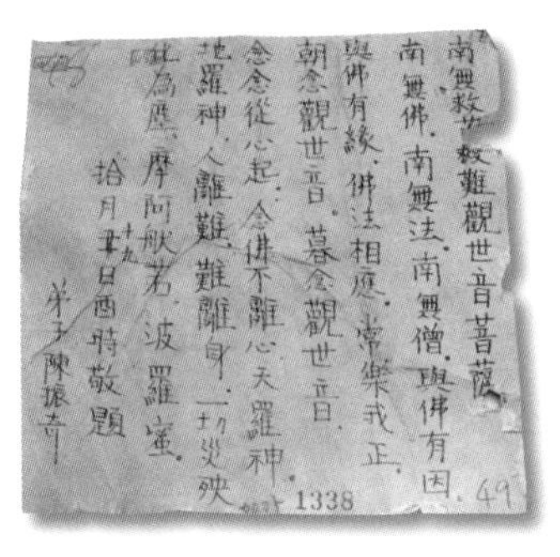

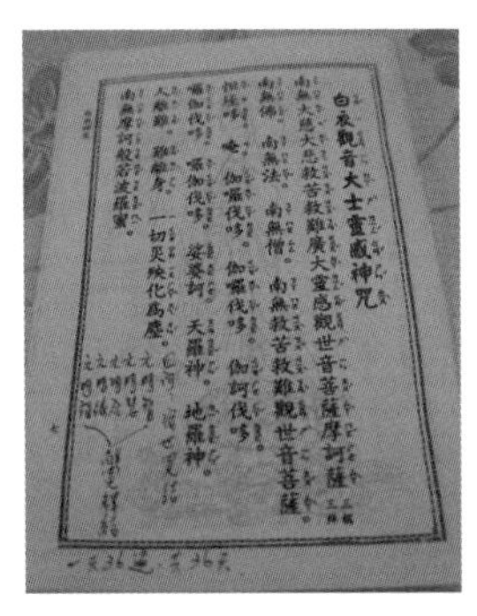

陳振奇父女雖然陰陽兩隔，但藉由白衣神咒的經文，冥冥中將兩人的心緊緊相連在一起。左圖為陳振奇在獄中抄寫筆跡，右圖為其女陳惠珠日夜虔誠背誦的經文紙本。（陳惠珠 提供 / 楊淑媛 翻拍）

採訪時間	採訪地點	主採訪者	說明
2014年6月30日	桃園市雙峰街陳宅	陳銘城 楊淑媛	本計畫 陪同者：楊蜂

錄音轉文字稿：楊淑媛
文字稿整理：楊淑媛
修稿：陳惠珠、陳銘城、曹欽榮、張宜君

曹欽榮　攝影

回家的路等三十三個年頭

─ 徐文贊訪談紀錄

我已經忘記是釋放前、還是釋放後，有人問我：我關這麼久有什麼感想？我心想：被關了這麼多年，也應該讓我回來吧，沒天良！釋放後，離開社會太久，工作不好找，聽人家說五十五歲以上就沒有人要雇用了。

我八十五歲了，雖然曾經得過癌症，現在控制很好。到了這個歲數，顧好身體，不要增加別人負擔，其他沒有什麼可以好計較的。我想：這個時機，可以讓我把過去的事，照實說出來，讓後世參考。

考上電信局 到埔仔收報臺工作

我是一九二九年（昭和四年）七月九日出生於桃園，日本時代我讀中埔公學校，之後繼續讀桃園公學校高等科兩年，

日治時代，徐文贊（第3排左4）就讀公學校時的師生合照。
（徐文贊 提供 / 曹欽榮 翻拍）

相當於初中畢業，畢業後考進電信局。我父親認為進電信局，如果被徵調去當日本兵，或許會擔任電信相關工作，應該比較好。中埔公學校原為桃園公學校分校，我入校時剛滿六年級而獨立，畢業生才一班學生；三年後才有兩班學生。

考上電信局，到講習班上課半年，一九四四年十月底講習畢業，總督府遞信部電氣通信技術員養成所無線科第一期。講習上課處就是之前中國廣播公司電臺的地方，有一陣子是中國電視臺。講習也就在尚未完築的大安電臺，當時美軍轟炸臺北，我有點印象。之後，我被派到臺北電信局桃園無線電埔仔收報臺[1] 實習。至戰後升任到二等機務佐，直到被捕都在此電臺。

父親反日言論 常常被找麻煩

爸爸是日本時代的學校教員，他叫徐伯叶，十七歲考上新竹州代用教員，被派到桃園龜山公學校教書。後考上准訓導（普通文官），他當了教員十一年之後，因肺病離校，養雞，療養三年康復，改行做生意。爸爸年輕時，參加文化協會[2] ，當時龜山的庄長（鄉長）也是文化協會的人，有人將《三民主

---

1 埔仔收報臺，埔仔在桃園市的西北方永安路，南崁溪西岸。

2 臺灣文化協會，1920年由蔣渭水等人籌組，1921年成立，幹部多為地主、知識分子、師範學校、醫學校學生。文化協會成立後，廣設讀報社、舉辦文化演講會及發行會報等，大力推展文化啟蒙運動。是日治時期最重要的文化啟蒙運動與抗日民族運動的團體。參見許雪姬總策畫，《臺灣歷史辭典》（臺北市：文建會，2004），頁1178。

義》透過特別包裝，偷帶進來臺灣，一群年輕人就這樣開始接觸三民主義，我父親是其中一人，他們因而信仰孫中山、蔣介石，認為蔣介石是孫中山的繼承者。我父親還因為參加文化協會活動被日本警察警告，他如果想要保留公職，就安份一點。父親受文化協會的影響，沒有受到日共的影響，日治時代臺灣人的反日組織農民組合[3]，思想上比較有受到日共的影響。

父親因為言論反日，受到日本特高的長期關注，常常被找麻煩。記得有一位叫江村巡察的警察主管，喜歡演戲，曾當過日本三流影星，演過電影，但不出名，還曾經跟我父親合作演出宣傳影片，他一來就跟我老爸說：「你就是有這種情形，請節制點，不要再犯事。你來和我合作演戲。」我老爸把演出的三齣戲劇翻譯成臺語，跟他配合在郡內巡迴演戲。後來父親紀錄上就沒有汙點，他就轉向，不再管政治的事。

關心政治 留意社會時局變化

江村曾鼓勵我父親要配合皇民化運動、改姓名，還有一位在屠宰場蓋檢查章的，姓中山，也鼓勵我老爸要改姓。但是

3 臺灣農民組合，日治時期由臺灣各地農民團體所組成全島性農民運動組織。1925年6月，農民為爭取合理甘蔗收購價格，二林蔗農組合首先成立，10月二林發生蔗農與製糖會社衝突的二林事件。此後，各地陸續發生農民抗爭事件，地方性農民組合接連成立。1926年6月在簡吉、趙港領導下，成立全島性「臺灣農民組合」，推展與農民相關的抗爭活動。1929年後，在日警大力取締下，1931年後組織完全瓦解。參見許雪姬總策畫，《臺灣歷史辭典》（臺北市：文建會，2004），頁1154。

徐文贊（第2排左1站立者）與老師、好友在公學校的校園內合照。（徐文贊 提供 / 曹欽榮 翻拍）

我老爸後來會改姓，是因為孫中山的關係，改姓為「中山」，叫「中山道夫」，中山之道的男子。中山這個姓氏本來是姓「劉」的改姓在用的（**劉備為中山郡王之故**）。父親戰前改姓名，戰後被視為「三腳仔」[4]，其實父親年節總是向西（**中國大陸**）祭拜，教育我們不能忘本。

父親在戰後仍然受到刑警隊的監視，但是他不知道國民黨的歷史很多都被變造了，一直相信蔣介石，因為如此，後來他才沒有被抓吧！

戰時為了躲空襲，人和物質要疏開，桃園國校教師用的

4　三腳仔，日本時代的臺灣人暗地裡稱統治者為「四腳仔」，稱那些攀從、依附於統治者的臺灣人為「三腳仔」，只剩三隻腳的狗。

教學資料、參考書籍，拿來我家放。我很好奇，讀了很多書，兩套日本書影響我很深，一套是《世界歷史大系》，日本人的出版很豐富，彩色圖像很多，我看得很有興趣，這套書對歷史有很客觀的講法，不偏向宗教信仰，作者是威爾斯。還有一套《世界民族風俗大系》，可以看出舊的原始社會到當今社會的各種演變與各種社會風俗的起源，這兩套書使我在往後對政治很關心，培養我對社會現象的興趣。所以在戰時，我也注意到時局的變化。這些書，戰後都送回學校了。

二二八時曾幫助電台外省職員

戰後，當時發行的《新生報》[5] 會刊登日文版的三民主義，本來我不知道什麼是三民主義，父親就買書給我看，孫中山講道：民生主義就是共產主義，我慢慢地了解，他為什麼要講共產主義的原因。那時，我發現日本共產黨的眾議員有四十八位之多，覺得馬克思主義不是那麼不好吧。

光復後我們熱烈歡迎祖國來接收，結果卻這麼亂七八糟。不到兩年，二二八事件就發生了。面對當時我們身處的社會，我們感到很徬徨。

5　台灣新生報：為日治時期「株式會社台灣新報社」，戰後由臺籍職員接管，1945年10月10日設中文欄；之後「台灣新報」改組為「台灣新生報社」，隸屬於臺灣省行政長官公署（後改組為臺灣省政府）宣傳委員會。改為《台灣新生報》之初，因臺灣人熟悉日文，四分之三版面刊登中文，四分之一保留日文版。參見「台灣新生報網站」：http://www.tssdnews.com.tw/?PID=4（2014年8月5日瀏覽）。

徐文贊在日治時代交通局線路科與無線電科同仁合影。（徐文贊提供 / 曹欽榮 翻拍）

桃園在二二八事件發生時，大溪那邊死了幾個人，南門市場也有人被槍殺，我太太的叔公就是在大溪被打死。後來因為二二八事件的後續影響，人們轉向關注紅色中國反蔣，桃園抓了不少人去關，白色恐怖槍決為各縣之最。其實，當時我們在電臺還保護外省籍職員，我們家還幫助一位來臺準備依親謀職的漳州年輕人，從新竹偷渡出去。

二二八發生時，南部攻打嘉義機場，之後嘉義地方名人到機場協議，幫助守軍獲得糧食和飲水。卻被不經審判程序，依恃援軍將到的祕訊，將幫助他們的議員們槍殺在嘉義火車站。嘉義真是很悽慘，其中被槍殺的嘉義市參議員潘木枝醫師的大兒子潘英章，和我曾經一起關在青島東路軍法處[6]。

6　參見張炎憲等採訪，《嘉義驛前二二八》（臺北市：吳三連臺灣史料基金會，1995），頁198-233。其中頁209、227提到潘木枝長子潘英章、長女潘英雪兩位於白色恐怖初期被短期關押。

景美人權園區展出之青島東路三號軍法處模型。（曹欽榮 攝影）

鎮壓軍隊來了 不滿之聲無處訴

三月八日之後，中國來的鎮壓軍隊從基隆上岸，規定三個人以上不能聚在一起。我所知道住在宿舍，怎麼可能不三個人在一起，臺灣人怎麼會想到遭遇二二八這麼悽慘的經驗，沒有被鎮壓的心理準備。

二二八之後，電信局的省籍差別待遇沒有什麼改善，外省籍的實習生領安家費，薪水超過本地的前輩，真是不可思議。電信局的同事賴鳳朝[7] 曾經說過：「我們的本分，就是把知識提高到一個水準之後，沒有我們，他們就難運轉。」靠自己提升專業知識，力爭上游，職位才不會輕易被取代。當時許多未婚同事愛讀書、愛做實驗，我們的心情可想而知。二二八之後，對政府普遍不滿的聲音，無處申訴。我不是因為二二八事件被抓，是後來白色恐怖和地下組織的外圍關係而被抓。

7 賴鳳朝（1929-1952），桃園人。被捕前與受訪者在臺北電信局桃園收報臺工作，於1952年12月5日被槍決。

我們一直都很關心社會發生什麼事情，書攤什麼書都買得到，《觀察》、《新聞天地》、《展望》、《老百姓》，還有一些我忘了，我們透過各種媒體雜誌、報紙、消息，瞭解當時中國國共內戰的狀況。

中國派地下黨的人來臺灣活動，我會感覺到那也是一個希望。我讀過《大眾哲學》、《青年修養》。《青年修養》實際上就是共產黨員修養的書，要黨員公正的推動社會改革。當時，我感覺到周圍有地下工作關係的人，我就是想找到門路去參加。

努力學習國語 尋找地下組織

二二八之後，我們在電信局請人教國語課程中斷，我每晚去教會上兩節國語補習課。為了增強閱讀中文能力、增加知識，我愛去書店、書攤逛逛。從閱讀中我警覺到中國官場的不好習性，和二二八之前所看、聽聞的來對照，覺得國民黨不知民間疾苦。

我們在電臺工作，特別會注意國共內戰的新聞，一九四八年秋天開始，外省人來臺灣明顯增加，收報臺也感受到來自上海的職員增加。他們聽廣播、對照地圖，想知道中國內戰的情況，氣氛怪怪，我不禁好奇。這時候，市面上的書報少了，到隔年初，大家不再敢公開看許多雜誌。

一九四九年四月，臺灣大學、師範學院發生學生與警察衝突的四六事件[8]，之後我就不敢再買書刊。我們在電臺工作，很容易敏感到當時臺北和中國各大城市的電訊如果突然中斷，表示中斷電訊的城市，國民黨已經失守。五月二十日臺灣開始戒嚴，敏感的人都會警覺時局將有大變化。十月一日，中華人民共和國成立，社會的氣氛更緊張。到了年底就有一些政府「抓匪諜」的傳聞，我在同事、桃園的朋友之間，感覺到有一些地下活動的味道。

接近楊阿木 準備加入地下組織

像我的同事賴鳳朝談話中，讓我感覺到他對我說話，總是有所保留，他有一位大陸來的老師，我沒見過，賴好像受到那位老師影響，思想左傾，因此我更想要了解地下活動。我主動去打聽消息，一九五〇年初的舊曆年，我和同學去後輩學弟家作客，看到一些好像是中共有關政策的油印小冊，明眼人都可以察覺地下活動的存在。隔天，朋友帶我去見楊阿木[9]，他家離火車站近，常常人來人往；這時候，已經有一些案子爆發，如臺北案被破，這些人可能是正在逃亡的人，由蘆竹鄉長林元枝[10]的手下李詩漢帶去他家吧。

---

8 四六事件，參見本書附錄「白色恐怖相關名詞說明」。

9 楊阿木（1906-1953），桃園人，涉1953年「省工委會桃園地委會桃園支部楊阿木等案」，1953年5月26日被槍決。

10 林元枝（1910-1982），參見本書受難者簡介、〈苦難折磨教會我的事：林秀峰訪談紀錄〉、〈政治犯之子脫困人生：林森岷訪談紀錄〉。

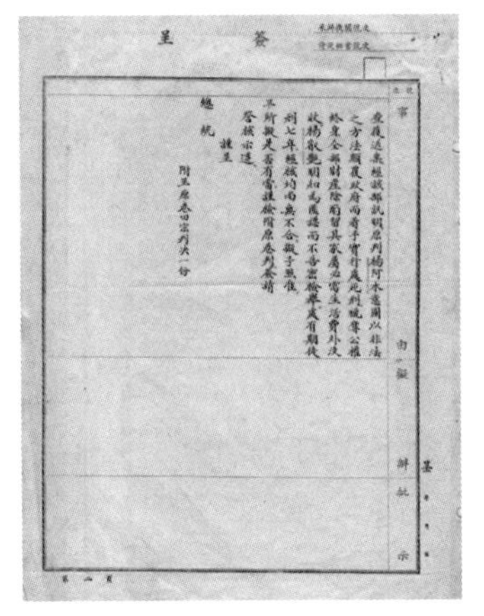
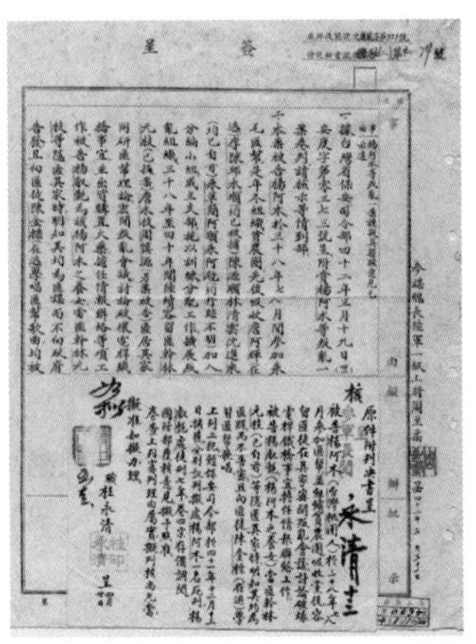

1953年3月31日，楊阿木等案由國防部上呈總統的簽呈，提及本書中的李陳、林元枝、詹木枝、周慎源、楊阿木養女楊叡艷等人。

我為了要參加地下組織，接近楊阿木，另一方面我父親要我儘快結婚，成家安定，幫助母親家事，這樣我也可以因此認識楊阿木的養女。六月之前，我把自傳提出去，他們一直不讓我進去，因為一般來說，不管怎麼表現，別人認為日本時代改姓的都是「三腳仔」，我想：當時不能立即成為黨員，就是這個問題。他們向上面反應說：「我要吸收這個人，可以嗎？」上面的人周慎源[11] 說：「這個人另有安排，你就不要管。」

六月初，賴鳳朝要我七月一日在他家裡宣誓入黨，當候

---

11 周慎源（1928-1952），嘉義人。1947年考上師範學院，後任師院學生自治會主席，因涉四六事件逃亡，於桃園地區遭圍捕、擊斃。參見中研院近史所，《戒嚴時期臺北地區政治案件口述歷史（三）》（臺北市：中央研究院近代史研究所，1999），頁1173-1179。

補黨員，並準備成立無線電支部。沒想到六月二十五日韓戰爆發，賴告訴我延後宣誓。七月下旬一切組織活動停止。楊阿木是桃園街頭支部的書記，隔年七月抓到他，我就是從楊阿木那裡牽出來的。

李詩漢遭刑求 指我為可疑之人

一九五一年初，我和電臺機務負責人林清良[12]、賴鳳朝，為了增加家庭收入，準備分期拿出薪水集資，在八月間開設一家電器行，請朋友看店，我們下班以後去電器行工作，我於前年底結婚。但是，七月楊阿木被抓，我們都很緊張，林清良、賴鳳朝還指點我如何安排逃亡的方式，我家廳堂後面就是我的房間，我將便桶擋住暗門，暗門隨時可打開，穿過房後的豬舍，裡外相通，可以從稻田中逃走。

楊阿木被抓，是因為他的組織裡有位叫李陳，在家裡的草寮抓到小偷，等去到了刑警隊，發現小偷就是外號「白猴」的李詩漢，刑警隊認為透過「白猴」可以抓到更多的人，「白猴」耐不了刑警隊請出他母親跪求兒子，招出了楊阿木。李詩漢是當時蘆竹鄉長林元枝的侍衛，林元枝近視很深，逃亡時出門不敢戴眼鏡，怕被認出來，李詩漢幫他帶路，林元枝躲藏過的地方，李詩漢大概都知道。那時有很多林元枝手下的人去自

---

12 林清良（1922-1952），臺北淡水人，淡水臺灣基督長老教會林約翰長老的長子。被捕前與受訪者在臺北電信局桃園收報臺工作，1952年12月5日被槍決。遺有異卵雙生兒子林同春、林同英。

徐文贊於桃園國際路舊居，說明當時準備從家中暗門逃出的情形。（曹欽榮 攝影）

新，甚至協助刑警隊抓人。他們看到李詩漢，認為得到寶，把他刑求得很厲害，但這個人是硬漢，即使被灌水、油，他都沒有講出來，於是叫他媽媽來向他跪求，這是人性弱點，他就招出來了。

李詩漢也講到：我是可疑的人。因為他常到廟口附近一家修理收音機的地方，那是我表兄開的店，那時候我家沒有電，所以我常常去那裡聽收音機。就這樣曾跟他聊過一些政治議題，他就覺得我可疑。他又配合楊阿木的供詞，說我這個人，上面有講過：「他另有安排。」所以他認為我也有關係。跟我的案件有橫向關係，這個關係是我們在組織無線電支部之前就發生了。

電臺閣樓上被發現收發報機

接著賴鳳朝被抓，當時林清良和賴鳳朝兩人已經在電臺的閣樓上，祕密做好了一對收發報機，準備中共來解放臺灣時，用來發電報聯絡。有一天，賴鳳朝不在，他弟弟跑到閣樓下的櫥櫃去睡覺，來突擊電臺的情治人員看到他，爬到閣樓上發現了收發報機，他弟弟被抓，桃園無線電信案就這樣被破了。

命運就是這樣。我是組織裡兩組通訊組中之一，缺我一個就動不了，所以要吸收我進去宣誓。七月一日要宣誓時，我還看到周慎源，上頭的人已經來了。我本來不知道他就是周慎源，他就是來看看我，沒有講什麼就走了。他走了之後，裡面的人跟我說停止活動，因為韓戰的關係，就不宣誓了。

二組移動的通訊是攜帶式的無線電，可以隨時通話，也可以打電報。可是我們不是用來通話，準備用摩斯密碼通訊。研究通訊器材和密碼，有林清良、賴鳳朝和我。賴是做發報機的，林做試驗，我是編摩斯密碼。另外一位被槍決的李詩澤[13]，是負責外圍組織。判決書的內容對我來講也有很多提示，像賴有直接經過周慎源、張志忠[14] 的領導。不然，我都不知道自己的組織有誰，僅只收到通知，才有行動或放棄行動。對於人與人的關係，當時是感覺那樣，後來才越來越清楚。為什麼後來才清楚？

---

13 李詩澤（1930-1952），桃園人。被捕前與受訪者在臺北電信局桃園收報臺工作，1952年12月5日被槍決。

14 張志忠（1910-1954），張志忠於1954年3月16日被槍決，他與簡吉曾於桃園一帶領導地下組織；參見藍博洲，《台共黨人的悲歌：張志忠、季澐與楊揚》（臺北市：臺灣人民出版社，2012）。

收發臺的地下通訊組織

最後賴再吸收一個他的同學，大園那裡有他的組織。新莊仔也有他組織的人，是個支部，大園是另一個支部。這兩個支部他都是頭。什麼原因跑出兩個支部來，我就不太清楚。刑警都知道，要求他要交出來，他希望交出來的條件：不能抓他下面的人，讓他們全部自新，包括他的小妹、妹婿，還包括要和他結婚的人，都自首了，沒事。他交出來不打緊，因為這幾個支部，有好幾位跑路的人，刑警隊要繼續抓那些跑路的人。因為賴鳳朝關係被抓的邱垂本[15] 被判死刑，陳敬賢[16] 被判刑十五年。

他們在賴家裡的牆壁挖出一部通訊的機器。我當時是負責收信的機器，我做了兩個。賴仔做兩個發信的機器，都經過試驗，是可以用的機器。當時要用小臺的發電機，很不好用，那時候只能準備就這樣用。做通訊機器很快，一臺幾天就可以做好。賴被抓到，我們的收發臺就被偵破了。

關於收發臺的地下通訊組織，除了我很清楚之外，不知道

---

15 邱垂本（1927-1952），桃園人。涉「省工委海山地區圳子頭支部呂華璋等案」，1952年12月9日遭槍決。

16 陳敬賢，1929年生，桃園人。涉1952年「省工委海山地區圳子頭支部呂華璋等案」，被判刑16年。依據判決書：「陳敬賢意圖以非法之方法顛覆政府而着手實行處有期徒刑十五年，褫奪公權十年，全部財產除酌留其家屬必需之生活費外，沒收。殺人未遂處有期徒刑五年。執行有期徒刑十六年，褫奪公權十年全部財產除酌留其家屬必需之生活費外沒收」。

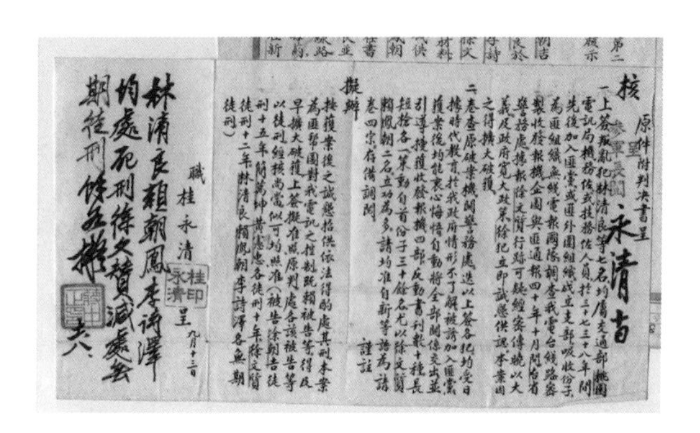

原件附判決書呈
參軍長閱
永清
吉

核
一、上簽叛亂犯林清良等七名，均係交通部桃園電訊局機務佐或技務佐人員，於三十七、三十八年間先後加入匪黨或匪外圍組織，成立支部，吸收份子，為匪組織無線電報兩係，調查我電台線路密製收發報機全圖，與匪通報。四十年十月間台省警務處據報徐文賢行蹤可疑，經密偵獲，以大義及政府寬大政策，徐犯立即誠懇供認，本案因之得擴大破獲。
二、卷查原破案機關警務處，速以上簽各犯，均受日據時代教育，於我政府情形不了解，被誘加入匪黨，獲案後均能衷心悔悟，自動將全部關係交出，並引導捕獲收發報機四部，反動書刊數十種，長短槍各一，策動自首份子三十餘名，尤以徐文賢、賴鳳朝二名立功為多，請均准自新等語，為請卷四宗，存備調閱。
謹註

擬辦
按獲案後之誠懇招供，依法得酌處其刑，本案為匪竊圖對我電訊之控制，既賴被告等得及早擴大破獲，上簽擬准照原判，處各該被告等以徒刑，經核尚屬似可均照准（被告涂朝吉徒刑十五年，簡萬坤、黃宗惠各徒刑十年，徐文賢徒刑十二年，林清良、賴鳳朝、李詩澤各無期徒刑）。

職 桂永清 呈 九月十三日

林清良、賴鳳朝、李詩澤均處死刑，徐文贊減處無期徒刑。

1952年9月13日，林清良等案由國防部上呈總統的簽呈簽條，
蔣中正批示林清良、賴鳳朝、李詩澤死刑，徐文贊無期徒刑。

涂朝吉[17] 是否稍微知道，不然不會判了十五年。簡萬坤[18] 不曉得有這些事，只是當時互相鼓勵他們提高自己的技術和學習水準。後來我們這些人出獄後，曾聚在一起，但不會說過去的這些事了。

預做逃亡準備 卻在家中被捕

一九五一年八月一日，太太生下女兒。十月二十三日半夜我被捕，當時二十三歲。楊阿木被抓，父親知道後馬上告訴我，我趕緊安排逃亡路線，拿衣服去賴鳳朝家，這些衣服準備逃亡用。來我家抓人的時候，父親認識的管區警察在門外叫：

17 涂朝吉，1930年生，桃園人。與受訪者同案，1951年10月25日被捕，判刑15年。

18 簡萬坤，1930年生，桃園人。與受訪者同案，1951年10月25日被捕，判刑10年。參見綠島人權園區2010年《綠島e光》影片。

「徐先生！」父親沒想到警察會帶著刑警隊的人來，開門後，他們衝進來，把我壓住、戴上手銬。我被送到現在桃園復興路的水利大樓後的空房子，刑警隊抓人後都先送去那裡審問，我在那裡看到了楊阿木，看他的樣子十分憔悴，應該是受到刑求。我被審問時，我趁機說：想和楊阿木養女接近，因為那時父親要我趕快結婚。在空房子待一天後，我被送去文昌廟的偏房。

在文昌廟我看到被抓來的陳敬賢，進進出出跟著刑警隊出門，不知道是否要他配合去抓周慎源、簡萬得[19]。他們兩人曾經住在我堂哥徐阿生[20]的房子，四周都是稻田。刑警要來抓他們時，他們遠遠看到時就跑掉。兩個人逃亡中被追捕，身上的手槍都卡彈，當場被打死，堂哥徐阿生也被抓去槍斃。

提供逃亡女婿食物也被槍斃

經過刑警總隊羈押，送去東本願寺臺北保安處，在那裡沒有什麼調查，只拿出刑警總隊原先的紀錄，就送到青島東路軍法處，軍法處的牢房爆滿，很多難友說過：六個人輪流在牢房內搧風的情形，我就不再多說。我對同房一位叫曾新祿的老

---

19 簡萬得，逃亡時被擊斃。依據「省工委海山地區圳子頭支部呂華璋等案」判決書：「…林聲發又名黃聲發，三十八年一月間，經現已自首之游好文介紹參加匪幫組織，受周慎源、簡萬得（均已擊斃）領導。同年十一月間，奉簡萬得之命，成立中福村支部自任書記，先後在周慎源家及游昌雍家開會數十次…」。

20 徐阿生（1913-1952），桃園人。涉1952年「省工委海山地區圳子頭支部呂華璋等案」，1952年12月9日遭槍決。

徐文贊的同事簡萬坤在綠島留影照片。
（簡萬坤 提供 / 曹欽榮 翻拍）

人，印象很深，他都睡尿桶旁邊，因為給逃亡的女婿吃個東西，這樣子也被槍斃。

在軍法處一陣子，同案的李詩澤、涂朝吉、簡萬坤和我被送到新店戲院改裝的看守所，等待判決，一直到被捕第二年年底，我們四個人再回軍法處判決，決定了每個人的命運，我判無期徒刑。牢房同難的人都恭喜我，留下一命，他們認為無期的關個十年可以放出來。最後的結果，我從年輕被關到老。在軍法處判決後沒多久，我被送到新建的安坑軍人監獄，我在軍監關了八年，才送到綠島新生訓導處。

在綠島次年就被送到泰源監獄，在泰源關了九年。因為泰源事件，一九七二年又送回綠島，已經不是新生訓導處了，是綠洲山莊監獄，又關了十二年，總共被關三十二年又三個月，這麼久。

讀《生命的火花》受感動 重燃戰鬥力

軍監有五座牢房，起初和一般軍事犯一起關在「禮」監，它是五座監獄中最大一座。我們被判無期徒刑的，一般不會當外役，我記得牢房屋頂上有難友在接紗組工作，還曾經有人因此被雷電打死。

講到軍監我就會想到林聲發[21]，他因為現在稱為「軍監獄中再叛亂案」而被槍斃。我認識他是因為我們在收報臺同期同學，一起用《資本論》（**有三大本**）練習收報，這本書是同事簡庚辛從日本人留下來的馬克思書籍裡，拿來放在電臺。林聲發本姓黃，跟著嫁到林家的姊姊，當林家的養子。他很厲害，逃獄三次，最後還是被抓回去槍斃。

在軍監時，我還記得有一位難友吳逸民[22]，因為當時他父親吳三連曾經來看過他，吳是當時的臺北市長。我的父母曾經來軍監看過我，當時前妻也來過，她娘家有錢，當我入獄五、六年後，我們便離異了，女孩留在我家，我很感謝她，她於二〇一二年才過世。

---

21 林聲發（1929-1960），因1952年6月桃園地區「海山區圳子頭支部呂華璋等案」被判刑15年；該案涉案33人，槍決14人（包括徐阿生、邱垂本），陳敬賢判刑16年。目前一般所稱1955年「臺灣軍人監獄在監馬時彥再判亂案」，共槍決15人，林聲發與陳正宸於1960年2月6日被槍決。此案涉及臺籍和許多位外省籍政治犯的重大案件，1957年5月3日已先槍決13位。林、陳是否因逃獄而晚槍決，待查。另參閱陳英泰著，《回憶，見證白色恐怖》（臺北市：唐山，2005），頁667-682。

22 吳逸民（1929-2014），臺南人。前臺北市長吳三連的長子。就讀臺灣大學商學系四年級時，因涉1952年「民主自治同盟歐振隆等叛亂案」，判刑10年；獄中服刑時又因「臺灣軍人監獄在監馬時彥叛亂案」，再判於刑期執行完畢或赦免後，交付感化3年。

在臺北新店軍人監獄時，我讀很多書，其中一本最重要的書《生命的火花》，作者雷馬克[23]，書中的主角是「五〇九號」囚犯，他是德國的社會主義者，不是馬克思主義者，小說寫的是二戰的集中營。當時德國的集中營裡，有猶太人、共產黨、社會黨的人，主角是社會黨的人，他看到共產黨的活動，很團結、很堅強的戰鬥，一直都在準備戰鬥；也有猶太人為了一時活下去，做抓耙仔的，替德國人把自己同胞的牙齒敲掉之類的事情，最後他們於二戰結束被解放了。這本書給我的影響很大，就算我們被關起來不會釋放，我就是要隨時準備著那個戰鬥力。

蔣介石生日 無奈到山上喊萬歲

我第一次去綠島是一九六一年十月三十日，編入第三中隊，那一天正好我們同案的簡萬坤、黃漢忠[24]刑滿，他們搭船要回臺灣，我們從臺灣搭船過去綠島，我們沒有相遇，涂朝吉刑期比較長，還在綠島。第二天就是蔣介石的生日，我不會忘記這個日子。我們去山上呼口號，喊萬歲，分隊長喊萬歲的聲音，比我們全體的人聲音還要大，政治犯會情願喊萬歲嗎？一九六五年，我被移送到臺東的山裡新蓋好的泰源政治犯監獄。

---

23 埃里希．瑪利亞．雷馬克（1898-1970），德裔美籍作家，1929年出版《西線無戰事》、1953年出版《生命的火花》；《生命的火花》新版中文譯本，參考陳蒼多譯（臺北縣三重市：新雨出版，1993）。

24 黃漢忠，1930年生，桃園人。與受訪者同案，判刑10年。

新店安坑軍人監獄全景現況，現為法務部矯正署新店戒治所。（曹欽榮 攝影）

我在綠島有看過林元枝，但沒機會跟他說話，他主要是做生產組的指導吧。林元枝在綠島算是軟禁，名義上是要他教書，我卻沒聽過他的課，我就不知道他有沒有教課了。

我們是新生訓導處的最後一批政治犯，之後都被送去泰源，不過泰源環境並不好。本來泰源監獄就是專門要關政治犯的，聽說蔣介石使用美國的援助蓋的，是不是受到美國人的壓力，不得而知。我們那一批有多少人去泰源，我不大記得了。

泰源監獄二八事件 危險重重

政治犯監獄裡常有抓耙仔，在北縣安坑軍監也不例外，曾經有一位姓周的廈門人與其他五人被銬腳鐐送入房，周被分配到我們的牢房。他會日語想學日文，就教他日文，我們對他也很照顧，有人探親送進來的食物也有他的一份。有一次突然抄房，那天大雨，他坐在屋簷下，洩雨管下哭說：「我對不起你們，我事先知道有此事。」那是監方製造事件，槍殺一人。我因抄寫的東西，用臺語拼音，不標聲調而逃過一劫。

說起泰源事件有點眾說紛紜，事後有很多傳聞，是真是假很難分辨。在泰源監獄裡我們只能知道親自接觸的消息，像徐春泰[25] 曾經告訴我一部分，很多人事先都知道一點。泰源事件已經有高金郎[26] 寫的專書《泰源風雲》，也有中央研究院的口述訪問紀錄[27] 。事件發生於一九七〇年二月八日，我們稱為「二八事件」，有人稱為「泰源革命事件」[28] 。因為還在舊曆年期間，那天早上我們煮米粉湯吃，事件後每年二月八日牢中一定吃米粉湯，紀念我們曾經經歷的危險。

無期徒刑的政治犯經歷綠島兩段不同監獄的管理方式，第二次被送回綠島的綠洲山莊，監獄是鋼筋混泥土蓋的，和泰源一樣，還好感覺一間牢房人少了，通風也比較好。除了當外役，整天被關在牢房裡，不再分隊，像新生訓導處能出去勞動，我在一樓第壹區牢房。第壹區後段牢房，陸陸續續變成

---

25 徐春泰，1941年生，泰籍福建華人，小時和馬共陳平生活過。後因1963年「徐春泰案」判刑12年。

26 高金郎，1940年生，雲林人。涉1964年「海軍澧江軍艦邱萬來等案」，判刑15年。著有《泰源風雲》（臺北市：前衛，1991）。

27 參見陳儀深主訪，中研院近史所，《口述歷史第11期：泰源監獄事件專輯》（臺北市：中央研究院近代史研究所，2002）。

28 泰源革命事件，參見本書附錄「白色恐怖相關名詞說明」。

外役牢房，如廚房及種菜的外役房，還有圖書室、裁縫、洗衣部、貝殼畫等工作間。我曾在洗衣部當外役。

偷偷製造收音機 設法買器材

我開始想要準備製作收音機，因為我在綠島監獄管電視，當時電視收訊被山擋住，需要用中繼站放在山上，那條線路是我管的。綠島最早的電視是從花蓮接收訊號，比較不會被山擋住，但是若有雲就會霧嗄嗄（臺語，模糊不清），下雨就更糟，電視沒辦法看，後來改換接收臺東的訊號。綠洲山莊監獄就靠在山坳，被山擋到沒辦法收訊，所以從海邊接過來。我會一點電信工程，電視壞了我也曾修理過，透過修電視，我可以摸到一些材料。像接收花蓮訊號的那些器具，我把它拆了，東西藏起來，我在洗衣部的大檯子裡，做了暗抽屜存放。

我偷偷做到最後，大致上就是欠耳機。只能等候機會，有一位重聽的難友要戴助聽器才聽得到，我拜託他去申請助聽器，但是買不到，沒成功，我始終相信還有機會。為什麼有機會?比如像我們洗衣部，時常都有沒被檢查到藏匿衣服裡的現款，那時候的衛兵，也是拿衣服進來洗，有一位是政治犯的外甥，他的親舅舅就在獄中，這個衛兵時常進來洗衣，有現款可以請他去買東西，也曾請他偷買插頭。我們在裡面只能看《新生報》、《中央日報》，表面上沒有其他新聞可看，我們還是可以拿到別的報紙來看。

我可以說已經是共產黨的思想，《生命的火花》裡面的共

臺東泰源監獄入口現況。
（曹欽榮 攝影）

產黨思想，就是隨時都準備戰鬥。我在裡面的活動莊信男[29]知道。他當時和我一起燙衣服，我會去洗衣部就是莊信男介紹的。莊信男好像有臺東卑南族血統，他老爸是客家人，媽媽是原住民。這個人我之後沒有再遇到。

後來，我知道要釋放了，我把那些東西都偷偷丟到洗衣服的井裡。因為監獄的井，上面都是密封的，只有一個小洞，我認為那個井有一天一定會被埋掉，所以那些東西我都丟進井裡。釋放以後，我有機會再去看時已經埋起來了。在綠洲山莊十多年，後來終於出獄，我總共被關了三十二年三個月。

坐牢近三十三年 難適應社會

我於一九八四年一月才放出來。太太已經改嫁，女兒留在家裡由我母親扶養長大，女兒讀到師大畢業。回來之後，臺灣

---

29 莊信男，1944年生，屏東人。涉1971年「統一中國促進委員會周順吉等案」，被判無期徒刑。

社會變化太大了，我需要時間適應。我剛回來的時候，警察會來找我，雖然沒有那麼嚴格。每周都來，後來每個月來，我就抗議了，我說：「我被關了那麼多年，都已經無罪了，你又來幹什麼？」解嚴後就沒來了，那時都已經可回大陸探親了。

一九八七年七月十四日，解嚴前一日，國防部發給我「減刑證明書」，說明我已執行超過減刑後徒刑十五年，恢復公民權。補償金我去領了，但是不能申請恢復原單位工作，僅准申請原單位有限的退休金。

我先去工作的地方是電子公司，女婿在那裡當副廠長，工作一陣子我發現沒什麼時間和老朋友見面，就改去妹妹開的皮革工廠做事，請假比較方便，開始有勞保，工作十三年就退休了。

我回來後想再結婚，託一些朋友介紹。姻緣注定，我五十九歲再結婚，我們嚐試生孩子，但是太太懷孕三次流產，我對她很虧欠，就不再生了。我們兩個人也因為這樣才能到處去，那時常常出國旅行，去了美西、美東不少城市，大陸也去過很多次。這些年，年紀更大，比較少往外跑，身體曾經肺積水，差點心臟衰竭。癌症也控制在標準指數以下，現在很注重身體保養。

主張維護人權 還原歷史真相

我這麼多歲了，人生最後的結論就是，我們要維護人權，這基本上是「人權」的問題。首先最重要的是「生存權」。「生存權」在革命行動裡，這個過往常被否定的概念，以後一定要避免。第二，思想自由，發表異議的權利要包容。第三就是保護環境，共同反對破壞環境的權利。

我目前的意志就是從以「人權」立場上來想。我認為以後臺灣不大可能有類似恐怖事件。要是再發生，會很糟糕。我認為大陸也不會再讓社會發生革命。我現在也不是那種共產主義者，但是我還是認為我是社會主義者。

簡單說，這是孔孟的思想，人不分寡鰥，社會會動亂就是患不均。資本主義與共產主義相互競爭時，不得不互相影響。資本主義因為個人的能力，完全能夠解放出來，科學上一定會考慮在前面，共產主義為了患不均，就要抑制慾望比較強的人，對社會有不平的心，這樣會變成怎麼樣？就會投機，我發現就是這麼回事。我們沒有辦法設定人自動自願的全力爭取自己的生活。

我的概念與馬克思不一樣，說實在，馬克思實在是好人，但是就是太天真，他把所有人看得不自私。李嘉圖可以說是馬克思的前輩，資本論思想也是從他那裡出來的。馬克思沒有注意到人會是自私又無情的，自私方面他看得太淡，自私的影響卻非常大，人會自私所以會進步。人好逸惡勞，所以會發明很多進步的東西出來，爭取方便。從另一方面來看，因為發生許多更有生產性的東西，人無所限制的想要從地球抽取東西，所

徐文贊的父親60歲大壽時的家族合照。當時徐文贊人在獄中，無法和家人合影，家人就把他從獄中寄回家的大頭照片，請相館放在合照的左上方。（徐文贊 提供）

以變成今天這樣子。現在的人大部分都不會去想這些環境資源問題。

我贊同景美跟綠島都叫做人權園區。我的期待是慢慢來，一步一步來。我認為我的東西應該也要放在那裡紀念，將來怎麼樣那是無所謂，只要這是歷史的真相，只要呈現出來就可以了。我這一輩子這樣就可以了。

白色恐怖時期的任何記錄文件，如別人的回憶錄，乃至人名錄，都很容易勾出我對很多相關的記憶。我希望今後在適當的場合中，繼續盡量寫出來。

不懂政治事 老來相伴

一 李麗月訪談紀錄（徐文贊的妻子）

我知道很少政治的事，我也不懂，我就坐在旁邊聽。聊聊分享生活經驗可以，我們已經結婚多久？他（釋放）回來之後，已經五十五歲，他五十九歲結婚，我們結婚也已經二十七年了。姻緣雖然很難得，我不是有勇氣，而是以前的人說的：相欠債。

我是桃園人，算龜山吧，中山路廟口那邊，我在那裡出世長大，那邊算是我們李家的祖厝，那一帶不全都是姓李，阿祖、阿公、老父、到我第四代，阿祖從唐山過來第一代。後來陸續都又搬走了，都不住在那裡，因為一直發展變化，我離開很久，都變了。

婚後才知何謂白色恐怖

我小時候不曾聽過阿祖、阿公或父親說過：唐山過臺灣的代誌，或是講家族過去的事，我不曾見過阿祖、不曾見過阿

徐文贊（坐者左2）與李麗月（坐者左1）與父母（前排左3、左4）及弟弟、妹妹合照。（徐文贊 提供 / 曹欽榮 翻拍）

公，也沒看過阿嬤，阿嬤老去的時候，我們還小也不知道。

善後白色恐怖應忌 族群歧視

徐文贊投書報紙的文章「善後白色恐怖應忌族群歧視」。（徐文贊 提供 / 曹欽榮翻拍）

龜山那時候白色恐怖抓人聽說很厲害，我並不知道，也沒聽說過。你們說的「白色恐怖」，是我跟他結婚之後，常常聽他講我才知道，不然較早，我根本沒有聽過什麼白色恐怖。要嫁給他之前，我知道他曾經被關過三十幾年那麼久，但是對他那些事，並沒有什麼了解。

（徐：主要的，她不了解沒關係，但是我們結緣就對了，她有一位三姨，她很聽三姨的意見，她三姨叫我去她那裡一趟。他的三姨、三姨丈，還有么姨、么姨丈想看看我這個人是長得怎麼樣。）

我的三姨跟他說到我，他才認識的。那時我已經滿多歲了，就是有一些長輩想幫忙作親事。

（徐：我跟你說，那時我已經虛歲五十九歲了，我想說「九」比較不要，八比較好，還可以考慮。我想既然我去，我乾脆拿人家來採訪我的紀錄出來，那個採訪稿是我出來後，高金郎來訪問我，我想先給她們看。我想我已經這麼多歲，你們如果怕，就不用講了，你如果不怕，這件事就可以講。他們是生意人，有了解這件事，反正她也四十多歲了。）

徐文贊59歲與李麗月在1987年的結婚照。（徐文贊 提供 / 曹欽榮 翻拍）

婚姻天註定 分享祖先的福氣

以前的人就是這樣子，我年輕的時候，根本沒有結婚的意願，我就是沒有結婚的打算，我都在工廠工作，跟外面隔絕。我本來就在隔壁叫做精工社SEIKO作錶的工廠工作，現在已經蓋大樓，他的親戚是我的同事，同事介紹的，當初兩人沒有一看就合意。現在都已經嫁了（笑），不然要怎麼辦（徐笑）。

（徐：因為她沒有嫌棄，我比她多很多歲，她沒有嫌棄，這是有原因，因為她的阿祖兩人也差很多歲。）

怎麼可以這樣說，那是小太太當然差那麼多歲，我也是算你的細姨的樣子，算他的細姨也對啦，他有一位大的。

（徐：前一位太太在我入獄大概五、六年就離開了。她阿姨有了解，剛好那一天是史庭輝結婚，她阿姨要她穿漂亮一點，去參加婚宴，我想說她阿姨會叫她和我去參加別人的結婚典禮，這樣子沒問題了，我這樣相信。）

他自己太迷啦，以前我在精工社工作到最後解散，我走到哪裡，他就追到哪裡。我換了工廠，去「山仔腳」那裡的工廠工作，我不知道他去哪裡打聽，反正我走到哪裡，他都找得到我。

（徐：我想這樣沒問題了，我知道她在阿姨家住很久，她阿姨很疼她。）

我自己沒有主見就對了，他回來也看過很多位了，反正那時候，我就沒有意願要結婚，他還是追得很勤。雖然歲數差很多，不要說我有勇氣啦，就是傻傻的就好（笑）。他的家族在桃園算是很大族，多少還分享到祖先的福氣吧。

採訪時間	採訪地點	主採訪者	說明
2014年7月16日	桃園國際路徐宅 徐宅舊地	曹欽榮 陳銘城	本計畫，李麗月陪同受訪
2010年8月11日	桃園國際路徐宅	曹欽榮	李麗月陪同，綠島人權園區《綠島e光》影像計畫

另參考：一、2014年國家人權博物館籌備處訪談計畫；二、1998年臺灣省文獻會出版《臺灣地區戒嚴時期五〇年代政治案件史料彙編（三）》。

錄音轉文字稿：林芳微、曹欽榮
文字稿整理：曹欽榮
修稿：徐文贊、曹欽榮

陳銘城　攝影

兩兄弟受害

—— 謝義雄訪談紀錄

我是一九三〇年出生，家住桃園鎮春日路。父親謝定坤是桃園東門國校教師，日本戰敗後，由他代理校長，他也是戰後東門國校的第一任校長，前後當了二、三年，後來才調去鄉下的學校當校長。較老一輩的人，都認識我爸爸，他的學生很多。我家有七兄弟，三姐妹，我是第三個兒子。

軍隊殺人 二二八氣氛令人害怕

一九四七年二二八事件發生時，我已經是桃園農校二年級學生。但是我不了解二二八是怎麼一回事，我還是個孩子，對政治不懂，當時校內的外省教師和本省老師各佔一半，但是擔任要職的都是外省老師，他們都逃躲起來。

一九四七年三月八日，軍隊進入校園，我們停止上課，讓阿兵哥入住校園，他們在校門口圓環挖洞，架設機關槍，讓人害怕。看到他們拿出大的鼎煮飯菜，學生都不懂是怎麼了。後來，才聽說軍隊去抓人、殺人，沒有將人送到法院，抓起來就打死，這時我們才知道二二八的可怕。

二哥謝傳卿先出事 被判十二年

三月底，學生被通知回學校上課。日治時代，中學四年制，戰後，國民政府改成初級部三年，高級部三年。二二八之後，我已升上初級部三年級。到一九五一年我高三畢業後，知道桃園抓了很多學生，那就是林秋祥[1] 學生街頭支部案，連我二哥謝傳卿[2] 老師，也是在那案件中被捕，判刑十二年，我不很清楚他們的案情，但當時桃園街上傳聞很多人被抓、被槍決，氣氛讓人害怕。

一九五〇年我從桃園農校畢業，考取省政府辦理的「就業訓練班」，受訓兩個月後，由省政府派令分發，先奉派到板橋的臺北縣政府，同住桃園的同學溫春鄢[3] 也和我一樣，再被分發到新店鎮公所上班。當時也有同學派到桃園縣政府，也有派到八德鄉公所。

謝傳卿是謝義雄二哥，任樹林山佳國民學校教員時被捕，與林秋祥等人列為同案，判刑12年。（照片來源：取自「綠島人權園區」新生訓導處展示區「青春·歲月」展區）

二哥大我兩歲，他原在南崁教書，可能是在那裡認識的朋友而惹上政治上的麻煩，後來調到山佳國校教書才被捕。我所知道二哥和林秋祥等學生不同的案，也不是同一組織關係，但是同一個判決書，他的案子並沒牽連到我。他被抓後，大多由母親前去軍法處看守所會面，後來他移監到新店戲院的監所，正好在我上班的新店鎮公所隔壁，我每週去看二哥一次。但是

1 林秋祥，參見本書〈銘心的記憶：陳顯宗訪談紀錄〉，註解4。

2 謝傳卿（1928-1988），桃園人。涉1951年「省工委會桃園街頭支部、學生支部林秋祥等案」，被判刑12年。

3 溫春鄢，1931年生，桃園人。與受訪者同案，被判刑15年。

一個月後，他就移監到綠島新生訓導處，我一直到一九五八年，被送到綠島新生訓導處時，才再見到我的二哥。

自首分子告密 突然被捕審訊

一九五二年八月十八日，我和溫春鄢在新店鎮公所上班，突然被捕，當時我才二十二歲，已經工作兩年。來抓我們的是苗栗縣刑警隊，我們被送到苗栗警局拘留所時，我問一位年輕的看守，他說是後龍有人去自首牽連到我。原來是一九五〇年在念桃園農校畢業班，分派到農業試驗所實習時，分組研究和討論實習成果，當時有分：園藝、農藝、畜牧等組。自首的同學說，我們在分組討論實習成果時批評時政。

日本戰敗回歸祖國時，大家都很高興，但看到中國兵穿草鞋、布鞋的樣子，揹紙傘、褲頭綁牙杯、鐵碗，感覺很失望。加上政治上的腐敗，又到處抓人，我們難免會偷偷抱怨。當時桃園農校的學生來自各地，班上同學有遠自臺中、中壢、後龍來的。一位後龍來的古姓同學，在一九五二年六、七月間，因害怕而跑去苗栗警局自首，牽扯到我和溫春鄢，由苗栗警員到新店來逮捕我們。我們又從苗栗被帶回桃園警察局，調查不到證據，卻又有一位同學詹溪華[4] 自首，後來講出不利於我們的

---

4 詹溪華，依據判決書：「…詹溪華自首後，曾勸導該溫春鄢、謝義雄向桃園縣警察局自首，詎該溫春鄢、謝義雄僅自白曾受詹溪華有利於匪幫之宣傳，不認有參加匪幫組織情事，經苗栗縣警察局查覺認係自首欠誠，未准辦理自首手續，並將該溫春鄢、謝義雄扣押解由本部軍事檢察官偵查提起公訴…」。

證詞。自首的兩人後來都沒事。

我們再從桃園警察局被轉送到臺北的刑警總隊十多天，問完話後，再送臺北市西寧南路的保安處問口供。每次都是半夜偵訊，問話前先拿手槍放在桌上，探照大燈照到臉上，讓你眼睛睜不開，也不知道誰在問你話。只要問話時，敢和問話的人爭執，就會被拿手槍的人打，幸好我沒被打。

看守所人滿為患 如人間地獄

在保安處約半個月，都關在地下室，在那裡不見天日，看不到陽光，地下室點著燈，每一間房間約關二、三十人，大家都擠到只能坐著睡。接著，我又被送到臺北市青島東路三號的軍法處看守所，等候軍法審判，那裡更是人滿為患，每一牢房關二十多人，像在擠沙丁魚。囚房角落放著大小便的馬桶，新進的人睡馬桶邊，睡覺時將頭靠在馬桶，每當有人大小便時，睡馬桶邊的人就遭殃了。那情景，有如人間地獄。還好，進去一、二十天，一直都有新人進來，我就離馬桶漸漸遠了。

在軍法處看守所時，媽媽曾來面會，她送來日用品、食物，也開始可以寫信。這時候我爸爸因二哥和我先後被捕而傷透腦筋，他從桃園東門國校校長，不斷地被調到偏遠的鄉下國校當校長，先被調到大園鄉的五權國校，又調到八德鄉的國校，也曾調到龜山鄉，對兩個兒子被關的事，他從來不敢說話。

軍法處看守所開庭，大多在早上。早上被看守叫到名字，比較不會害怕，但如果是下午被叫到名字的人，那就不好了，往往是要先送到死刑犯的牢房過夜，第二天的清晨四、五點，就要被送去馬場町槍決。

被指控參加非法組織 判刑八年

我到軍法處看守所兩個星期後就開庭，法官指控我參加學校非法組織。我說那是學業上的學術研究分組討論。法官問我：「那你有何證據說你沒參加？」我急著說：「沒有就是沒有。」法官卻說他有人證，證明我有參加。結果他傳喚來自首的同學詹某作證，他一口咬定我有參加，就這樣我被咬住了。

一九五二年十二月二日，我被以懲治叛亂條例第二條第五款：參加叛亂組織罪名，判刑八年。同案的溫春鄢判刑十五年，那是他被問到有沒有找人參加小組討論時，他說有找了一個人參加，因此被判十五年。軍法官說我們參加匪幫組織，但是為什麼沒有組織的名稱？

一九五三年，我被送到新店安坑的軍人監獄。那裡有仁監、義監、禮監、智監。政治犯大多關在仁監，後來才關到智監，前後五、六年。在那裡一天放封兩次，每次十五分鐘，分別是早上九點多，下午三點多各一次。我們在牢房內吃飯和大小便，起初是一天兩餐後來才改成一天吃三餐。伙食比起軍法處看守所時好一點，有飯、饅頭、青菜。遇到加菜日，才有豬肉吃，我們沒吃過雞肉，偶爾就等媽媽面會時，帶一點菜來。

綠島遇到二哥 兄弟分別養豬種菜

一九五八年，我被送到綠島新生訓導處，這時，我的二哥早已在綠島，他在第二中隊的生產班，負責養母豬，好讓母豬生下更多小豬。我編到第九中隊，就是在現在綠島人權園區的重建第三大隊的蠟像寢室的位置，我也在生產班，一班有七、八人，在柚子湖租地種菜。早上，我們挑肥上山到種菜的寮棚，中午挑飯菜上山吃，下午四、五點回來第九中隊。

印象中，前蘆竹鄉長林元枝[5] 也在綠島，他掛名「教官」，常常來菜寮和我們聊天，但他身邊都有人跟著。我上山種菜時，要經過二哥的第二中隊，平常我都在晚上到流麻溝洗澡，但冬天時，二哥就會告訴我，他在豬寮會燒熱水、煮豬菜，叫我去洗熱水澡。

我在綠島住了二年，在山上菜寮附近，有不少綠島女子上山種番薯、土豆，常來和我們聊天。我們拿出吃剩的饅頭分給她們，她們大都吃番薯飯和魚。之前，她們因常常被告知我們新生是共匪，不敢和我們說話，看到就閃避。但是聽說在我去之前，綠島孕婦懷了女嬰是死胎，要送臺東開刀也來不及，結果是新生訓導處的政治犯醫療隊的王荊樹[6] 醫師，他是婦產科醫師，在難友的協助下，借帆布、電瓶照明，順利開刀救人。

---

5 林元枝（1910-1982），參見本書受難者簡介、〈苦難折磨教會我的事：林秀峰訪談紀錄〉、〈政治犯之子脫困人生：林森岷訪談紀錄〉。

6 王荊樹，參見本書〈銘心的記憶：陳顯宗訪談紀錄〉，註解19。

還有政治犯為師資不足的綠島學生輔導課業，才漸漸讓政治犯和綠島居民有更好的互動。

胡乃元之父 協助治療眼睛斜視

我的眼睛原本「脫窗」（斜視），是綠島醫療隊的胡鑫麟[7]醫師為我開刀，我很感謝他。胡醫師在坐牢前是臺大醫院眼科主任，他出獄後生的小兒子胡乃元，是世界一流的小提琴家。

出獄前一年，我去新生訓導處的照相部，拍下在綠島坐牢時的照片。一九六〇年八月十八日原本是我出獄的日期，但卻到八月二十七日才讓我從綠島回來，發給我旅費，送我到綠島碼頭，從臺東縣成功港下船，趕火車回家。開釋證明書內，限定我要在八月二十九日向桃園縣警察局報到。我總算在八月二十八日從臺東趕回家裡，終於趕上去警察局報到的時間。

綠島回來一年 進入工廠工作

回到家後，我和父母親同住，管區警察每週來找我一兩次，主要就是要監視我。那時二哥還沒出獄，他早我兩年被抓去關，卻晚我兩年出獄。我受託幫難友去找他們的家人，告訴家屬寄藥去綠島給他們。記得我去找一位曾在自來水公司工作的難友妻子，請她寄肝病的藥去綠島，走在街上，遠遠地看到以前的同學，都不敢和我見面打招呼，我很快閃避，避免自己

7 胡鑫麟，參見本書〈戰地回來 七年牢災：邱景耀訪談紀錄〉，註解18。

難堪，不讓他們添麻煩。

我出來一年後才有工作，那是一九六一年。我爸爸有位住八德的朋友，是新亞日光燈工廠的廠長，爸爸拜託他介紹我進入臺北工廠，擔任生產線的管理員，我一直做到公司結束營業才退休。但是，介紹我進入新亞公司的邱姓廠長，卻因工廠爆炸而意外身亡。原來他親自去裝燈管的瓦斯，卻因瓦斯漏氣，在電扇打開後，立即大量燃燒，他當場被燒死。可見我們的工作，存在不少職業傷害與風險。

一九六四年工廠搬到新莊，員工增加，工廠規模較大，因此規定要設安全室。安全室的人，馬上有我坐牢的資料，經常監視我，常叫我去問話：「好嗎？」「生活如何？」但是我的工作並不受影響。

母親血癌過世 二哥未獲准回家奔喪

我因工作在臺北工廠，不住桃園家裡，但母親卻因我和二哥坐牢，不斷地操心、煩惱，而累倒了。她因血癌住進臺大醫院，我每天下班的晚上和假日，都去醫院照顧、陪伴，想彌補過去讓母親操勞。當時，二哥在土城生教所，我曾去面會二哥，告訴他母親病重。不久，他在管理人員陪同下，出現在臺大醫院母親病床前，看到媽媽一面，他回去不久，媽媽就安詳離去，二哥並未獲准回家奔喪。

母親在臺大醫院住院的幾個月當中，她妹妹的女兒，也經

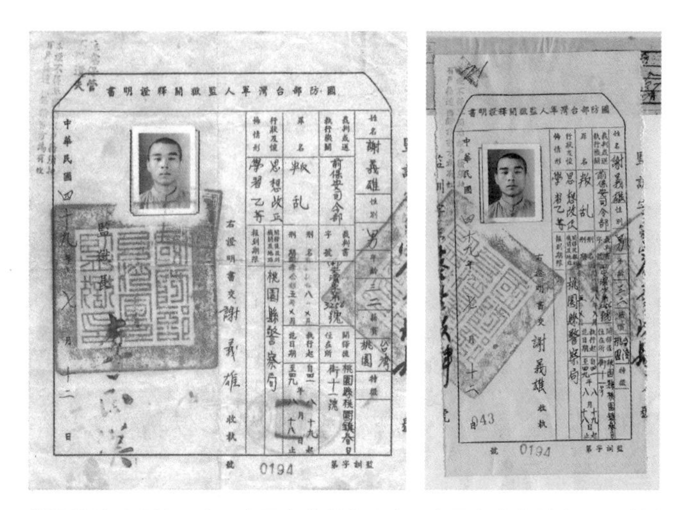
國防部台灣軍人監獄開釋證明書

姓名 謝義雄
性別 男
年齡 三二
籍貫 台灣 桃園
裁判或送執行機關 前保安司令部
罪名 叛亂
行狀及悛悔情形 思想改正 學習乙等
裁判書字號 3258號
刑名 刑期
開釋後住在所 桃園縣桃園鎮春日街十一號
執行起訖日期 自四一年八月十九日起 至四九年八月十八日止
開釋後報到機關及地點 桃園縣警察局
右證明書交謝義雄收執
中華民國四十九年八月十二日
監訓字第 0194 號

謝義雄的開釋證明書。左圖為出獄者留存，右圖為官方備查用。（謝義雄 提供）

常去看顧她。她雖然是我姨媽的女兒，俗稱「姨表小妹」，但媽媽喜歡她的溫柔、體貼和細心陪伴，一直在病床上跟她說：「妳來乎我做媳婦啦，安呢，我才走得安心。」後來，表妹真的嫁給我當妻子。她家住鶯歌，在龜山鄉兔子坑的三德礦場當會計。父親、大哥、二哥和我以及弟弟，一直都住在一起，我家是個大家庭，房屋很寬闊，後來改建後，隔成四間房子。

與二哥同日娶妻 減少親友麻煩

等到我二哥出獄後，他和我都住在爸爸家裡。二哥到桃園後車站的遠東食用油廠上班，他當業務員，常出差外縣市。

不久，我和二哥同一天娶妻結婚。我娶了媽媽在病床前為我開口求婚的表妹；二哥娶的是親戚介紹的三峽女子，她家住三峽大豹（現在三峽大板根飯店山上），家裡務農。我們兩位坐過政治黑牢的兄弟，同時娶妻結婚和宴客，或許可以減少家族親友的麻煩與尷尬。

婚宴就是在東門國校，租一間教室宴請客人，當時並沒有邀請很多親友。我太太在孩子出生後，就辭職在家帶小孩。我們有一男一女，大兒子和我同住，他有兩個孩子，一個大學畢業，另一個今年將畢業。女兒嫁到新加坡。

雖然有安全室的調查，但我的家庭和工作都安定下來，一九七〇年代前，臺灣尚未開放出國觀光，我以公司「生產管理課長」名義，申請出國考察，竟然沒被刁難，獲得工廠安全室核准，讓我參加旅行團到香港，我太太也掛名某公司的副總經理，取得該公司的證明，得以和我同行。其實那個苦悶的年代，能出國走走，看看外面的天地，並不容易，特別是像我這樣的政治犯背景，出國到香港，也是逛街，買一點港貨而已。

父親沉默不得志 難友大多辭世

父親因我和二哥坐牢，而在教育界不得志，他總是沉默，不敢多說話，六十多歲退休，八十三歲過世。二哥生有四位子女，六十歲時因大腸癌病逝。現在我二嫂因得到巴金森氏症，很少出來，她家就住在我家隔壁，我不便讓你們去採訪，會打擾她。

我很少和一些舊朋友、老同學交往或連絡，怕牽連他們或惹麻煩，只有上班工作上的同事，他們不知道我的「政治犯」身分背景，比較不會害怕，我才會和他們交往。因此許多好友，大都不知道我曾坐過牢。其他常連絡的朋友，都是坐過牢的難友或受難者家屬。

同樣住在桃園的政治受難劇作家簡國賢的遺孀簡劉理[8]，她以前是我們東門國小校護退休，已於二〇一一年以九十二歲高齡過世，她和我們夫婦交情很好。我的同學也是同案的難友溫春鄢，住在桃園市後火車站，也過世三、四年了。

解嚴後 爭取名譽平反與補償

解嚴後，難友簡士性[9] 擔任桃園地區的政治受難團體連絡負責人後，我開始參加活動，認識其他的難友和家屬，例如：呂沙棠[10]、陳台明[11] 等人。原本互助會桃竹苗地區辦活動，都要趕去新竹，很不方便。五十年代白色恐怖案件平反促進會成立後，我就經常參加相關活動。這個會光是聽名字，就知道是要幫受難者爭取平反和歷史公道的。我們爭取到白色恐怖的補

8 簡國賢、簡劉理，參見本書〈不畏艱困 逆游而上：訪談紀錄〉，註解4。

9 簡士性，參見本書〈戰地回來 七年牢災：邱景耀訪談紀錄〉，註解28。

10 呂沙棠，參見〈我的控訴〉，《看到陽光的時候》（新北市：國家人權博物館籌備處，2014），頁187-211。

11 陳台明，1932年生，桃園人。涉1951年「省工委會桃園街頭支部、學生支部林秋祥等案」，被判刑10年。

謝義雄（前排中）的結婚家族照。謝義雄與二哥謝傳卿為了避免親友麻煩，兄弟兩人在同一天結婚、宴客。（謝義雄 提供）

償金，我被關八年，領到三百六十萬元。另外，在李登輝總統頒發「恢復名譽證書」後，我去申請恢復公務員年資，被捕前，我在新店鎮公所服務兩年，我沒申請復職，而是辦理退休，也領到十六萬多的退休金。

解嚴後開放大陸旅遊，我和呂沙棠曾一起參加互助會辦的中國旅遊團。先到北京，再到東北。對於中國的印象是：在改革開放後，中國變得進步和富有，但是貧富差距卻更大。本來，共產主義是要改善貧富懸殊，現在中國的貧富差距，與共產黨的無產階級革命，好像有很大的差距。至於「一國兩制」，好像除了香港、澳門外，全世界都沒有這樣的體制，能不能行得通，我沒辦法評論。我的疑問是：「共產制度好像很

2010年5月16日，謝義雄重返綠島，在綠島人權園區「新生訓導處展示區－青春．歲月」自己的舊照片前留影。（謝義雄 提供）

好，但是當年強大的蘇聯，為什麼會解體？」我的孫子曾到俄羅斯遊學一年，他回來後告訴我：「俄羅斯是一個特務國家，總統普丁就是特務頭子。」

重返綠島人權園區 百感交集

二〇一三年，我帶兒子、媳婦等全家人到綠島旅遊，看到綠島人權園區內重建的第三大隊，其中，有放置新生蠟像的寢室，正好是我當時的第九中隊，位置完全一樣，那些蠟像實在很像，把我們當時所遭受的思想、勞動改造，以及農業生產班的情況，都重新呈現出來。我也在受難者名單和照片牆上，看到我和二哥的姓名和照片，感到非常委屈和無奈。

原本，我不懂共產主義是什麼，坐牢後受洗腦教育，才略略認識共產，也沒閱讀相關書籍，卻被戴上「共匪」和「叛亂分子」的罪名，讓我一直很不甘願。

2013年5月3日，謝義雄（右4）帶著兒女重返綠島。（謝義雄 提供）

採訪時間	採訪地點	主採訪者	說明
2014年7月12日	桃園市桃二街謝宅	陳銘城	本計畫

錄音轉文字稿：陳淑玲
文字稿整理：陳銘城
修稿：謝義雄、陳銘城、曹欽榮

陳銘城　攝影

寡母攜十子　走過荊棘路

— 鄭勳哲訪談紀錄（鄭再添的兒子）

我的父親鄭再添出生於日治時代，苗栗縣苑裡人，他先在臺中商校當工友，我的大哥就是當時在臺中出生的。後來，他考上警察學校，畢業後分發到新竹州桃園郡擔任警員。不久，他被升為刑事，那時日本刑事，分為：高等刑事，專門管制臺灣人的政治思想，父親不願意做那種職務，他選擇當一般刑事，管一些流氓取締等治安工作。曾經分發到大園、南崁等地服務，我是在蘆竹鄉南崁村出生。

父親文武雙全 熱愛武術、口琴

父親在臺中時，學會白鶴拳，他是白鶴拳的高手，後來當上桃園鎮長的陳福添，跟我父親學過白鶴拳。家中小孩，只有大哥跟父親學過白鶴拳，我們年紀較小的孩子，來不及跟父親學拳。就讀警察學校時，父親是柔道三段的選手，多次拿過新竹州的柔道比賽獎牌。他很喜愛棒球和口琴，至今家中仍留有他當年打棒球的球棒和口琴。日本的西鄉隆盛墨寶字跡，父親也有保存，現在放在大哥家，近年來，我取得部分父親遺物，我很用心地保存這些文物。

日本人戰敗後，家中牆上掛的日本天皇照片被父親取下，我們才知道裡面竟然有孫中山的照片。戰後父親被調到桃園分駐所當刑警，桃園分駐所原本是日本人的寺廟。我們家搬進日本時代的桃園警察宿舍，就是現在桃園市復興路靠近中正路內的街巷，那裡原本是日本人就讀的小學校，現在改建成統領百貨公司。

鄭再添在學生時期的照片。（鄭勳哲 提供）

二二八事件 勸衝動青年勿放火

一九四七年二二八事件，我還只是國民學校二年級學生。當時，外面有一些青年，因不滿陳儀政府貪汙、腐敗，米價和各種物價一再升高，人民生活很痛苦。他們群集包圍中正路靠近復興路的舊桃園縣政府，住在鄰近警察宿舍的警察和警眷，嚇得逃避，只有我們家沒跑，仍然住在警察宿舍。那些憤怒又衝動的青年，想要燒毀當時的桃園縣政府，我父親多次的勸阻，他們才沒有放火燒縣政府洩恨。但是，有一些外省人被打，東西被燒、被砸。

不久，政府宣布戒嚴，開始抓人。街道上，只要有三個人以上聚集，就會被抓。當時抓了不少人，很多青年被送到桃園文化戲院（現在桃園市民族路、三民路口的公園）內關起來。夜晚宵禁，到處抓人，父親叫一些在事件時較為衝動的青年去躲避，像是當時桃農學生趙作豐等多人，在事件較為平息後，他們出來向政府辦理自首。

與外地保警衝突 意外遭撤職

一九五〇年二月間，父親和好友郭永隆等人，到桃園鎮美芳食堂談事情，卻意外和一位外地來的保警發生衝突。等他回去警察局後，竟然被局長關禁閉，局長對這件事的處理方式，引來警局內同仁不滿，多人向局長提出辭呈，聲援我父親遭到不公處分。沒想到同仁辭職的聲援風波，反而讓父親遭到撤職。

當時正好快過農曆年，父親突然失業，我們家小孩都沒有了壓歲錢。我家有七男三女，我在家中排行老四，依排序為大哥勳男、二哥勳智、三哥勳瑞、五妹鄭淑、六弟勳圖、七妹鄭詔、八弟勳鎮、九妹素紅，最小的弟弟勳振，出生時父親已不在了，由伯父為他取名，當時一家人口眾多，生活確實很辛苦。

當時，父親有位朋友從上海回臺灣，他拿出三十萬元，要給父親買房子，因為父親被撤職，我們就得搬出警察局宿舍，但是父親還是將三十萬元退回。我們搬到父親好友郭永隆的閒置房子住，在桃園鎮民族路四十六號，現在靠近桃園有名的花街「大溝邊」的巷弄旁。父親改從事土炭（煤炭）生意，一家人都住在民族路借來住的厝。一九四九年底，國民黨政府撤退來臺，從中國帶來六十萬大軍，無法每個家庭都得到好的安置。於是有軍人或軍眷，天天去看有沒有沒人住的房子，有時

日治時代，鄭再添（後排左1）在南崁當日本刑事時，與母親（後排中）、妻（鄭張玉鶯，右1抱嬰兒者）及孩子合影。（鄭勳哲 提供）

軍人帶槍來嚇唬，有時是他的妻子來，賴著不走，說房屋要讓他們住，讓他們有棲身之處。屋主出面，他們還是不肯走，最後還是叫警察來，他們才肯離開。

一九五〇年六月，韓戰爆發，美國第七艦隊協防臺灣，防止共產黨進犯臺灣，卻給了蔣介石政權，在臺灣展開抓共產黨為名，其實是整肅異己的「白色恐怖」行動。很不幸，家父因而成為白色恐怖的犧牲者。

協助無黨籍當選鎮長 半夜被抓走

一九五一年，桃園鎮長選舉，無黨派的簡如淡參選，與國民黨提名的張振明競選。父親在忙煤炭生意之餘，去幫忙簡如淡選舉。結果，張振明落選，簡如淡高票當選，讓國民黨很沒面子。簡如淡當選桃園鎮長後，找我父親去當桃園鎮公所的總務課長。但是，三個月後，父親就在某天的半夜從家裡被抓走。首先，父親被抓到桃園鎮水利會後面的巷子，由調查局人

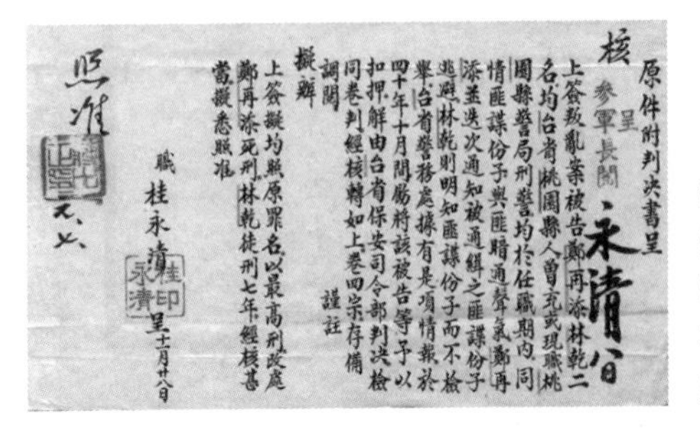
原件附判決書呈

核

參軍長閱 呈 永清

上簽敘亂案被告鄭再添林乾二名均台省桃園縣人曾充武現職桃園縣警局刑警均於任職期內同情匪諜份子與匪暗通聲氣鄭再添並迭次通知被通緝之匪諜份子逃避林乾則明知匪諜份子而不檢舉台省警務處據有是項情報於四十年十月間飭將該被告等予以扣押解由台省保安司令部判決檢同卷判經核轉如上卷四宗存備

調閱 謹註

擬辦

上簽擬均照原罪名以最高刑改處鄭再添死刑林乾徒刑七年經核甚當擬悉照准

職 桂永清 呈 十一月廿八日

照准

參謀總長給蔣介石的簽呈中載明，鄭再添明知黃阿能為叛徒而不報告，刑期由12年改處死刑。

員偵訊，再送到臺北保安司令部審問、偵查。後來又送回桃園民權路文昌公園旁的孔廟，那裡是警總保安隊占用的地方。當時桃園的地方聞人林書亨[1] 來告訴母親，要她去看父親。後來，母親說，父親對她說沒事啦。另外，也有官員對母親說：「妳丈夫是刑警，政府要叫他去抓逃亡的蘆竹鄉長林元枝[2] 。以前他在南崁分駐所當刑警，對逃亡的林元枝、詹木枝[3] 比較了解。」父親自認已離開警界，他不想去抓林元枝，卻觸怒了情治單位。

改判死刑 應與選舉報復有關

父親被送到臺北市青島東路三號的軍法處看守所羈押和

1 林書亨，女婿在情治機關工作，他是桃園鎮東門市場和東門溪加蓋的人。

2 林元枝（1910-1982），參見本書受難者簡介、〈苦難折磨教會我的事：林秀峰訪談紀錄〉、〈政治犯之子脫困人生：林森岷訪談紀錄〉。

3 詹木枝（1908-1952），桃園人。原任桃園大圳水利委員會職員，1950年被捕辦理自新，因未坦白供出組織關係，1952年7月12日被槍決。

審判。原本父親被判十二年，和他同案的刑警林乾[4]，原判三年。但是呈給蔣介石的公文書上，寫說：我父親同情匪徒黃阿能[5]，將取得的警察局長方澄輝、刑警隊長劉韻泉的照片，以及警察局人員的職務名冊，交給匪徒黃阿能，且明知其為匪諜而不告密檢舉，父親因而被改判死刑，林乾改判七年。被稱為「匪徒」的黃阿能，原本在桃園鎮大廟後做生意，他在自首後，成為情治單位所運用的人。

我認定父親被改判死刑，除了他不願去當線民，幫忙抓林元枝之外，我認為是和選舉報復有關。父親在軍法處看守所時，曾經和另一位無黨籍的通霄鎮長[6]關在一起，他也被判死刑。此外，聽母親說：同案的林乾，將身上的刑責都推給父親，這是林乾的妻子告訴她的。判刑前，母親都見不到父親，同案林乾的太太都能面會她丈夫，母親只能將東西託林妻轉給父親。而林乾在獄中，卻在一月九日賣了一間原本是開中藥店

---

4 林乾，1923年生，桃園人。被捕前為桃園縣警察局刑警，與受訪者父親鄭再添同案，被判刑7年。

5 黃阿能，1915年生，桃園人。自首後，以違反檢肅匪諜案件，被判交付感化。依據裁定書：「…被告黃阿能原係朱毛匪徒於三十九年二月向國防部保密局自首，並經本部…判決免刑，報奉國防部…核准確定，在案嗣因涉有企圖逃往大陸投匪嫌疑，…雖經查明並無企圖逃往大陸投匪事證，惟以其羈押該局看守所時曾向同房押犯趙錦波、章禾田等，聲言政府號召匪諜自首乃是欺騙、毫無保障等語…雖不能構成刑責，又非繼續為匪活動惟認識顯有不清，思想尚欠純正認有予感化處分之必要…」。

6 邱乾耀（1910-1953），苗栗人。擔任通霄鎮鎮長時，以連續藏匿林元枝等人為由被捕，1953年1月31日被槍決。

鄭再添（右）與母親（中）、大哥鄭丁添（左）合影。（鄭勳哲 提供）

的房屋，可能是將賣房子的錢，拿去疏通關節，讓他保住一命；但是我父親卻在一月十五日，遭到改判死刑。林乾的妻子，後來到我父親的墳前祭拜，可能是想求心安。

經濟失依靠 兄長休學去做工

父親被捕後，家中經濟頓失依靠，年長的哥哥都休學，大哥桃園農校高二，二哥和三哥只念完初中休學，去做工賺錢補貼家用，讓弟弟、妹妹讀書。大哥、二哥去桃園後火車站的復興紡織廠做工。父親的結拜好友楊火塗，霧峰人，他是津津味素公司的監察人，他告訴在臺北市工作的三哥，要每天去臺北火車站前看槍決告示單。就是三哥看到父親名字在槍決名單後，趕回桃園告訴家人父親已被槍決的消息。

大哥和二哥趕去臺北極樂殯儀館收屍，領回屍體要交五百元，這筆錢還是父親的好友楊火塗，和介紹三哥去他開的「三九帽行」工作的苑裡同鄉賴金城，他們拿出來的錢。領回父親的遺體，將父親的遺體火化，再送回桃園。當時我正在桃園中學初中部念書，剛結束學期考試，我身心都受到很大的震撼。父親葬在桃園鎮文化戲院旁的公園內墓園，後來，拾骨後移墓到龜山鄉臺北監獄後方的公墓。現在，父母親的骨灰，都改放置在龜山鄉忠恕道院的靈骨塔。

一貧如洗 連衣櫃都被查封

父親被判死刑，家裡早已一貧如洗，法院竟然還來查問：有沒有財產可查封。母親回答說：「我們現在最大的財產，就是這十個孩子，你們要幫我養嗎？」最後，竟然將家中的衣櫃也貼上封條，小孩去唸書都不能拿取衣褲，後來才拿掉那張沒意義的封條。父親冤死後，很多他生前的朋友，都不敢和我家來往。還好有幾位他生前的好友，暗中幫助我們家渡過難關，除了賴金城介紹三哥去工作外，我在桃園中學初中部畢業後，在楊火塗先生的介紹下，到臺北市北投的「金城絲織廠」當倉

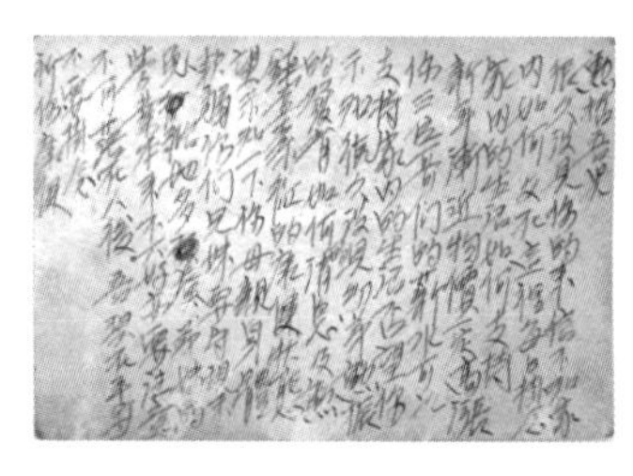

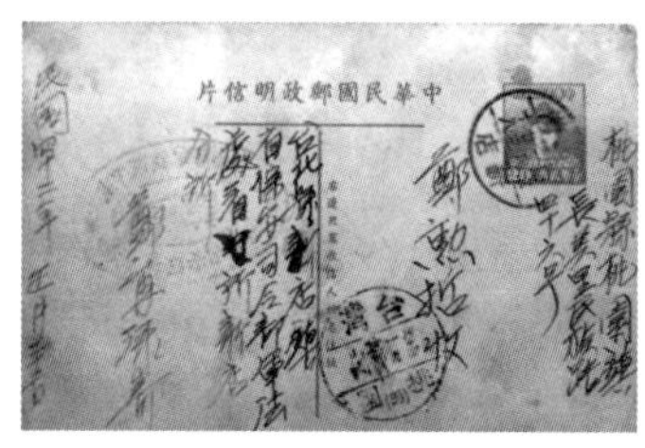

中華民國郵政明信片

鄭勳哲 收

鄭再添在軍法處看守所新店分所寫給兒子鄭勳哲獄中家書。（鄭勳哲 提供）

鄭再添小兒子鄭勳振的婚宴留影。右起為鄭再添妻子鄭張玉鶯、四子鄭勳哲、三子鄭勳瑞、大女兒鄭淑。（鄭勳哲 提供）

庫管理員，住在工廠宿舍，做了一年，我就回到桃園。改到蔡榮輝外科家投資、開設的「中一橡膠廠」，專門做工業用的膠帶，位於桃園舊楊敏盛醫院。排行老五的弟弟，在鄭慶元先生協助介紹下，到「健全汽車修理廠」當黑手學徒。

最辛苦的是母親，她為人洗衣，養供應辦桌用的童子雞、養小豬。遇到被人輕視時，她都隱忍下來，只為照顧好十個孩子成長，讓一家人能有安定的生活。她自己常說：「如果有人對我吐口水，我只有靜靜地將它擦掉。」這就是母親在父親冤死後，隱忍一切的苦痛和羞辱，要我們兄弟姐妹在社會上站起來，讓人看得起，才能對得起已死的父親。

政治騷擾不斷 不敢交朋友

我們原本住民族路的屋主，郭森的父親郭永隆先生，因為他的結拜兄弟——我的父親被槍決，他時常被找麻煩，因此天天喝酒，裝瘋賣傻地過日子。後來民族路的房子賣掉，我們一家人搬到民權路租房子住。大哥、二哥結婚後搬出去，也都租住在附近。

由於大哥、二哥尚未退伍，我到二十三歲才去當兵，因安全資料，有很多職務像文書、政戰士或彈藥士等工作，我都不能擔任，只能當無線電報務員。

父親沒被抓以前，曾經再三交代讀高一的大哥：「絕對不要參加學生組織或政治活動！」沒想到他自己卻成為白色恐怖的犧牲者。我們家兄弟姐妹都不敢交朋友，怕給自己和別人找麻煩。許多政治敏感時刻，我們都是首先被調查的對象。謝東閔手被炸傷[7]，當時我住春日路，正在教學生古典吉他，管區警員來家裡，要我寫下字跡給他。我當場問是不是要調查謝東閔被炸傷案，警員說是的；那次的調查，竟然連住在龜山，正在做月子的二妹，也要寫字跡給警察。一次立委選舉時，管區警察竟然來要我的照片，他們可能擔心會發生類似「中壢事件」[8]般的暴動，想拿我們這些政治受難家屬的照片，建立他們日後指認的名冊。我拒絕提供，並且告訴管區警員：「如果你真要拿我的照片，我會投訴黨外雜誌。」他才不再來找麻煩。

遺傳父親音樂細胞 排遣內心孤寂

雖然父親冤死，帶給我們一家人很多的困頓和政治上的

---

7 謝東閔手被炸傷案，參見本書〈不畏艱困 逆游而上：劉志清訪談紀錄〉，註解2。

8 中壢事件，參見本書〈不畏艱困 逆游而上：劉志清訪談紀錄〉，註解1。

騷擾，但是他遺傳給我們兄弟姐妹在運動和音樂的細胞。記得小時候，父親下班回家後，常吹口琴，他吹的每一首，都是世界名曲。在警察局宿舍的家裡，父親買了架風琴，讓家人學彈琴。我大哥愛唱歌也會彈吉他，我就是跟大哥學彈吉他。二哥會二胡，那是一位從中國上海回臺灣的表舅教他拉二胡，也教大哥、二哥唱京劇。我自己很喜歡吉他，先跟大哥學後，當兵時又跟臺中吉他名師洪冬福先生學。彈吉他可以排解心理的孤寂情緒，不用和人說很多話，才能找到知音。我的吉他就是自己苦學苦練，成為業餘的古典吉他手，到後來在家裡教學生。我四處打聽並搜購國內外的吉他譜，我可能是全臺灣擁有最多吉他樂譜的人。「吉他學會」常訪問我。我提供資料請好友顏秉直辦吉他雜誌，總共一百零一期，顏秉直在東吳、醒吾教書。有一年我寄一百美元到阿根廷的出版社，要買古典吉他名家的樂譜，遇到戰爭而遲遲沒有下文。想不到，一年後戰爭結束，我收到了阿根廷出版社寄來的樂譜。

母親個性堅強　歲數是父親兩倍

父親被槍殺時，只有四十二歲，留下未成年的十個兒女，要不是母親的堅強與辛勞持家，和哥哥們休學去做工，幫助母親養家，才能讓較年幼的弟弟、妹妹讀書。現在，我們一家人總算吃盡苦頭，熬出頭了，但母親還是吃最多的苦，也受盡最多的身心折磨。晚年的母親，和大哥住最久。她有時候會來跟我住，雖然我住的是沒電梯的五樓，但她還是很勇健和堅強，自己上下樓梯，不覺得累。我常載她去桃園農校運動，直到

鄭再添被槍決後，妻子鄭張玉鶯為人洗衣、養雞、養豬，扶養10個未成年的孩子。（鄭勳哲 提供）

八十四歲那一年過世。母親活著的歲數，正好是父親歲數的兩倍。

採訪時間	採訪地點	主採訪者	說明
2014年7月2日	桃園市鎮二街鄭家	陳銘城	本計畫 陪同者：鄭勳哲妻

錄音轉文字稿：陳淑玲
文字稿整理：陳銘城
修稿：鄭勳哲、陳銘城、曹欽榮

潘忠政　攝影 / 邱明昌　提供

佃農代言人邱桶

— 邱桶家屬、親友訪談紀錄

殺雞儆猴的犧牲者

— 張完訪談紀錄（邱桶的妻子）

邱桶[1] 是我的先生，我今年七十三歲（一九九四年受訪），大溪內柵人。我出生八個月時，就被送來邱家當童養媳。我先生的祖先原來也住在大溪，因為一次水災而搬到觀音廣福做佃農。

他（邱桶）和陳阿呆[2]（河洛話念「ㄞ」）都是作田人。他會被抓，完全是他們（指當時的政策執行者）想要「殺雞儆猴」。那時候他是縣黨部委員，說要開會，和人出去以後就沒有再回來了。大約是農曆九、十月的樣子，這件事連他爸爸也不清楚！（當時邱桶的父親臥病在床。）

判刑以後田產就被沒收，當時我們也沒有財產，因為我們還是佃農，只有公田放領了一些。並且地也是耕者有其田時做在叔叔名下，直到定罪半年後才分產。

處決以後，我們也不知道算不算運氣較好，別人家連屍體都看不到，我們還看到載回的屍體，並且自己埋葬。

出事以後，親戚朋友都不敢來，怕被牽連。我生六個小孩，老大銀妹十五歲、老二月妹十四歲、老三明昌十一歲、老

---

1 邱桶（1913-1953），參見本書受難者簡介。

2 陳阿呆（1914-1953），桃園人。與邱桶同案，1953年5月14日被槍決。

一生熱愛家人、熱愛鄉里的邱桶生前照片。（邱明昌 提供／潘忠政 翻拍）

四金英八歲（這個最可憐，身體最差，受最多苦）、老五瑟琴六歲、老么垂益才五個月大。

那時候在大家庭裡，養很多豬，要做很多事。到了第二年，我們家族那一輩分產了，我們和屘叔共業，到他被槍決後第二年，又再分產，從此就各自自立了。想起那段日子真是可憐啊！（哽咽）

我這大兒子（明昌）很有擔當，小小年紀就能吃苦，他十四歲的時候就偷偷地跟鄰居去人家茶園幫忙除草，不知道過了幾年，賺了一百元回來，蓋間浴室。說起來冤枉！大家庭三十幾人住六間房間，我們住一間半，連個洗澡的地方都沒有，大廳也是外房的。

他被抓以後，時常有人來調查，對我們是沒什麼擾亂。軍法處的人來，被我罵，警察來，我也嗆他…，日子實在很難過，也只能過一天算一天，家裡務農，還不至於缺米，不過作田實在是真辛苦！現在這間屋子是我兒子的才情（臺語tsâitsîng，才華、本事），那時候，他向人租田耕種，二、三甲地他也敢做呢！完全是靠他的雙手打拚起來的。（老人家不適宜晚睡，此時先入房間休息。）

家人遭歧視 忍辱度日

— 邱明昌訪談紀錄（邱桶的兒子）

邱桶是我爸爸，他被人抓走的時候，我才十一歲，不是很懂事，但是多少有了解。那時，大家都「隨人顧生命」，親朋好友因為怕被牽連、誣賴，都很冷淡。當時政府專抓地方的「領袖」，我父親因為是議員，說話有份量，就逃不過了！

父親是國民黨員又當選縣議員

當時政府要實行三七五減租和公地放領、耕者有其田，這

2014年6月27日，邱桶的長子邱明昌76歲受訪時照片。（潘忠政攝影）

對民眾很好，可是地主卻不滿。反對的地主多半是有權有勢的人，他們比較占優勢，而我爸爸是站在佃農的立場。後來他當選縣議員，又當國民黨桃園縣黨部的委員，還曾受邀和蔣介石同桌吃飯。

他在一九四八年時曾被抓一次，四九年被判無罪，聽說我爸爸的案子是有人告密，這個人住桃園，後來有人在街上看到他。第二次被抓時有很多人自首，崙坪村[3] 姓詹的、廣福[4] 姓鄒的，都是自首無罪。有些人自首的時候多說一兩句話，被點名的人罪就加重了！我爸爸不肯自首，他認為自己沒有做錯，政府也應該會還他清白，有一位後來出獄的政治受難者就曾對我說：「你爸爸和陳阿呆就是太硬氣！」這個人就住在大園。

當時村、鄰長都要入國民黨，地方的頭人也都要加入國民黨，進了國民黨才可站出來說話。我爸爸和李振東[5] 很好，他們可說是知識分子的結合，可是硬骨頭的都走了；不是民主社會，骨頭硬的就會被捶，很多人都是被屈打成招的。過了一、兩年後的白色恐怖事件，就很少被判死刑，聽說是有人建議老

---

3 桃園縣觀音鄉崙坪村，在大堀溪北源之上游。參見數位桃園村里網站：http://ty.village.tnn.tw/village05.html?id=433（2014年8月12日瀏覽）。

4 桃園縣觀音鄉廣福村，參見數位桃園村里網站：http://ty.village.tnn.tw/village05.html?id=437（2014年8月12日瀏覽）。

5 李振東，桃園觀音的名望人士，日治時代曾參加農民組合，曾任第三屆桃園縣觀音鄉民代表會主席。參見口述歷史網站「李金鳳談李振東」（潘忠政採訪、撰文）：http://www.dksi.org/modules/tadnews/kweb/g3.htm（2014年8月12日瀏覽）。

蔣，要注意國際觀瞻，才減輕的[6]。

被抓後，我們家常有憲兵來，我大姊嫁到臺北，也有憲兵曾去問東問西。那時候親戚朋友大部分不敢接近我們，雖然也有人暗中託人送錢來，但是光明正大來幫忙的可以說沒有。想一想也不能怪他們，我爸爸當時是縣議員，交遊廣闊，出了事大家都怕惹禍上身，當時的政府，誰不怕啊？

姐妹至臺北幫傭 以狗食度日

不怕你見笑，我十四歲時，和隔壁姓鄭的出去賺錢，賺到的不是二百元，只有一百四十多元而已。我去景美工作的事，怕母親不答應，只好偷偷地去。去的時候先走到中壢，中壢到鶯歌有輕便車，我算一算車費大約是我兩人一天的工資，為了省錢，就繼續用走的到鶯歌。工作到五月的時候回來。

我十三歲就持家，到我弟弟他們時就舒服了！他差我十歲，後來讀書讀到大學畢業。我的兩個姊姊都到臺北幫傭，大妹也送到有錢人家當女傭，他們要她用手撿貓屎（此時邱母插話進來：「那人是外省人，養了四隻大狗，不讓她住在屋子裡，只在庭院搭一座小木寮給她，可憐喔！被狗吃了也沒人知道！有錢人不知人間疾苦，他們的軍用狗吃得很好，主人把狗食當飯給我女兒吃，我女兒後來愈想愈怕就走了！」）一整天

6 根據檔案、2005年5月《不堪回首戒嚴路：戒嚴時期政治案件展》展覽手冊所列白色恐怖槍決名單，此項傳聞並不可靠。

在那裡被叫來叫去，每個月領五百塊錢。其它在家的弟妹就靠養豬，每個月賺個兩、三百塊。

接到中科院工程 卻因黑身分被拒

當兵的時候，我當衛生兵，算是很輕鬆；因為當兵前就有高人對我說要裝得傻傻的才不會吃虧。我平時做挑茶水的工作，很少發表意見，他們認為我不會鬧事，對我就放心。曾有一位將官找我去，要我加入國民黨，我跟他說：「我退伍就回家作田，入國民黨也沒什麼意思！」他也沒有強迫我，我想他大概是在試探我，看我的反應吧！

我起初向人租田，做幾年後，就放棄了！因為收成不好，沒有什麼利潤。後來改做水泥工，先跟人家學，後來當師傅，才自己接工程，這房子就是我自己蓋的。我在接一些工程的時候，也曾碰到一些阻礙，那時我的上層包商接到龍潭中科院的工作，我當然認為自己可以進去做，所以跟著大家把身分證交給他們去登錄，沒想到第二天，上層包商老闆直接跟我說：「邱的，你不行！」這樣的事，一直到解嚴後，都還持續一段時間才改變。

對於那時候來臺官員的惡劣行徑，除了我父親冤死之外，印象中最難忘的一件事就是平鎮山仔頂的兩位受難者被關十年的事，其中一位姓李，另一位忘了他的姓名。李先生說當年他們家馬路對面在做排水溝，看到當時的工程品質做得很差，他們兩人就在旁邊評論起來，他們說：「做那個什麼嘛？做那樣能看嗎？」沒想到就因為這樣一句話，第二天，兩人就被抓去關了十年。

批評工程偷工減料 竟被關十年

我有追問他們：「你們是嫌他們什麼呢？」他告訴我：「又沒打底、土又爛爛的，你至少要拿硬一點的土鋪下去，或是鋪一點石頭，然後用板子，再鋪水泥，這還差不多。」由於日治時代大家都學到對工作的專業知識和技巧，他們看到這些人做事品質那麼差，看不爽說兩句批評的話，沒想到就這樣，一關十年才出獄。

當時許多外省的真的很貪，工程報價都要我們多報好幾倍，甚至上十倍的也有，後來我也會看情形跟他們多報一點實價，不能說我們做得要死，好康都給他們拿去。

他們外省人，來到我們這裡，都娶我們這裡的女人當老婆，漂亮的差不多都給他們娶去了。他們因為跑到這邊來，要在這邊生根，有的孩子生出來，他是很好，就是我們臺灣人不好啦。有些很垃圾，真的，他要吃啊！國民黨他們比較顧外省的，他們說是互相啦。那時候蔣介石帶兵來這裡，他自己也知道沒辦法打回去了，只好先把帶來的兵安頓好。那些兵，有些真的是離離落落（臺語li-li-lak-lak，凌亂散落而沒有條理）的。很多人都說外省的壞，但我在外面跑的時候，發現如果是那些基層的、老芋的，和我們也差不多。而臺灣人都是自己把自己害死掉，我看破了…，現在的政治人物就別講了。

爬牆只為看父親一眼

— 邱銀妹訪談紀錄（邱桶的大女兒）

我叫做邱銀妹，是我家孩子中的老大。我爸爸走的時候，我已經懂得不少人事。

我們的祖先原來住大溪，因為避水患而搬到廣福這裡。我父親有五兄弟，兩大房的兄弟，租了十三甲地耕作。

父親替人寫狀子 被當老師看待

爸爸曾在私塾拜師讀書，大概天資不錯，讀了四個月而已，就能替人寫狀子。當時很多佃農的權益常受地主剝削，他就幫他們寫狀子。我好像還曾經看過他演算數學的方程式，程度應該是很高才對。

他做人很誠懇，對待鄰居的小孩很疼惜，不曾罵人，也不隨便批評別人。我們當子女的，對自己的父親多少是有些敬畏；但是，當我們一再的從別人的口中聽到他是個善良、忠厚的人的時候，才漸漸體會他寬以待人、嚴以律己的性格。許多人都說他聰明又有善心，認為他應該去當醫生，去做救人的工作，而他就真的去研究草藥的書，常為親戚好友、厝邊隔壁的人指點身心病痛的迷津。

住後屋的一位先生，每次見我父親總是向他敬禮，我父親不是學校老師，卻被當成老師一般愛戴，這實在是因為他為人很忠厚，別人有需要他服務的地方，他都不曾拒絕。

當時我的祖父患了眼花的病，行動不便需要人照顧，每天煎一帖藥吃，平時是我的嬸嬸做；但她們不方便時，都是我父親接替，親自煎藥來安老人家的心。因此他走的時候，我祖父哭最多，經常是三更半夜一個人抽咽起來，因為他最心疼。

鼓吹農民自主意識 高票當選議員

他本身是佃農，了解佃農的痛苦，所以很用心想去解決佃農的問題，除了替他們寫狀子，他也四處鼓吹農民自主意識，常在公眾場合呼籲政府早日實施三七五減租。他也曾經想當警察，可是因為考警察要有一些證件，他沒有，只好放棄。不過後來他選擇了參加選舉，來為社會服務。

他參加選舉，支持他的人都用腳踏車插旗子，自動替他宣傳，送米、送番薯、送芋頭的一大堆。沒花一毛錢，卻獲得最高票當選。

二二八事件以後，國民黨政府就不斷地用殺雞儆猴的方式來壓制臺灣人，被捉到的人用打的、灌水的…，各種方法來逼迫受害者，並且鼓勵他們咬別人，咬出十人就可以免罪，因此有不少人就隨便亂咬，當然就有很多人遭到冤屈了。

我現在談這些，有些人聽來好像是天方夜譚一樣，但當時的國民黨剛從大陸被人打過來，可以說是風聲鶴唳、疑神疑鬼。手上又握有槍桿子，那真是什麼事都幹得出來，有嫌疑就關，關了就打，槍斃以後才給一張通知，如果不是有熟人暗中給我們消息，我們連屍體都看不到，聽說很多就是被隨便的拖到六張犁[7] 那裡草草埋葬。

父親被抓走前，就常有帶槍的警察來我們家查問。有一次我父親不在，警察問我伯父：「他在那裡？」我伯父答說：「不知道！」就被對方用槍撞擊胸部。另有一次，警察還沒有進門前，鄰居就先來通知，我父親就從後門溜走。就我記憶所知，他總共被抓走三次，前兩次都沒事回來，第三次就一去不回了。

爬上看守所圍牆 企圖尋找父親身影

他被抓走時，我讀初一，初中才讀了幾天就被迫休學在家幫忙。那時候，我母親患了甲狀腺腫大，被當成心臟病在醫，醫藥費也高得嚇人，我看家裡付不出醫藥費，就到臺北去做幫傭的工作，賺點錢來貼補。

我們從他寫回來的信中得知，他是被關在青島東路的看守所。好幾次我帶著我妹妹走到看守所附近，爬到圍牆外的一棵

---

7 六張犁，1993年，臺北市六張犁公墓發現三處白色恐怖被槍決者的墓區。許多單身來臺的外省人，以及家貧無錢收屍的本省人，死後都被草草埋在六張犁的亂葬崗，幾十年來無人祭悼。2003年臺北市政府設立「戒嚴時期政治受難者紀念公園區」。

榕仔樹（臺語tshîng-á，榕樹）向裡頭望，看看能不能找到親愛父親的身影，但每一次都是失望而回。自從他被抓走後，就不允許任何人會面，天下哪有這麼絕情的事。每次在樹上，忘記高處的安危，邊望、邊想、邊傷心，望著灰黑色的屋頂，淚與恨總是同時的迸出來，實在太不人道了！當時如果能讓我們家屬見見面，我們也會服氣一些，可是，不管任何人，一次機會都不給。

事情發生後，大家都想辦法救他，但是去找有頭臉的人時，他們都怕死了，躲都來不及，像當時中壢的張阿滿議員就是。說實在的，要砍頭的事，我們也不能說什麼，那個時代，談什麼正義呢？

妹妹在學校被指為匪諜的女兒

有人說觀音人沒福氣，好不容易出一個難得的人才，卻無法出頭。說真的他死的時候，為他惋惜而哭泣的有上百人，他們都是偷偷的來告訴我們的，我現在還可以指出這些人的姓名。

唉！大家都說他好，可是他卻是政府的眼中釘。

他走了以後，我和大妹出外幫傭。老四金英讀國校，她最可憐！因為同學們都傳說她是「匪諜的女兒」，欺負她，過著沒有尊嚴的日子好一段時間。後來老師對著全班說：「她爸爸不是壞人。」特意的保護她，情況才慢慢好轉。我們這些做女

邱桶家人將合照寄給在獄中邱桶，以解其對家人的思念之苦。（邱明昌 提供 / 潘忠政 翻拍）

兒的，每一個都在國校畢業後當人家的女傭。我後來在小美冰淇淋做服務生，又到建中的福利社賣東西，也曾在醫院當無照的護士。老四最可憐，我弟弟已經說過，她到現在都不願意談早年的那些事，也不願和任何人談有關政治的事。

將全家合影照片送至獄中

有一位老師是我們一直都很懷念而敬佩的，他就是許金燦[8]老師。他是一位讓我們全班都可以接受的老師。他疼學生、疼到把家也讓給學生住，無條件的免費住。不像現在有些老師，沒送禮或沒交錢補習就不照顧。他後來當鄉長，不會吃錢，很有理想。他對我們很好，知道我父親是民主先鋒，別人都因為怕而不敢接近我們，他反而保護我們、照顧我們。他曾對我

8 許金燦曾任第五、六屆桃園縣觀音鄉鄉長。

說：「有一天，你爸爸會有很多人崇拜他，他是民族英雄，是社會改革者，是個有理想、有原則的人。」

我爸爸的事應該還有許多人知道，徐德芳和我爸爸很好，可以問問他。鄒開、詹昭爐也一定知道，你可以再去訪問他們。

我們家人經過那件事後，看「命」都很輕了，偶而會看看照片，回憶從前沒有光明的日子。看看這張照片，這是我們特地為獄中的爸爸合照的全家福寄給他。當然啦！就是少了他一個人啦！（哽咽）

講義氣 下場悽慘

— 鄒開訪談紀錄（邱桶的朋友）

我今年七十歲（一九九四年受訪），廣福村人，這件事情我實在不願多說，但我敢說這是國民黨設計的，其實在邱桶那個案子之前，觀音已經被槍殺三、四十人以上，就我所知，光是廣福村就至少有五個人。

我個人當時有加入共產黨，那時候受壓迫的人都期待改革，不少熱心的人紛紛加入。詹昭爐和我一樣，我們都是自首才跳出那個陷阱。邱桶和陳阿呆，做人義氣，下場就比較悽慘。邱桶是個老實人，很愛幫助別人，也是個人人稱讚的孝子。他當時不是縣黨部主委，只是一個黨員而已（經查是縣黨部委員）。其實農民運動不是那時候才有的，佃農爭取權益，早在日本時代的農民組合[9]就開始了。邱楠算是這個運動中的一個龍頭，他到處去宣傳三七五減租的事，在佃農心中有相當的份量。所以他選舉都不用買票，不必說大家就支持，他選舉時沒什麼錢，他所用的名片是用普通紙，用印章蓋個「邱楠」二字，就這樣當作宣傳品。

由於三七五的宣傳很成功，佃農的力量越來越大，國民黨政府很怕會危及統治權，就開始滲透，就這樣開始所謂的「白色恐怖」。抓人、拷打、槍斃、判刑…，我們都曾被逼問到走投無路，自己的家不能回去，就閃到別人家去。那時候，晚上經常臨檢，檢查時用手電筒一個一個照，有問題就抓走。只是奇怪，外省人都沒事。（白色恐怖期間，外省人也有事，只要是有參加共產黨嫌疑的都有事，也許觀音地區的情況比較特殊）。

邱楠是有骨氣的人

— 徐德芳訪談紀錄（邱楠的朋友）

邱楠和我是不屬於同一線路的人，雖然他的上司也是林元枝。不過，林元枝是我在南崁的同事，他和我純粹是因為友誼深，想要拉我入黨（共產黨），我卻從未入黨。

---

9 農民組合，參見本書〈回家的路等三十三個年頭：徐文贊訪談紀錄〉，註解3。

因為我是一九四七年前後才回到新坡[10]，所以和邱桶的交往並不深，知道他在三七五的事情上，為佃農做很多事。講到他做人如何，我就不是很清楚。只知道他和陳阿呆在一起，做一些農民運動的事。

比較起來，邱桶是一位行動派的人，在思想上（社會主義）倒不覺得他有何特別之處。三七五正進行中，他投入選舉，我才認識鄒開、詹昭爐他們一線的人，都在那個時期一起認識。由於保安司令部要我支持謝科，邱桶曾來責怪我。但我的基本原則是絕不接受國民黨，而邱桶正是國民黨人，這件事情就沒有辦法了！雖然我們接觸不多，但是我可以感覺到邱桶對我非常尊重，在我逃亡回來不是很順利時，他對我很同情；因為他在農會頗有人面，曾想幫我女兒介紹工作。回想起來，他是個熱情的人。

白色恐怖期間的確很悽慘，動不動就抓人槍斃。大崙有位議員叫劉明錦[11]，也是在那時候被槍斃的。後來所有自首的人都要定期到派出所接受洗腦，鄒開、梁貴煎和我等人，常在派出所被指定要寫些八股式的作文。有一次，一位警員問我：「你認為治國是經濟優先？還是應政治優先？」我說：「當然是經濟優先，肚子都顧不飽…」，話沒說完，對方就劈來一

10 桃園縣觀音鄉新坡村，參見「數位桃園村里」網站：http://ty.village.tnn.tw/village05.html?id=436（2014年8月12日瀏覽）

11 劉明錦（1899-1952），桃園人。涉1952年「省工委海山地區圳子頭支部呂華璋等案」，1952年12月11日被槍決。

掌。對這些不講理的傢伙，我後來都懶得理他們了。

邱桶和陳阿呆確實是有骨氣的人，我曾聽說陳阿呆在被槍決時，還叫著：「共產主義萬歲」、「毛澤東萬歲」之類的話，這樣的傳言即使是假的，也可證明一般人對他們氣魄的認定了。

敢向地主抗議 伸張正義

— 詹昭爐訪談紀錄（邱桶的朋友）

我今年八十四歲（一九九四年受訪），和中華民國同年，原住中壢興南，七歲時搬來崙坪，因為新坡還沒有學校，我就讀大崙公學校。當時，崙坪這裡已經有不少住戶，但是縣道（一一二線）上還沒有崙坪街市，當時的路也只是小條的石子路。

我本來不認識邱桶，但是在二十幾歲時，他和我都當鄰長，彼此才認識。不過也很少在一起，只有在開與鄰長有關的會議時見面，談不上什麼知心的程度。那時，我知道他曾經在新坡戲臺演講，講三七五的事情。當時做地主的很嚴（指對佃農），他很敢揭發、抗議，所以後來被抓去槍殺。

他被抓之前，我是鄉代，也是縣農會的代表。邱桶有沒有參加社會主義的組織我不了解，但是我沒有參加。我會去自首是因為，和當時很多聽過演講的人一樣，每個人都感覺自己有嫌疑。當有人對我說：「你還不趕緊閃？」我覺得不對勁，就四處藏匿不敢住在家裡，這樣躲躲藏藏一個多月，本來想：「自己又沒有參加，為何要自首？」但後來實在覺得東躲西藏不是辦法，反正自己又沒參加，自首就沒事的話，何不早日解脫？於是去董瑞芝[12]（**調查局**）那裡自首，當時就一個人去，沒有人陪。

鄒開我比較熟識，他的妻子是我的姑姑。陳阿呆比我大一些。坑尾村的陳樹枝[13]一家很可憐。

---

12 董瑞芝，依據「華僑人物周祥自傳之四全文」：「省主委倪文亞調職，上官業佑接任。又值省代表大會代表選舉，省調查站郭站長密令桃園分站董瑞芝，要爭取省代表團。董某自恃有力量，小組開會時，他親自到我辦公室來表示他一定當選。他問我的看法，我也很直率地說，恐怕你的票不夠。開票結果他落選了。他憤憤而退。這叫驕傲必敗。董某從此與黨部作對，向上密報我任用匪諜，包庇匪諜。中央一組派專門委員陳建中來縣調查，調閱用人案卷，證明我無責任而消案。但觀音鄉小組長邱桶，被董瑞芝誣為匪諜，被捕於警總。邱桶是黨的農民幹部，平日熱心黨務，對黨國忠愛。那時民國四十一年，才光復八個年頭。他在日據時代曾參加過農民協會。僅憑這一點，董某硬冤他為匪諜。據傳曾用酷刑逼他誣攀我為包庇，邱寧死不誣，又謊誘邱即將釋放，但要他求我擔保。一日，桶親弟來我家中跪地不起，求我擔保。我說三天以後，你再來聽我消息。於是我去台北警總找熟人打探，根本是死刑待決。我乃委婉向桶弟解說，不數日邱桶即被槍斃。這明明是董某草菅人命，不過上級決策也失之過嚴。桶之死，我總覺得我有伯仁之疚。」參考網站http://www.huanghuagang.org/hhgMagazine/issue08/big5/47.htm。（2014年8月26日瀏覽）

13 依據判決書：「…陳金成與其胞弟，即自首份子陳樹枝，經林希鵬三十九年秋，先後吸收口頭參加匪新農會，明知林希鵬為政府通緝逃亡叛徒，而屢為藏匿。又於四十年六月藏匿另案匪幹林元枝一天…。」陳金成（1903-1953），桃園人，與邱桶同案，1953年5月16日被槍決。

你問誰比較了解這些事，也許徐德芳可以問問看！（本次訪問，受訪者的家人表示老人家的年事漸高，記憶力已大不如前，詹先生似也諸多保留，是否心中陰影未除，不得而知。）

高票當選縣議員 風評佳

— 邱家博訪談紀錄（邱桶的朋友）

邱桶的事我最清楚，他們家和我們家就只一路之隔，屋後對屋後，所以我對他的事非常瞭解。我從小就看著他出出入入，他們家在我生命六十餘年的記憶中，是太熟悉而不可磨滅的記憶。他的個子不高，和我差不多，矮壯矮壯的，是適合作田的體格。

他們邱家和我們在大陸時是同宗的，早年在中原是同一宗，五胡亂華時我們到福建，他們到廣東，所以我們是河洛籍，他們是客家籍，但當時都已說河洛話了。

那時候，他們是佃農，耕的是邱明山（邱家族人，臺南富豪）的田，邱明山的田則來自日拓（林本源族業）。他們五兄弟和他父親，大約耕十餘甲的地，生活很清苦，這當然都是佃農普遍的現象。邱桶是個稱得上孝子的人，他的爸爸叫邱業，身體不太好，常要人服侍，邱桶很盡力的照顧，因此風評很好。他的母親早死，早年在龍潭、大溪、關西一帶採茶，在採茶時突然肚子劇痛，就因此而死，那時他二十出頭，我約六、七歲。

2014年7月25日，邱家博老師受訪時照片。（潘忠政 攝影）

參與農民抗租運動 深受愛戴

邱桶是佃農，知道佃農的苦處。日治時期就參與農民抗租運動，到了一九四九年三七五減租實行前後，他更大力鼓吹，受到很多農民的支持。一九五二年分縣（日治新竹州分出桃園縣），選第一屆縣長及議員時，他過去既沒當村里長，也不曾任代表，卻能高票當選，完全是平時幫農民打拚，受到肯定的關係。當時也沒有什麼賄選、買票的事，都是鄉下人，碰上第一次投票的選舉，誰受愛戴，誰就能被支持當選。

他當選議員後，就被懷疑，家中就經常有特務人員進出，憲兵也曾去搜索，聽說也搜到證據，結果以叛亂罪定罪。也聽說，當時中壢山東里一位姓吳的去自首，而牽連出一大堆人，這也是當時政府常用的「一網打盡」手法。

陳阿呆一向跟著邱桶走，他在同一案中被判死刑。他生前曾幫我們家殺豬，與我們家很熟，有一次到我家來，我父親（邱阿長）曾很關切的問他：「你和阿桶做些什麼事？若有，要去自首，否則生命會有危險喔！」我聽到陳阿呆回答我父親：「冇（沒有）啦！我冇做什麼！」

一九五二年冬天，他們被抓走後，家裡的經濟情況更差。一九五三年初，我剛到草漯國校當老師，政府實施放領政策，邱桶父原想以邱桶之名放領，但細想後說不行，萬一，…。後來兄弟分產，請我為他們分割，把放領來約六甲的地，分成五等分，邱桶的份大部份掛其父名，也有一部分劃在老三那裡，後來較沒顧慮時，才還給邱桶家人。

邱太太肩負一家重擔 吃很多苦

死刑執行後，上面就發文通知領屍，邱桶和陳阿呆的屍體一起用卡車被載回來，車子要經廣福橋進入，可是當時廣福橋因為大水沖毀，臨時用木麻黃樹幹鋪上去當便橋，卡車無法進入，於是轉向埤仔腳的路進來，又因為附近有大榕樹阻隔，只好搬下來用扛的，我看到兩口四角棺材。最後輾轉搬運，終於搬到屋前的竹林下，於是開棺為死者換衣服。邱桶的屍體穿著的是襯衫，脫下衣服時，我看到他胸前的三顆彈孔，然後有人幫他穿上壽衣，再換裝在普通的棺材裡埋葬。

邱桶一家都是老實人，當時沒什麼識字的，除了邱桶自己讀過幾天私塾，老么也稍稍識字外，其餘都是文盲。領屍的公文來時，我們幫他們確定才領到屍首。聽說當時許多不識字的家族，接到領屍公文也不知道要去領，最後屍首就被燒掉了。邱家在邱桶入獄後，受到白色恐怖的影響，遠親近鄰都不敢多和他們接觸，情況相當悽慘；邱桶的兄弟雖然多少有幫忙，但他的太太張完女士，帶領六個小孩二男四女，擔負起一家的生活，大小的事情都要操持，確實吃了很多苦，相當令人敬佩。

邱桶獄中家書之一

父親大人膝下：

昨前接小女阿銀來信，內云：您亦致著痔瘡之疾，如此不幸的，聞之愁然不安！未審太利（厲）害否？必要留心急治才好，切不可沒有關心致造成其毒害。小兒在二年前亦同樣的發生著外痔瘡起來，因沒有關心，沒有急治，就漸漸損害起來，現在雖行坐尚不甚阻礙，惟大便時或時出血。幸前日家裡寄來痔藥，用了後既有較好，眼前算不甚關係，但若沒有繼續醫治的話，恐久後必較難為醫治。但未知前買來的痔藥做價若干。苟若不太貴的話，敢望再寄來。「小盒的每盒十粒入，中、百粒裝。」「其治法，該內單有詳細註明」但我所經驗，每天大便後時，以冷滾水洗淨，或以軟被紙拭乾淨，其痔瘡由手送入後，先將手取些痔藥向糞門擦擦使其肛口滑潤，然後則將全粒痔藥才可會送得進去。（又痔藥要先用冷水浸冷）若漢藥，請向吾阿勇兄，他都曉得治外痔之藥。

茲再請向　父親大人：現在咱家庭的狀況如何

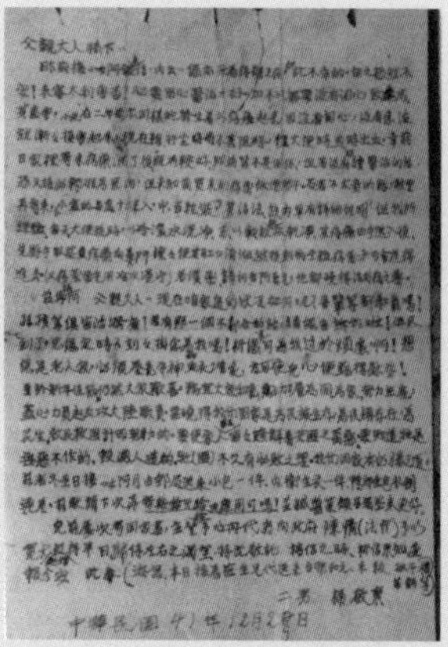

邱桶給父親的獄中家書。（邱明昌 提供／潘忠政 翻拍）

呢？吾輩等都和氣嗎？孫孩等俱皆活潑麼？若有那一個不都合的話，請您告訴我啦！年又到了，思您定時時刻刻掛念著我嗎！祈您不可為我過於煩慮啊！想您是老人家，必須養氣守神、加衣增食，兒心便藉得慰些！至於新年佳節，仍然大家歡喜。務宜大家和氣，加層為國為家，努力生產，盡心力負起反攻大陸職責。要曉得我們國家是為民族生存，為民權存在，為民生。救民救國計而努力的。要使家人國民個個瞭解著共匪之萬惡。要知道牠是無惡不作的。毀滅人道的。牠（匪）不久有必敗之理。我們國家有必勝之道。茲者冬至日接小女阿月由郵局送來小包一件，內、衛生衣一件、鴨卵全包收到無差。茲敢請下次再寄幾拾元給兒應用可嗎？並鹹醬菜類多寄些來更好。

兒前屢次寄回家書，並望給予代為向政府陳情（法官）予以寬大處理得早日歸侍左右之渴望，特此敬託

接信之時，祈信來知，並報今安　此奉（添寫，本日接著莊生兄代送來台幣40元、米粄、弧干柑菜餅等）

二男　桶　敬稟

中華民國41年12月29日

邱桶獄中家書之二

三弟鑑：

前星期「十五日」曾寄一書給你二嫂，未知收到否？愚兄無智不明，陷於囹圄、有貽親憂、及家族人等煩念，誠罪人也！深恨共匪之害人，此仇不共戴天。幸蒙政府寬大，於此日常生活一切具佳。請勸慰父親不要為我煩慮。

愚兄於此每向法官陳情悔過。相信政府會予以寬大處理無疑。還憶往昔為黨服務之經過，黨部各

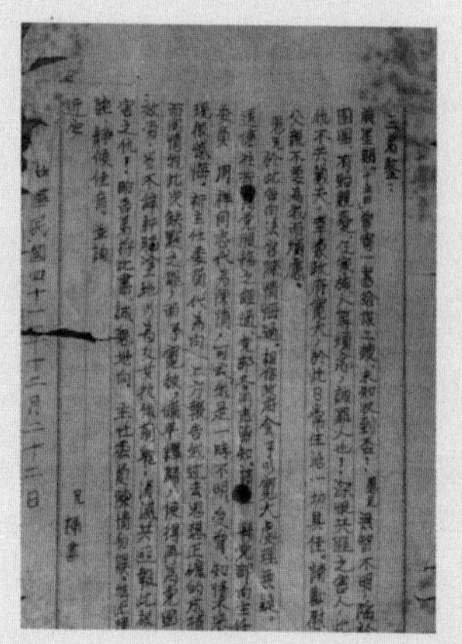

邱楄給三弟的獄中家書。（邱明昌 提供／潘忠政 翻拍）

同志皆知。請　縣黨部向主任委員　周祥同志代為陳情，可云：我是一時不明、受脅、知情不舉，現很懺悔。祈主任委員代為向　上方報告我過去思想正確的成績，而同情我此次缺點之罪，而予寬赦，俾早釋歸，使得再為黨國效勞，當不辭肝腦塗地以為反共抗俄前驅，消滅共匪報此被害之仇！盼吾弟將此書，誠懇地向　主任委員陳情勿誤。特此拜託，靜候佳音。

並詢

近安

兄楄書

中華民國四十一年十二月二十二日

邱桶獄中家書之三

哈哈明昌，你看這些學生，打球打得很活潑嗎，他們所穿的衣服都很漂亮嗎，很整齊嗎，都是一樣的美麗啊，你們雖比不上他，但最重要是要身體清潔、衣服整齊。早上還要趕快起床、刷牙、洗臉，乾乾淨淨上學，才不會被人恥笑啊！富妹、金英還有勉強讀書麼，不但你自己要努力用功，回家時，一面請教你姊姊，一面也要教你的兩妹妹，要照顧他，要像這些兒童的和好一樣，記心，記心，我較緩自會回家，你安心吧。

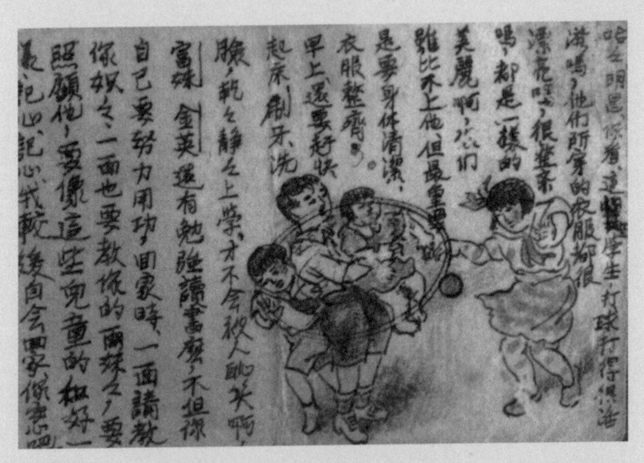
哈々明昌，你看，這些學生，打球打得很活潑嗎，他們所穿的衣服都很漂亮嗎，很整齊嗎，都是一樣的美麗啊，你們雖比不上他，但最重要是要身体清潔、衣服整齊。早上還要赶快起床、刷牙、洗臉，乾々靜々上學，才不会被人恥笑啊！富妹 金英還有勉強讀書麼，不但你自己要努力用功，回家時，一面請教你姊々，一面也要教你的兩妹々，要照顧他，要像這些兒童的和好一樣，記心、記心，我較緩自会回家，你安心吧

邱桶自軍法處看守所寄給給兒子邱明昌的明信片之一。（邱明昌提供 / 潘忠政 翻拍）

採訪時間	採訪地點	主採訪者	說明
2014年6月27日	觀音鄉廣福村	潘忠政	本計畫訪邱明昌，並核對、改寫其他訪稿。
1994年末	觀音鄉廣福村	潘忠政	受訪者：張完、邱明昌、邱銀妹、鄒開、徐德芳、詹昭爐、邱家博

錄音轉文字稿：潘忠政
文字稿整：潘忠政
修稿：潘忠政、曹欽榮

潘忠政　攝影

記憶中的父親

— 向整坤訪談紀錄（向紅為的兒子）

因恐懼燒光照片 父親過世無遺照

我們向家很早就到桃園大潭村[1] 來開墾，開臺祖是二世的向振國[2] ，大約在清朝康熙年間就到觀音來開墾了。根據族裡的人說，我們開臺祖還把女兒嫁給黃姓的長工，又送他一些地，黃家後來生了九個兒子，傳宗接代下來，他們的子孫比我們向家多得多。

我爸爸是一九〇一年出生，媽媽小他九歲，一九一〇年出生，她的名字滿特別的，叫做「篆妹」，那個字客家話很不好念，可能她的爸爸是個有學問的人吧！本來我們家是客家人，這裡又是客家庄，照說應該全家都講客家話才對；可是因為我媽媽說河洛話，所以我們家裡都講河洛話。但是我們小孩也都會講河洛話和客家話。

我記得我父親是個和善的人，他對子女的教育非常注重。日本時代，我們鄉下女孩子很少有讀書的機會，可是我的兩個姊姊都能上學，我這長子當然更不例外。我爸爸大概是讀過私塾吧，認識字，也喜歡談公眾的事，並且加入國民黨。他常常會去對鄉裡的政治人物，談有關三七五減租、耕者有其田的道理，這些人包括鄉長、村長等，聽說連縣長他都敢對他說道理。他也好像懂得一些草藥的藥理，會教人使用藥草治病。

---

1 桃園縣觀音鄉大潭村，參見「數位桃園村里」網站：http://ty.village.tnn.tw/village05.html?id=423（2014年8月12日瀏覽）

2 向家族譜紀載第一世在中國，第二世才來臺。

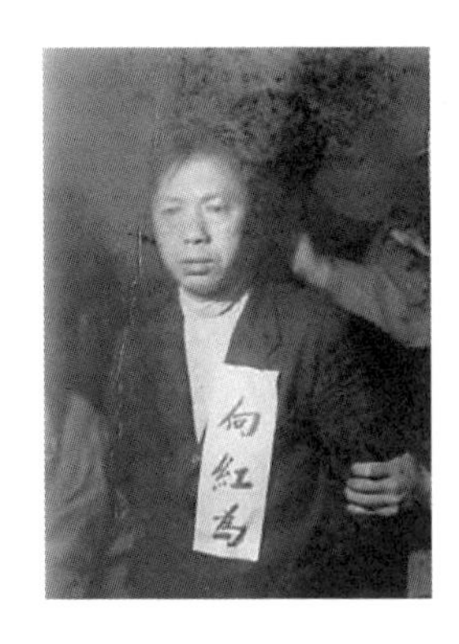

向紅為於1953年5月16日被槍決前照片。

我還記得爸爸有很多書，家裡有個大書櫃，有一些什麼書我就記不起來了。後來因為爸爸發生事情，大人就把這些書通通燒掉。當時可能因為擔心再有不可預測的災禍降臨，連我爸爸的遺照好像都燒掉了，所以我們家一直都沒有爸爸的照片。

父親在田裡被抓 從此未再回來

大概是一九五二年的冬天，爸爸被抓走。那時候，一家人都在田裡工作，為了保護下一期的秧苗，我們把稻草捆紮起來圍在田邊擋風。忙著忙著，突然出現三個警察來找爸爸，他們對爸爸說：「請你跟我們到派出所一趟。」爸爸沒說什麼，就跟我們交代說：「我去去，就會回來！」誰知道從此沒有再回來。

一整個晚上都沒回來，我媽媽擔心死了，可是到處託人問也問不出什麼名堂，找鄉長去保，也沒有結果。田裡的事情還是要做，當時我十三歲，我的兩個姊姊分別是十九歲、十六

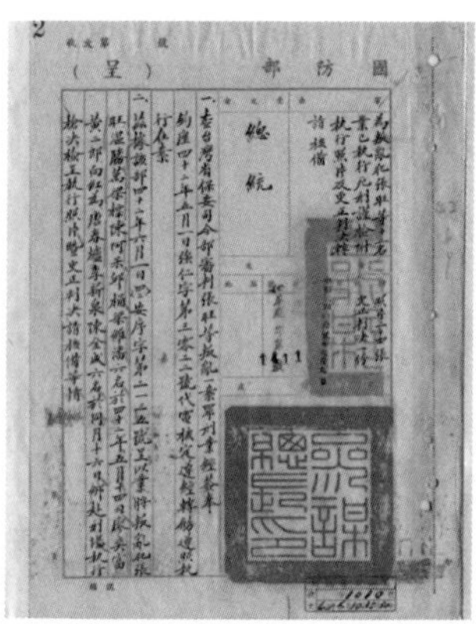

國防部 （呈）

執行向紅為等人槍決公文。

歲，我們都可以幫媽媽做事，可是爸爸不在身邊指揮，一個家少了龍頭，感覺很多事情就和從前不一樣。

三更半夜常臨檢　一家人抱頭痛哭

幾天後的晚上，應該是半夜了吧，我們一家都熟睡的時候，突然傳來急促的敲門聲，連帶著：「開門！開門！我們要臨檢！」的大嗓音，母親去開門，我們小孩睡眼惺忪地從溫暖的被窩裡探頭。只見幾個警察一進門就到處翻，翻過別的地方，回來到臥室，把我們的被子掀起來，大聲吆喝著：「起來！起來！」叫我們通通下床排隊，我們一家七口沒有一個敢反抗，因為對方的態度讓我們都嚇壞了。

我們窮人家的衣著都很單薄，在這樣的冬夜裡，每一個人都雙手緊抱著胸前打哆嗦，看著他們在床上繼續東翻西翻。最後翻不到他們想要找的東西，終於搖擺著身子離開。這時候，我們一家就抱頭痛哭，然後在母親的安撫下重新鑽入冷冰冰的被窩。

過了幾天的晚上，同樣的情形又發生，我們又再一次從溫暖的被窩被叫下床罰站，也再一次的全家抱頭痛哭，在驚恐不安下抽咽著上床。

初期這樣的事，大約每三、兩天會來一次，後來慢慢的減為一周一次、或半個月一次，大約整整一年以後，才逐漸正常的改為每月白天來一次，並且直到解嚴以前，從來沒有斷過。我們也一直無法瞭解：為什麼非要在冷得半死的半夜來臨檢？事實上我們家也沒有什麼東西了，為什麼還要不斷地來騷擾？那一年，我們全家大小，都在愁雲慘霧又驚惶的狀況裡過日子。

家庭經濟情況並不好，碰到了這種事，連親戚鄰居都怕沾到邊，我們的日子更顯孤苦無依。所幸一位住在花蓮的大伯父叫向阿登，他常常來幫忙，包括爸爸的案子也是他在幫忙處理。有一次他帶我去看爸爸，地點是在愛國東路[3]，我看到爸爸和許多人關在一起，可能包括我們大潭村的黃二郎、唐春爐、李新泉[4] 吧。那時候年紀小，我都不認識。爸爸看到我，表

3　此處可能是指臺北監獄。

4　黃二郎（1915-1953）、唐春爐（1919-1953）、李新泉（1908-1953）等三人，都是桃園觀音人，均與受訪者父親同案，1953年5月16日同日被槍決。

向整坤20年前所拍照片。（向整坤提供）

情很高興的跟我說：「很快就會回去，叫家裡人放心！」那是最後一次看到爸爸。

考上公職兩次被辭退 無奈又憤怒

我慢慢長大，過父親節的時候，看著別人有爸爸，心中就不免會想起爸爸為什麼會被判死刑，讓我變成沒有爸爸的人。我問了一些長輩，他們說如果有去自首就沒事，說我爸爸認為自己沒做錯什麼事，不願承認，所以被判死刑。我到現在還不甘願，死刑是可以這樣草率判的嗎？

我的個子不大，不是個做農夫的好材料，當兵退伍，我就去參加各種考試，希望能有個穩定的工作。先是去鐵路局報考職員，我記得當時有五、六百人報考，要錄取三十名。我很幸運的考上了，上班的地點在新竹車站，工作是看門守衛。雖然上班要搭好幾趟車，必須一大早就起床，但我還是興匆匆的去上班。可是上到第三天，我的上司就告訴我：「你明天不必來上班了！」我問他為什麼？他答說是因為「安全理由」，我馬上就知道是因為爸爸事件的影響。我辛苦考上，卻這樣一句話就丟掉工作，這種不公平的事，我要向誰去討回公道呢？

我當然想再去找公家機關做事，因為公家機關的頭路最穩定，所以不久以後我就去報考郵局的工作。郵差的工作我也是很順利被錄取，然後分派到臺北三張犁上班。這次要更早起床，轉更多次班車。雖然心中有前一次的陰影，難免有點不安，但是第一天上班，我還是充滿著希望，當天也很順利的踩了腳踏車學習送信。第二天，上司告訴我，他無法留我在那裡上班，理由是：「我的出身有汙點」，就這樣，我的第二份工作也丟掉了，當時，我的心中真是充滿無奈與憤怒。

我的父親已經被國共鬥爭犧牲了，現在我還要被當低等人歧視，連按照合法程序考取的工作都沒有辦法上班，這是要把我逼到哪裡去呢？中華民國憲法第十五條不是明訂政府要保障人民的生存權、財產權、工作權嗎？我真的很氣，但是又能奈何呢？

轉赴私人公司工作 仍被問及父事

我決定放棄考公家單位，我想我可以自己去另外找工作，也許私人企業可以容得下我吧！於是我先去考駕照，在楊梅的駕駛訓練班考到駕照以後，我去一家私人小公司上班擔任送貨的工作，早出晚歸，生活規律，但是薪水微薄。

做了約一年多，我聽到新亞日光燈招考司機，就去臺北報考，順利的在那裡工作。老闆也曾經問過我爸爸的事，我當然擔心又會被炒魷魚，不過這到底是私人的公司，後來就沒有再提起這些事。

工作將近二十年，固定上班制，每月不到三萬元。那時候司機很缺人，正職的薪水以外還有一些油水，比如說修車、加油等都可以多報一些帳，這樣領下來，一個月也和正職的薪水差不多，等於領雙薪。這樣存了一些錢，在一九九一年初配合祖祠，蓋了自己的新家，連裝潢總共花了超過五百萬元。

一九九〇年代，我想每天都到臺北上班也很辛苦，不如找個近一點的地方上班，正好中壢這邊的亞洲信託招考司機，我順利地被錄取，一直工作到六十歲（一九九八年）退休。

參加受難者聯誼會　頻上街頭抗爭

忘了是哪一年，我接到有關白色恐怖受難者家屬聯誼會議的通知，就去參加，從此跟著上街頭，上街抗議成了我的家常便飯。選舉到來，我的票也都不會投給國民黨的人。可是我那些姊妹就總是笑我吃飽太閒，去做那些沒有意義的事，他們大都把票投給國民黨，我想他們應該都忘了自己的爸爸是怎麼往生的吧。

在許多人的努力之下，白色恐怖受難者家屬終於獲得補償，被判死刑的家屬可以獲補償六百萬。我們六姊妹（四女二男）討論之下，正好每一位一百萬元。不知道為什麼，當我看到幾個姊妹拿到補償金，都笑得很開心的時候，我的心裡就很難過。

我現在年紀大了，身體也不太好。尤其是這一年，老是會頭暈，很難受。為這毛病找了不少醫生，長庚醫院、省立醫院、臺北的醫院都去過，醫生都說沒什麼事，吃吃藥就好；但是只能治標，沒有治本，所以我大部分時候只能躺在床上，很少出門，偶而會到公廳內埕[5]（**即公廳的中間空間**）動一動，最多就是到禾埕（**閩南三合院ㄇ字型中間的曬穀場，客家稱「禾埕」**）走一走，不敢走遠。有時候也不免再去想爸爸不願自首的原因，沒有答案，也許不久以後可以到天上去問問他吧！

採訪時間	採訪地點	主採訪者	說明
2014年7月1日	觀音鄉大潭村向宅	潘忠政	本計畫；以1994年採訪為基礎，再訪。

錄音轉文字稿：潘忠政
文字稿整理：潘忠政
修稿：潘忠政、曹欽榮

5 「埕」的用途：曬穀子、曬衣服、辦喜事、小孩玩耍、拜拜用、聚會辦活動、請客。一般三合院多為內埕，大戶人家在內埕的外面再做空地，擴大使用面積。

曹欽榮　攝影

原住民菁英政治受難回顧

—　林昌運撰稿（林瑞昌的最小兒子）

為了讓後代子孫懷念過去、警惕未來，回顧一九五〇年代臺灣原住民菁英的政治受難歷程，可說是點點滴滴、可歌可泣；這讓我不由自主地寫下家父林瑞昌及家族親身經歷的災難與奮鬥過程，一家人有如從雲端墜入地獄，再度奮起，從無到有的歷史悲劇，冷暖在心頭。

我的父親、泰雅族醫師林瑞昌，在一九五四年二月十七日判刑確定後，於四月十七日執行槍決。父親的漢名林瑞昌，是戰後所取，族名是樂信・瓦旦，他是桃園縣角板山人，今復興鄉公所所在地的泰雅族。

日治初期大豹社抗日六年 族人銳減

大清時代初期，我的祖父瓦旦・燮促，是今天新北市三峽插角附近的三角湧大豹社的前山總頭目。一八九五年，臺灣依據馬關條約，自大清割讓給日本統治，原住民或是我的家族，

溪口臺的舊照片可看到上溪口（左中）、下溪口（左下）、舊吊橋（右最下）、新吊橋（中最下）、角板公學校等等。（照片來源：桃園縣政府文化局）

從此發生了幾個階段性、起伏不定的歷史變局的大風浪。

因日本總督府於日俄戰爭時，為了軍事所需，強佔三角湧周邊樟樹資源，搶奪原住民居住地的行徑，引起大豹社族群的反彈，祖父率領部族抗日，但在日本優勢軍警的壓迫下，且戰且走，撤守到角板鄉（即今桃園復興鄉）的志繼、義興、雪霧鬧、泰亞富等山區。

抗日長達六年多的過程中[1]，族人曾不斷伺機利用暗夜突襲，沿臺北、桃園間佈設的隘勇防衛線、射殺日本軍警，雖然造成日本軍警的重大人員傷亡，但族人也在日本軍警強大武力的圍剿下，導致死傷累累，人口更少。

樂信・瓦旦改名 現代教育的醫師

祖父身為頭目，有鑒於族群可能陷入滅族危機，於一九〇九年將十歲大的長子樂信・瓦旦，交給日本政府當人質，歸降的附帶條件是：日方需給予族人現代教育。家父因此從小住在受託教養的桃園日本警察渡井先生的家庭，改姓名為渡井三郎，家父小小年紀揹負族人的期待，向著接受現代科學教育之路邁進。

家父於一九一六年進入臺大醫學院前身的臺灣總督府醫

1 大豹社事件，日治初期以前，大豹溪一帶是原住民泰雅族大嵙崁群大豹社的居住地，故名「大豹溪」。1900年至1906年的大豹社事件後，該族被日本人逼迫集體遷居到桃園縣復興鄉詩朗、志繼一帶，大豹社一帶始由漢人遷入取代。

1925年樂信．瓦旦（右1）任職高崗（三光村）公醫診療所時，與泰雅族醫生哈勇（左1）及日人本野和其女，合影於角板山貴賓館前。（照片來源：桃園縣政府文化局）

學專門學校，一九二一年三月畢業，十月受聘為臺灣總督府公醫，巡迴臺灣北中部各山地鄉、泰雅族部落，駐區診治疾病或緊急防治爆發的傳染病疫情。當時和他一起就學、畢業的同鄉原住民醫師，另一位是高啟順[2] 醫師，高醫師後來於角板山專心行醫。

巡迴行醫泰雅族中北部部落

父親曾以臺灣原住民代表，任職臺灣總督府評議員。並以渡井三郎醫師之名，巡迴於泰雅族群部落間行醫，長駐於臺中以北之臺北州及新竹州各地泰雅族部落的保健所，等同現在的

2　高啟順，泰雅族名哈勇．烏送，與林瑞昌、南志信（卑南族）是日治時代少數接受醫學教育的原住民；高啟順的兒子高揚昇（1952年生），曾任第三、四屆山地原住民立委，現任桃園縣副縣長。

衛生所，擔任公醫，從事現代醫療保健工作，並且傳授族人的助產知識。

針對臺灣中北部泰雅族群，動輒輪番抗日爭戰，日本政府認為與泰雅族群「黥面」及民風保守而頑強的習性有關。黥面是泰雅族最具特色的文化，對於泰雅男人而言，是成年的標誌、勇武的象徵，對於女子而言，則是成年而善於織布的標記。

日本政府的理蕃政策，為了瓦解泰雅族群團結禦敵的氣勢，一九一三年九月，首先由南投廳通令泰雅族人全面禁止刺青。但是「禁紋命令」未達深山部落，族人繼續施術，有人下山通報日警，而遭受鞭打或被強迫到保健所進行手術，割除臉上的刺紋，父親曾於苗栗象鼻部落為族人執行手術。直到一九三九年，「皇民化運動」[3] 漸入高峰，泰雅族才完全停止紋面，推動時機上，兩者並無關連。

父親協助收繳槍枝 減少狩獵區紛爭

父親在一九二七年前後，行醫之外，為求族群安寧的生活，致力改善族人「狩獵區之紛爭」，與日本政府達成和解之路，甚至不顧生命危險，勸導各部落收繳槍枝，掃除了族人間紛爭的禍源。當時，收繳槍枝多達一千五百枝以上，各部落並舉行「埋石立誓」，自古以來和平相助的儀式，從此，族人使

3 皇民化運動，參見本書〈黑夜漫漫無時盡：衛德全訪談紀錄〉，註解2。

1930年樂信・瓦旦（左）與戰後改漢名的日籍妻子林玉華（右）合影。（林昌運 提供）

用槍枝紛爭事件因而絕跡。

族群社會安定後，父親再力求族群生活之改善，宣導減少往昔燒山輪耕及專營捕魚打獵的生活方式，大力提倡開田、從事定耕農業，並請求日本政府撥款獎勵開田，修築道路、灌溉水圳、協助興建住宅，以及指導農業技術等。因此，叔祖輩定居的角板鄉溪口臺[4] 部落，因為當時殖民政府輔導、建設，從事水稻及蔬果耕種的開田定居，漸漸形成生活圈，日本政府並輔導闢建公墓，示範安葬先祖，族群生活環境改善不少。

入贅日野望族 育有五男一女

一九二九年，我父親邁入卅歲後，經由日本總督府安排的政治婚姻，入贅到日本四國愛媛縣的日野望族，與日野之女

4 溪口臺，戰後改名為溪口。

「日野サガノ」在角板山成婚，婚後改姓為日野，名仍為三郎，一直到一九四五年，臺灣回歸中華民國為止。

光復後，父母改為漢人姓名林瑞昌與林玉華。父母婚後育有五男一女，我在家中排行第五。長兄林茂成曾至京都就讀小學，後返臺就讀新竹中學、建國中學，高中畢業後，因父親從政，大哥為了照顧久病獨居在家鄉的母親，毅然放棄就讀大學，回鄉結婚，到角板山擔任小學算數教職。二哥林茂秀與我，都追隨父親的志業走上行醫之路。

日治晚期 積極為原民權益奔走

一九三〇年十月二十七日，南投縣仁愛鄉，因日警強制服義務勞動，指導原住民之方法不當而引起不滿、不平，發生莫那魯道帶領的霧社事件，導致殺害日警及眷屬一百三十四名的抗日風暴。之後日警採行投瓦斯彈等嚴厲報復手段，危及族群生命財產安全，因此父親以總督府評議員之身分，奔走於臺灣總督府及臺中州廳之間，建議日本政府勿採取嚴厲之制裁，以免擴大事件的後續效應，造成難以收拾的殘局。

日本政府採納建議，以和緩方式縮短制裁時間。家父在受異族統治的日本時代晚期，保護族人之生命財產，並積極照顧改善原住民生活，並為爭取原住民之權益奔走奮鬥。

自一九三六年起，父親長駐苗栗縣泰安鄉象鼻保健所的執業時期，也負有為日本政府推動理蕃政策安撫民心之重任，

新竹縣政府獎狀
府民山行字第 號
查該員于二二八事
變深明大義宣撫山地
同胞維持地方秩序保
護公教人員殊堪嘉許
特予給獎以昭激勵
此狀
右給 林瑞昌
縣長 鄒清之
中華民國三十六年 月 日

1947年二二八事件之後，當時行政區包含桃園的新竹縣政府發給林瑞昌獎狀，表揚他「深明大義宣撫山地同胞維持地方秩序保護公教人員殊堪嘉許」。（資料來源：桃園縣政府文化局）

遇到日警送交割除臉上的刺紋之個案也得執行。我於一九四一年三月一日出生於象鼻部落。日本總督府撤離臺灣以後，全家隨父親輾轉經過新竹縣尖石鄉舊衛生所暫居，於一九四八年回到故鄉桃園縣角板鄉定居，就讀於角板國民小學，今之復興國小。

戰後改名林瑞昌 走上政治路

臺灣光復後，父親的名字從日野三郎改為林瑞昌，同時被推舉為臺灣省政府諮議、山地籍第一屆省參議員及第一屆臨時省議員。從此走上政治不歸路。

一九四七年發生二二八事件時，許多平地臺籍青年都對角板山的泰雅族青年打過主意，並煽動他們下山反抗政府，但都由我父親好言勸阻；因此，除了嘉義縣鄒族的吳鳳鄉（現阿里山鄉）高一生鄉長，指派曾在日軍服役之祕書，帶領自衛隊成員包圍嘉義機場事件外，其他原住民族群皆未輕舉惹禍。

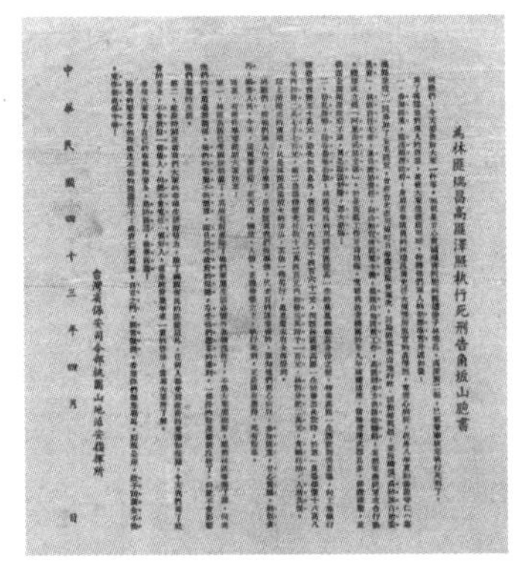

為林匪瑞昌高匪澤照執行死刑告角板山胞書

台灣省保安司令部桃園山地治安指揮所

中華民國四十三年四月　日

1954年4月17日林瑞昌、高澤照被槍決後，當局在部落的宣傳單「為林匪瑞昌高匪澤照執行死刑告角板山胞書」，其中指出兩人「一、參加匪黨，陰謀顛覆政府；二、營私舞弊，侵吞農場公款」，同樣的說法出現在嘉義阿里山鄒族部落。（資料來源：桃園縣政府文化局）

涉「匪諜」案 家族多人蒙難

但是，政府在一九五〇年代，以家父在白色恐怖時代曾被中共地下黨山地工作委員會組織列為網羅對象為由，以牽涉匪諜案，將家父處決，父親成為白色恐怖下之犧牲者，同日被處死之原住民菁英，尚包括與二二八事件有關的鄒族吳鳳鄉高一生鄉長及其祕書[5]。

就讀臺北師範學校的堂兄林昭明[6]，則也被以「蓬萊民族

5 1954年4月17日，槍決鄒族湯守仁、高一生、汪清山、方義仲及泰雅族林瑞昌、高澤照等6人。

6 林昭明，1930年生，桃園角板山人。依據判決書：「…林昭明於卅七年夏就讀于台北師範時，…另案被告林瑞昌寓所因之與另案叛徒簡吉、林立、卓中民等認識，…林昭明、高建勝、趙巨德等由卓匪中民統一聯絡、教育，經常會晤指示工作，曾以台灣『解放』後予蓬萊民族實現自治為餌，誘使林昭明與高建勝趙巨德共同於同年五月上，旨在台北市首先組成『台灣蓬萊民族自救鬪爭青年同盟』…分頭進行吸收山地青年工作…」。

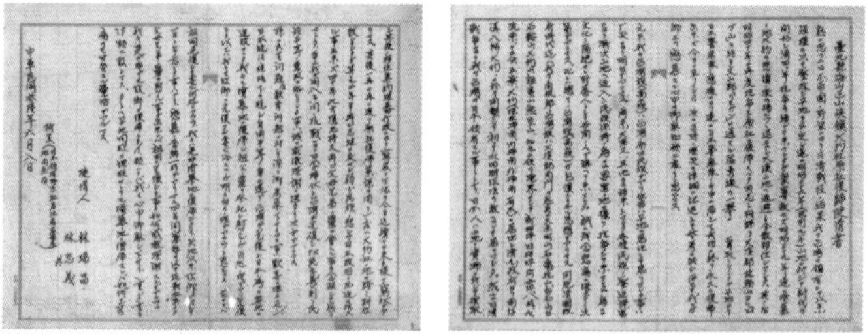

1947年6月8日二二八事件之後，林瑞昌於戰後親撰「臺北縣海山區山峽鎮大豹社原社復歸陳情書」（日文）向當局陳情，最後一段：「我們必須復歸墳墓之地，自失地以來一天也不忘過故鄉，滿懷戀慕之情，四年之間我們之祖先寡勢流血抗日，台灣光復帶來，能復歸故鄉祖靈實為感謝不盡，…如能復歸墳墓之地，平地同樣課稅亦忍痛接受。」但最後復歸祖靈願望終未能實現。（資料來源：桃園縣政府文化局）

自救鬥爭青年同盟」叛亂案，被處十五年徒刑；而當時就讀建國中學高三下學期的二哥林茂秀，與父親同住臺北市羅斯福路山地會館，被以「知情不報」為由，判處二年冤獄，從此家族成員皆陷入一九五〇年代以後動亂的時代悲劇中。父親過去為族群奉獻生命的事跡，隨著時間被漸漸淡忘，我們兄弟也都在解嚴以前被汙名化的環境裡，衍生糾纏不休的「就業困境」。

兄弟三人 就業升遷阻礙重重

因家父從政，獻身爭取族群權益而疏於置產，父親殉難後，全家生活頓時陷入困境。在家父被惡意汙名為匪諜後，親友懼怕受到牽連而遠離失散，全家經濟依靠大哥林茂成的小學教職微薄收入，但他每學期都遭受調職遷校的壓力，不得不辭職，轉往民營公司就業。

我和二哥林茂秀生活在艱困環境中，努力向學、爭取獎學金，配合政府「栽培原住民醫師政策」而學醫，陸續就讀私立高雄醫學院開辦的山地醫師訓練班[7]，雖然兄弟二人，在前後二屆皆以優異成績畢業，而獲得杜聰明院長在畢業典禮公開表揚[8]，但是我們也回不了自己嚮往的故鄉角板山服務。

二哥茂秀學成後，分發到臺中縣和平鄉衛生所服務，再調到新竹縣尖石鄉衛生所。一九八七年，政府宣布解除實施三十八年的戒嚴之後，精通日語的二哥，出國前往日本京都進修醫學二年，考取日本醫師執照。

此時，原先堅決反對二哥留在日本，時任律師的舅舅才態度軟化，二哥以具備留在日本的謀生能力，並由舅舅出具戰

---

7 每屆本島原住民30名、綠島1名及澎湖離島3名，共34名學生。

8 根據高雄醫學院院長《杜聰明言論集（二）》所載，高雄醫學院第三屆畢業典禮致辭（1962年6月25日）：「山地醫師醫學專修科成績最優者是林茂秀君，30歲，臺灣省桃園縣泰雅族出身，醫師林瑞昌先生次男。民國21年10月6日生於桃園縣角板山，8歲入竹東國民學校，新竹中學畢業後考入省立臺北建國中學高中3年，遇父母均逝世，中途輟學回鄉幫助長兄開墾土地，民國45年以優秀成績及格臺灣省山地行政特科考試，並奉職村幹事2年。民國47年9月考入本院山地醫師專修科，這次獲得4個年總平均87分以最優秀成績畢業，性格好靜，生活樸素，趣味是讀書、欣賞音樂、登山，為前途有望之青年醫家，其弟林昌運君也在本院專修科3年就讀」。另所載高雄醫學院第四屆畢業典禮致辭（1963年6月25日）：「山地醫師醫學專修科第二屆成績最優者是林昌運君，22歲，臺灣省桃園縣泰雅族出身，醫師林瑞昌先生五男。民國48年9月考入本院山地醫師專修科，這次獲得4個年總平均83. 3分，以最優秀成績畢業」。

後留在臺灣、列入失蹤親屬的證明，協助二哥回復保留在日本愛媛縣的戶籍，而以日野茂秀醫師之名，在日本行醫十八年之久。二哥臨終前回到臺灣，定居在新店市北宜路青潭里，於七十六歲過世，骨灰安放於故鄉——復興鄉羅浮村的林家墓園靈骨塔。

幾經波折 獻身公共醫療逾四十年

一九六三年十一月，我雖然有省政府的派令，分發到故鄉復興鄉衛生所，但是因為桃園縣衛生局認為有安全疑慮，不接受我前往故鄉報到[9]。我於失業半年後，蒙阿美族原住民省議員章博隆[10]的協助，向省政府人事處申訴重新分發，與原分發臺北縣烏來鄉衛生所之同鄉范振武醫師對調服務。幸蒙臺北縣衛生局接納，從此被迫落腳在鄰近復興鄉的烏來鄉，烏來成為我終老的第二故鄉。

但是就業困境接踵而至，因當時鄉長選任衛生所主管的安全資料，是由縣警察局主管考核，警察局以不適任單位主管為由，建議暫由鄉公所秘書兼代主任，而擱置轉報省政府核定的主任派令案，因一九七五年以前的衛生所是隸屬於地方鄉鎮公所管轄的。

當時的我對於前途萌生憂慮，於是決定先當兵，一九六五

9 復興鄉設有蔣介石行館，蔣介石夫婦常去小住。

10 章博隆，1925年生，曾任臺灣省議會第二至五屆平地山胞省議員。

1950年10月31日，蔣中正到復興鄉角板山歡度來臺第一個生日，樂信．瓦旦（左1）、蔣經國（左2）跟著蔣中正之後；這張照片一直掛在林茂成家。（照片取自《泰雅先知 樂信．瓦旦：桃園老照片故事2》）

年七月，我在海軍服少尉預備軍官，將退伍前，申請志願留營，前後獲准留營二年，並前往左營海軍總醫院小兒科擔任住院醫師。

一九六六年六月，意想不到，我接獲烏來鄉公所來函告知，已收到衛生所主任的省府人事派令，催促我依據公費學生計畫，儘速退伍，返回偏鄉服務。於是經簽報海軍總醫院同意，我於留營一年期滿後，即可解除原獲准之第二年自願留營，退伍回任。

一直到二〇〇六年七月，我屆齡退休，前後擔任烏來衛生所主任十七年、新店衛生所主任二十一年，及臺北縣衛生局第一課課長三年（一九九三至一九九五年），我服務於公共醫療，前後共四十一年。

走過悲慘歲月 不懷恨也不遺忘

我服務公職期間，從不捲入敏感的政治分歧話題，對於過去悲傷歷程不存懷恨之心，一九八七年七月十五日，臺灣解除戒嚴後，父親所受到白色恐怖政治迫害的往事，漸漸引起社會重視，也獲得政府的平反及補償。

隨後，父親存放在家中的骨灰，得以歸葬在復興鄉羅浮村紀念家父的林家墓園，終於解開了家族一樁隱藏在心中超過半甲子歲月的心結。但我的兩個孩子卻選擇遠離學醫之路，分別朝向「動力機械」及「電腦資訊」科技發展。

泰雅族醫師林瑞昌父子三人，自一九二二年至今，在臺灣偏遠的山區，為醫療資源落後的原住民部落執業行醫，長達八十餘年的奮鬥經歷，雖然在戒嚴時期，被政府以「匪諜叛亂分子」汙名化，而招致族人懷疑、遺忘。

我寫出這一段悲慘的故事，不外乎希望子孫能記取過去慘痛的歷史記憶，鼓勵遵循祖父一生奉獻族群的大愛精神，永不懷恨、也不再重蹈覆轍。

原住民自治運動 跨越世紀

一九四七年二二八事件，涉及原住民參與部分，有鄒族高一生[11]、湯守仁[12]，事件後，高一生、湯守仁因辦理「自新」獲當局開釋。當局委由一九四九年十一月之後，唯一代表原住民擔任省參議員的父親，擔保阿里山鄉高一生鄉長向臺灣銀行貸款，協助開發「新美農場」，以改善鄒族民眾生活，另擔保湯守仁自新之誠意。

二二八事件時期，父親為了泰雅族群權益，勸導族人不要貿然捲入事件，並得到當局的表揚令。雖然事件後，時任省參議員的父親在省議會諮詢時，針對泰雅族於一九〇三年之後抗日而被掠奪的三角湧，向當局提出要求，希望歸還日本殖民政府侵占之三峽大豹社部落祖墳之地，可能因為這樣，觸及了戒嚴時期的禁忌，而被政府視為異議分子；但在民意機關裡為原住民同胞爭取權益，應罪不至於處死。

一九五〇年，父親在當局強力排擠下，驚險地在三十位山地鄉長投票中當選第一屆臨時省議員。在省議會裡，他大聲疾呼：增加原住民參政權、培養原住民人才、正視原住民經濟的困境、推動有效率的山地行政。

一九五一年，高一生、湯守仁等人，突遭當局通知到嘉義縣政府開會為由誘捕，接著家父在臺北市山地會館住所被逮

11 高一生，參閱巴蘇亞．博伊哲努（浦忠成）著，《政治與文藝交纏的生命：高山自治先覺者高一生傳記》（臺北市：文建會，2006年）。

12 湯守仁，參閱何鳳嬌編輯，《戰後臺灣政治案件：湯守仁案史料彙編（一）、（二）》（臺北縣：國史館，2008年）。

2002年林昭明（中）陪同採訪團隊拜訪原住民政治案件「山防隊案」的王宗霖（左1）、邱致智（左2）、葉榮光（右2）、曾金樟（右1）。（曹欽榮 攝影）

捕。南北原住民領袖一起被誣指欲籌組「高砂民族自治會」，鼓吹原住民爭取自治。一九五四年四月十七日，六位原住民遭到槍決；我的父親受難，不正是白色恐怖的真實寫照嗎！

我的家族審視二〇〇五年之後，政府公布的「原住民族基本法及原住民自治」等法案，即將陸續實施，認為原住民菁英、意見領袖受害，雖是過去的歷史悲劇，唯望當局早日據實公布真相，使家族冤屈得以昭雪。

後記：文化部國家人權博物館籌備處出版白色恐怖受難文集第一輯《秋蟬的悲鳴》，2013年4月3日，我閱讀新聞報導後，有感而發寫下此文。2014年8月，依據7月20日受訪稿補充，再改寫。詳細受訪稿，請參閱桃園縣政府文化局2014年「愛、重生與和平」桃園縣人權歷史口述訪談出版計畫之期末報告書。

採訪時間	採訪地點	主採訪者	說明
2014年7月20日	新北市烏來 明月溫泉餐廳	曹欽榮 陳列	本計畫
2002年6月5日	桃園縣復興鄉 羅浮村林宅	曹欽榮	受訪者：林茂成、 林昭明

錄音轉文字稿：曹欽榮

文字稿整理：曹欽榮

修稿：曹欽榮、張宜君

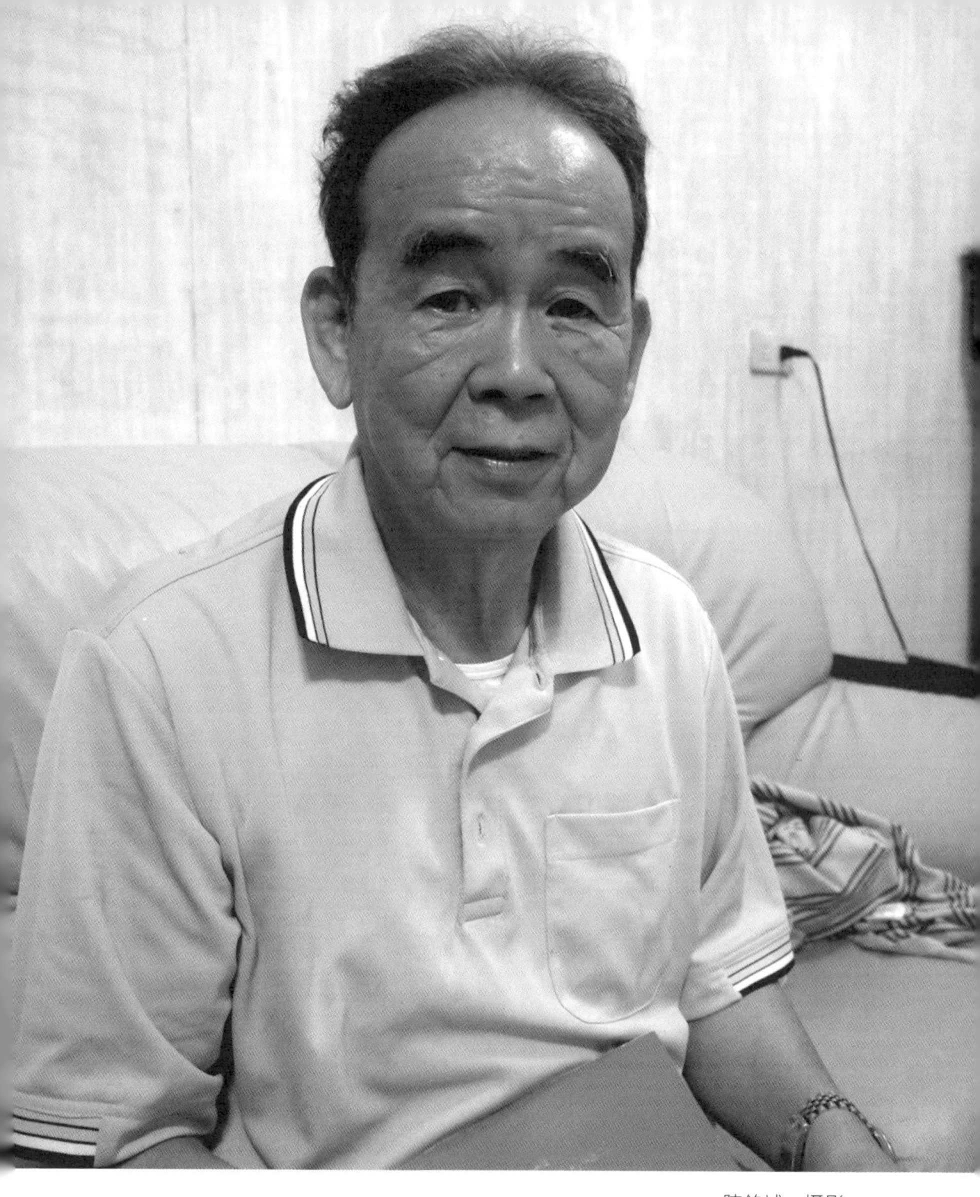

陳銘城　攝影

苦難折磨教會我的事

— 林秀峰訪談紀錄（林元枝的三子）

我是林秀峰，林元枝的第三兒子。我有兩個哥哥、一個姐姐、一個弟弟、一個妹妹。我的祖父林維贊是蘆竹鄉外社人，他入贅給丈夫早逝的蘆竹鄉赤塗崎（位於林口、外社之間）王家媳婦，因此，父親的兄弟大都姓王，只有排行老二的父親姓林。王家是大地主，擁有無數田產和土地。王家的長子王傳房，林維贊生的大兒子，老二叫做王傳境[1]，我父親排第三，叫做林元枝，父親的大弟叫王傳培，二弟元峰給父親的姑媽當養子，姓周，最小的弟弟元地，在九歲時就病逝。父親還有三個姓王的姐妹，分別嫁給周家、余家和曾家。

事件爆發 父親組義勇隊遭追捕

父親是日治時期的臺北二中（現在的成功高中）畢業，後來當上臺北市長的黃啟瑞，就是他的同班同學。父親雖然出生在有錢的地主家庭，但他卻不姓王而是姓林，是王家的小偏房，未分得王家財產。他一向同情窮人，他開設糧行，取名為「黎民商店」，沒錢的人來店裡，父親都會讓他們賒米。加上父親的王家祖父當醫生時，常常對窮苦人家不收出診醫藥費，讓更多人感恩在心，所以父親在二二八逃亡時，得到許多人的掩護，甚至他逃亡到臺東都有人照顧。

父親在終戰後，擔任桃園縣蘆竹鄉首任鄉長，他慷慨好

1 王傳境（1904-1957）前蘆竹鄉長林元枝的親二哥，在二二八事件後，林元枝逃亡時，被控資助林元枝，遭到逮捕，並以「連續供給金錢資匪」罪，1952年5月判刑12年，並且沒收財產。1957年6月1日病逝於新店安坑軍監。

林元枝畫像。（林秀峰 提供 / 曹欽榮 翻拍）

客，家裡常有一些從南洋當軍屬回來的門下食客，他們沒有工作，父親總是款待他們，其中，蔡達三[2] 和徐崇德[3] 和父親最要好。一九四七年二二八事件爆發後，地方上的青年要求鄉長出面領導，父親基於鄉長職責，出來組成「地方義勇隊」，他自己擔任隊長，和二十多位青年，趕到「圈仔內」（**二次大戰期間完成的大園軍用機場**）接收了一些武器，當時駐軍鎖上軍械庫，早已聞風逃避。那次帶隊和整隊者，是水利會職員詹木枝[4] 和蔡達三。

後來，國軍二十一師來臺鎮壓和屠殺，父親不得不躲避

---

2 蔡達三（1911-1977），曾任蘆竹鄉農會理事長及總幹事、第一、二屆桃園縣議員、桃園農田水利會會長。參見曾文敬主修，〈第十二章 人物傳略〉，《蘆竹鄉志》（桃園縣蘆竹鄉：桃縣蘆竹鄉公所，1995），頁846。

3 徐崇德（1911-1985），桃園蘆竹人。日治時期曾被推選為溪洲部落振興會副會長，任溪洲國語講習所講師，後以貸地業起家，家產頗豐。1951年當選首屆桃園縣民選縣長。參見曾文敬主修，〈第十二章 人物傳略〉，《蘆竹鄉志》（桃園縣蘆竹鄉：桃縣蘆竹鄉公所，1995），頁813。

4 詹木枝，參見本書〈寡母攜十子 走過荊棘路：鄭勳哲訪談紀錄〉，註解3。

徐崇德於1951年當選首屆桃園縣民選縣長。（照片來源：取自《蘆竹鄉志》）

和逃亡。他先去大溪烏塗窟[5]，再躲到水流東（**現在的復興鄉三民村**），再到南部，也曾逃到臺東仍受先祖王醫師善行之佑護。他躲到桃竹苗客家庄時，先學客家話和客家山歌。因此，特務到處找他時，卻辨認不出他來。只見他與客家農民在田裡工作，還大聲唱客家山歌。八、九百度的近視眼鏡是辨識他的特徵，他把眼鏡拿下來，藏在斗笠裡面。有一次，他在苗栗為人養豬時，一位婦人跑來告訴他：「你不可以出去，剛才在電影院門口，看到你的照片貼在牆上。」

他的好友蔡達三、徐崇德都向保密局自首，變成他們的線民，積極打聽父親的行蹤，要勸他出來自新。蔡達三外號「賊仔三」，後來在情治單位的支持下，先後當了蘆竹鄉農會理事長，也當過桃園水利會理事長，但是他的錢都被情治人員歪掉，只好自己賣掉土地，宣布破產，後來移民到巴西。至於，徐崇德外號「憨人」，在情治單位和黨部支持與控制下，當選

5　烏塗窟，桃園大溪的東部丘陵地區。參見「大溪鄉公所」網站：http://www.dashi.gov.tw/tw/about7_2.aspx（2014年8月13日瀏覽）。

桃園縣第一屆民選縣長，他被外界叫做「憨縣長」。家父林元枝的二哥王傳境是一位大地主，為了抓林元枝，有特務向他揩油，他不願給錢，竟被扣上「知匪不報」罪，判刑十二年，財產充公。實際上，他的大片田地被特務竊佔，後來無法申請返還。王傳境在新店軍監坐牢時，不幸病死在獄中。

祖父過世 爬圍牆回家偷偷祭拜

父親離家逃亡後，家裡的母親不認識字，祖父往生前，拿出一袋金子給母親，結果她被騙去買海口的田地，名字卻是別人的。後來實施「耕者有其田」，這些田地就換成債券，母親託叔叔將債券換成現金來生活，但卻沒有下文，家裡財產都被過戶（可能是擔心財產會被沒收），生活很苦。一九四九年五月祖父林維贊過世時，軍警監視葬禮，但在鄉民守住路口下，父親仍偷偷回家祭拜，他走田埂路，爬過農會的圍牆回到家向祖父靈堂祭拜。次日，蘆竹派出所發現有槍支失竊，說是被我父親拿去的。約一九五〇年，父親在逃亡中，一度在臺北市總統府附近被捕，被送到保密局南所，但他很機警，又偷偷逃走了。父親雖然近視眼八、九百度，外號「青瞑仔」（瞎子），但是他機警又到處有人暗中掩護，曾被說成會飛簷走壁的逃亡者，其實，他只是個四十多歲大近視眼的書生。

父親逃亡苗栗山區期間，因喝溪水而喝進了蛭蟲卵，結果蛭蟲跑到肺部，讓他身體常受到肺蛭蟲的威脅，除了為避免無辜親友一再被捕，肺蛭蟲的毛病，也是他後來想出來自新的原

蔡達三曾是林元枝好友，後來自新成為保密局的線民，勸林元枝出來自首。（照片來源：取自《蘆竹鄉志》）

因。這肺蛭蟲的病，一直跟著父親十四年，蟲的壽命只有十四年，蟲死了後，父親也痊癒了。

投案自新 以教官之名送綠島「保護」

一九五二年夏天，父親和呂喬木[6]、吳敦仁[7]、彭坤德[8]等逃亡同志四人，決定接受親友的安排，出面投案自新，他們到蘆竹鄉外社[9]山上，那是他的妹婿余日旺的山區，在通知四弟王傳培、侄子王家鑑[10]、蔡達三的帶路下，憲兵隊來了二部軍車，憲兵架起各式槍枝，蔡達三出面喊話，叫父親出來，他們

6 呂喬木，桃園蘆竹人，曾任職蘆竹鄉公所。

7 吳敦仁（1923-1999），參見本書受難者簡介、〈清鄉逃亡的黑暗日子：吳敦仁訪談紀錄〉、〈二二八改變父親的一生：吳泰宏訪談紀錄〉。

8 彭坤德，臺北三峽人，曾當煤礦工頭。

9 桃園縣蘆竹鄉外社里，參見數位桃園村里網站：http://ty. village. tnn. tw/village05. html?id=84（2014年8月13日瀏覽）。

10 據王家鑑的兒子王忠毅表示：為了要抓林元枝，王家鑑等親人，都被情治單位逮捕和刑求，不得不勸林元枝出來自新。

四人從樹林中走下山，出來自新。父親的妹婿余日旺不但沒有領獎金，反被認為是提供林元枝藏匿處的人，而被關了二年。

父親在自新前，就想辦法承擔起二二八逃亡後的相關案子，希望結束所有的案子。他先被送到保安處，交代逃亡行蹤和藏身處。父親在保安處時，認識一位陳篡地[11] 醫師，他曾被徵召到越南當日本軍醫，是越南胡志明共黨領導人的私人醫生，他也是參與雲林縣樟湖的二二八反抗軍，後來被迫解散民軍，逃亡多年，最後才放下武器，出來自新。他後來在臺北市後火車站附近開診所，陳篡地和父親的情形很像，兩人很談得來，父親常去找他看病，尤其是他的肺蛭蟲常發作的毛病。

警總認為父親自新不夠坦誠，一九五四年，他被送去土城生教所，上思想改造課程。接著，一直都沒經過審判的父親，又被送去綠島新生訓導處，以少校教官之名，將他留置在綠島政治「保護」。原本要利用他的影響力，要他為綠島的政治犯新生，教三民主義課，但他不願意，推說自己的國語不好，於是改讓他教農業生產班。其間，父親曾回臺治療「肺蛭蟲」的

11 陳篡地（1907-1986），彰化二水人，眼科醫生，在斗六開設「陳眼科」。1947年二二八事件爆發，組成「斗六治安維持會」，統率「斗六隊」，國軍進攻斗六，發生小規模市街戰，後因不支，撤往樟湖一帶，國民黨軍隊由村長帶路從後山攻擊，部隊戰敗瓦解，二二八雲嘉地區的武力抗爭結束，逃至二水陳家大厝後方的山區藏匿。1953年在謝東閔具保及當局保證其家人生命及財產安全下「自首」，入獄不久即獲釋，被迫將醫院遷至臺北後火車站附近，以便特務就近監管。參見鍾逸人著，《此心不沉：陳篡地與二戰末期台灣人醫生》（臺北市：玉山社，2014年）；張炎憲等採訪，《嘉雲平野二二八》（臺北市：吳三連臺灣史料基金會，1995）。

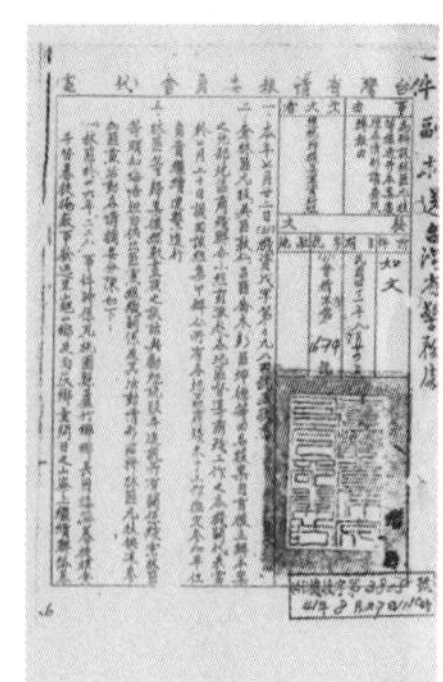

此文件為林元枝1952年自首報告檔案。

病。還有弟弟和妹妹，因家境窮困，相繼過世時，父親都在一位姓程的情治人員陪同下，多次回來臺灣。

分隔十五年 搭船探視父親激動相擁

父親在我三歲時，就離開家逃亡，他的名下財產被過戶，掌握家族經濟的叔叔，常推說沒錢。有一次我要繳註冊費兩百元，去找叔叔，他推說沒錢。後來，傳境嬸聽到後，她叫住我，塞了兩百元給我去學校繳註冊費。幸好，還有幾位親友肯暗中幫忙，我家經濟上的困窘，才能一再度過難關。

我高中時唸師大附中，認識不少外省權貴家庭出身的同學，像王超凡[12] 將軍的兒子、攝影大師郎靜山的兒子，都是我

12 王超凡（1903-1965），中國安徽籍。曾任臺北衛戍司令部部主任，臺灣省警備總司令部部主任。

同班又很要好的同學，幾位要好的同學，對我日後的工作都有很多的幫助。

我考大學時，第一年考上中原理工學院，第二年重考，考上成大水利系，當時桃園剛興建完成石門水庫，覺得水利工程有前途。大一那一年的暑假，我決定去綠島探望父親，從三歲起，我就沒再見到父親，我一直想見他一面。我事先寫信給他，然後從臺南搭車到臺東，再從臺東坐船去綠島。船快到時，我看到一個龜狀的小島，有漁船卻沒有碼頭的地方，要下船涉水，水深達大腿，踏過海灘，才能上去島上。我看到的是一個十分落後的地方。爬上島後，有新生訓導處的車，來載我去新生訓導處，抵達時，父親就站在門口等我。我長久以來思念的父親，突然出現在一個小海島上，那時候我心裡這麼想的：「他明明還在，卻跑到這個小海島來，為什麼他不能回來看我們，我們因為沒有他，從小就是社會邊緣人，根本沒有人敢正面幫忙我們，我們一直都是無依無靠的。」我們父子站在門口相擁，差不多有二、三分鐘，說不出話來。

聆聽教誨 撐過苦難折磨而感動

在綠島新生訓導處裡面，有一大群人搬石頭蓋圍牆，有的年紀看來很大了，每個人皮膚晒得黑黑的，那裡的太陽很大，所以以前叫做火燒島。父親在那裡是農業生產班的教官，他都穿便服，有時跟著養豬、種菜，他也在綠島教人養鹿，教他們拿魚乾粉餵鹿，以後鹿茸（鹿角）會變大。父親住在新生訓導處大門口旁邊的破房子，那裡的官兵很客氣，聽到是林元枝的兒子來，都過來打招呼。我在那裡住了一個禮拜，都是在公館派出所內睡在鋪上幾片木板的地上。我都跟著父親自由來去新生訓導處的裡裡外外。我看到政治犯搬石頭蓋圍牆，聽說過不久，又要他們拆掉，蓋到另一個地方，這是對他們的勞動改造。我也看到大熱天的中午，他們要在鐵皮屋裡睡午覺。他們很無奈，但彼此之間，好像以眼神相互鼓勵，要撐過苦難與折磨，讓我很感動。

父親說：「做人不必怨歎別人，只能怨自己沒辦法，才會被欺負、侮辱，你要努力打拚，去爭取自己想要的東西。」去綠島的那一個禮拜，我好像去到另一個世界，又從那個世界，回到自己的生活。我想：一個沒有苦難和折磨的地方，是不會有那種撐過苦難的精神。

中油長官暗助 自此擺脫政治歧視

大二的暑假，我到成功嶺接受暑訓，當時我的班長是臺北市華泰茶行的小開，他特別提醒我，在部隊裡，像我這樣身分的人，說話要特別小心，不要去惹上麻煩，我告訴他我知道。成大畢業後，我在馬祖服役，在部隊裡，從師長到各級幹部，連老士官長，都跟我相處得很好。

退伍前，就有一位同學在中油的工程單位上班，他認為我應該去那裡工作。從馬祖退伍回來，我就拿著履歷表，去中油上班，當時警總可能還找不到我的安全資料。但是，兩個星期

林元枝在綠島新生訓導處流麻溝，這是他兒子去綠島面會時拍的照片。（林秀峰 提供）

後，人二室就找我去談話，他們看我大方磊落，就叫我好好做就可以。不久，我被派到中油公司士林管線處上班，經理是個無黨派的主管。我很感謝中油公司安全室主任，一位姓謝的老先生，他幫我換掉原有的安全資料，讓我在國營機構的中油公司，不再受到政治歧視。他還讓我看我的安全資料，但他叫我不可以說出去。原來，那些安全資料，就有當年父親如何參加二二八反抗活動，如何逃亡、如何自首，誰去領取檢舉父親的獎金，可是現在檔案管理局裡，父親林元枝的檔案卻不齊全。

寫陳情信 六旬老父終於假釋回家

一九七〇年，父親已經六十歲了，仍然被關在綠島，當時沒有人敢負責釋放父親。因為找不到願意代筆的律師書寫，

林元枝與妻子林褚桂妹合照。（林秀峰 提供）

我決定自己寫陳情書給警總保安處，希望已經被關在綠島十七年的父親，能以六十高齡獲得假釋回家。我自己買十行紙親筆寫陳情信，再去拜託當年因父親自首而升遷的警總副司令李葆初，請他幫忙打點關係，說些好話。沒想到五個月後，得到保釋通知，那年十二月，由我和母親去警總保釋父親回家。

父親出來後，大哥林森岷想出國留學，他老人家親自去找警總幫忙，讓大哥取得出境證，順利到美國，先後拿到生物碩士和博士的學位。不過，父親回家後，仍時常遭到約談，因此他很少和親友往來，只有綠島的難友老同學較常連絡，像住在蘆竹鄉山腳村的戴連福[13]，他們常常一起聊聊天。回家後的父

13 戴連福（1915-2001），參見本書受難者簡介、〈山仔腳的白色恐怖：戴文子訪談紀錄〉。

親，似乎不太能適應臺灣社會的改變。父親逃亡、坐牢期間，為了父親和兒女吃下最多苦的母親，在一九七七年過世，父親出獄後，他們只在一起生活不到七年。

父親生前遺憾：理想世界還沒到來

一九八二年三月十日父親過世，在此之前他已臥病多年，他生前常說：「這輩子沒有什麼遺憾，唯一的遺憾是：我理想的世界，還沒到來。」解嚴後，臺灣的社會開放了，言論自由也進步了，後來更修正刑法第一百條，讓臺灣不再有政治犯，民主、人權有了初步保障。有一年的清明節掃墓，我收集相關報紙，有二二八的歷史平反與補償等報導，我在父親的墓前點香，焚燒給他，我告訴在天上的父親：「現在的臺灣，已經接近你所期盼的理想世界，感謝你過去的打拚和犧牲，我們會繼續跟隨你的理想再努力。」

採訪時間	採訪地點	主採訪者	說明
2014年7月1日	蘆竹鄉南竹路林家	陳銘城、曹欽榮	本計畫
2010年8月7日	蘆竹鄉南竹路林家	曹欽榮	
1996年10月	蘆竹鄉南竹路林家	陳銘城	

錄音轉文字稿：陳淑玲
文字稿整理：陳銘城
修稿：林秀峰、陳銘城、曹欽榮、張宜君

陳銘城　攝影

政治犯之子的脫困人生

— 林森岷訪談紀錄（林元枝的長子）

父親關心窮苦 黑白兩道都買帳

我是林森岷，一九三六年生於蘆竹鄉南崁。父親林元枝、母親褚桂妹，家裡因阿公林維贊入贅給丈夫過世的阿嬤卓鍼，她是王家的媳婦，因此父親的兄弟姐妹，除原王公的兒子姓王外，林公所生下的兒女，也大都姓王，只有排行老三的家父姓林，繼承阿公的姓氏。由於大哥早歿，身為老二的我，就變成林家的長子，也就是弟弟、妹妹口中的大哥。記得小時候，家裡開農場，飼養兩匹馬和多隻的牛隻，能幫忙犁田，農場裡有種稻、種菜，也種甘蔗。我們在崁仔腳（內壢的地名舊稱）有製糖間，糖做好後，日治時代就交給製糖會社收購，光復後就交給臺糖公司來收購。

我的老爸林元枝，早在日治時期就是蘆竹鄉南崁地方上、黑白兩道的公親，只要他出面調和的事，大家都會買他的帳。家裡還開了一家「黎民商店」，是稻米糧行，爸爸對窮苦人家沒錢買米，總是讓他們賒債、將賬記在牆上，等他們有錢再還，沒錢還米債的話，爸爸也不會放在心上，更不會去催討。

記得，日治時期的某一晚上，有一位駛牛車的人，因為夜晚的牛車沒點燈，被抓去警察局，日本警察很兇，又打他又對他灌水，他叫人來找我爸爸求救。半夜裡，我爸爸跑去警察告訴日本警察說：「他是我的工人，是我叫他去幫我打穀子的，請放他回家吧。」然後，父親把警察寫的筆錄撕下吞到肚子，讓他回家去。我的父親就是這樣關心窮苦的勞動者，讓我看到很多中下階層的艱苦人都打從心裡面佩服他、尊敬他。

小時候，我常跟爸爸到南崁街上的「黎民商店」，那裡常有很多人去和爸爸聊天，有他認識的好友，更有從南洋當日本軍屬回來的蔡達三這些人，他們全家在我們家吃喝睡覺，爸爸都不在意。我記得日本發動太平洋戰爭時，美軍的飛機時常飛來臺灣轟炸，我們小孩子常躲在防空壕裡，偷偷地從門縫裡看空戰，飛機對飛機開火射擊，就和電影一樣精彩、好看。

被當首謀逃亡 母扛起家計重擔

一九四七年發生二二八事件時，我唸小學四年級，當時大人們都很嚴肅地忙著討論時局變化時，我們小朋友，就是我和在水利會職員詹木枝[1]（後來遭槍決）的大兒子，還有蔡達三[2]的孩子時常玩在一起。反正就是大人忙碌他們的事，我們小孩玩我們的。

後來，聽說爸爸和詹木枝帶領二十多位青年，到桃園縣大園軍用機場，對守衛人力薄弱的國軍繳械，接收他們的武器，他們也成立民軍的地方防衛隊。但是，國軍二十一師從中國派來臺灣，他們在三月八日在基隆港上岸後，就展開鎮壓和屠殺。父親被國府看成是：桃園縣蘆竹鄉的二二八事件的民軍領袖和反抗者首謀。在政府的追緝下，他不得不展開逃亡，而且一逃就是五年多，不能回家。我們家裡的生活和經濟重擔，只

1　詹木枝，參見本書〈寡母攜十子　走過荊棘路：鄭勳哲訪談紀錄〉，註解3。

2　蔡達三，參見本書〈苦難折磨教會我的事：林秀峰訪談紀錄〉，註解2。

綠島新生訓導處生產班「新生」的菜園。（唐燕妮　提供　／　臺灣游藝數位複製）

能靠沒唸書的家母扛起來，那時阿公給了媽媽一些錢，讓她養育兒女。家裡的人，也一直都沒有爸爸的消息。

特務天天上門　被迫去讀桃農

我初中到淡江中學就讀，當時父親都在跑路，但是那時曾有一位高中生告訴我說：如果沒錢讀書或生活，甚至被人欺負時，有困難的時候，都可以找他，他會幫忙林元枝的孩子，不希望因為林元枝在逃亡，而讓他的小孩遭受難堪，讓我感受到父親在外所受到別人的尊敬。就讀淡江中學時，我的數學很好，雖只是初中生，卻能教人高中的數學，我還因此而被叫：「代數林」的外號。

淡江中學畢業後，我原本想回桃園，就讀桃園中學，但是那一年原本要錄取兩百五十名的桃園中學，卻在第一次放榜五十人的名單後，就聽說其餘錄取者要能捐款給學校者，才能入學。當時有親友說要幫我捐款給學校，但是，當時的我並不想去唸一個用錢去買來的學校。因此，我去讀桃園農校高級部，另一原因那時候父親還在逃亡，每天都有特務來找我的母親，他們要我去唸桃園農校，我可以說是被押著去讀桃農。畢業後，我到農業試驗所（**以前在臺灣大學旁邊，現在搬到霧峰**）上班。因為在農業試驗所工作，經常奉派到臺東出差，讓我很方便能坐兩小時的船，就可到綠島探視父親，我大約去了十多次的綠島，有時只花兩天就能來回綠島、臺東，再回去上班。

利用工作之便 常到綠島探視父親

家父在一九五二年結束逃亡日子，在親友的安排下，向情治單位自新，他被關押和審訊兩年後，在政治考量下，從未審判，以少校教官名義，將他留在綠島「保護」。起初要求父親教政治犯新生「三民主義」課程，但父親推說：「自己受日本教育，國語不好，怕會讓聽課的人有誤解。」由於父親原本開過農場，對養雞、養鴨、養牛、種稻、種菜都很內行，於是，他就被找去當農業生產班的教官。

去綠島探望父親之前，我都會事先寫信告訴他，當然，那時的綠島都是警總的新生訓導處在控制，我在臺東等船時，他們就已經知道我的身分。我坐過漁船去綠島兩次，其餘都是搭乘交通船，船資數十元。有時候人多，會有人買不到船票，但我一定會有票可上船。同船的人，大都是綠島人出來買東西，要帶回去。那時沒有觀光客去綠島，偶而有外地人進去綠島，大都是去新生訓導處面會政治犯的親人。

我坐的船一靠綠島的碼頭，就看到父親已經在等著接我。父親在綠島是教官，他比其他的新生（政治犯）自由，因為他已報備過我要來綠島探親，所以，父親就可以整天陪我，帶我到處走走看看。父親和綠島當地人很熟，沿途遇到熟人就聊起來，介紹我給他們認識。於是原本走到新生訓導處，只要一兩小時的路程，我們一邊走一邊和當地人聊天喝水，竟然花四、五小時。我在綠島時，都住在南寮的旅社，是有榻榻米的房間。我到父親的住處和新生訓導處各中隊走走，父親會帶我爬牛頭山、觀音洞、柚子湖，我們邊走邊談家裡的事，談我的工作與未來的想法。我記得還和當時綠島新生訓導處主任唐湯銘夫婦合照，他是綠島新生公認的開明長官。

考大學聯考十一次 赴美留學定居

我在農業試驗所當了十多年的臨時人員，一直無法升為正式的人員，雖然所長是我父親以前在臺北二中（現在的成功中學）晚一屆的學弟，父親同班的同桌鄰坐同學，就是後來當過臺北市長的黃啟瑞。幾次升遷的公文給臺灣省政府，都被打回票，理由是：我沒有大學的學歷。飽受刺激的我，決心要考上大學。我前後考了十一次，終於在一九六五年考上師範大學生

林元枝（右1）出獄後，與唐湯銘夫婦（右3、右4）等人合影。（林秀峰 提供）

物系。畢業後一年，父親在一九七〇年出獄回家。我決定要去美國留學，當時我瘦到只有四十八公斤，不用當兵。但是縣政府兵役課長，是一位外省籍的姻親，他知道我父親是政治犯，他告訴我：你要出國的話，一定要先當兩個月的國民兵。於是我就去中壢兵工學校受訓，完成兵役義務。

接著，父親帶我去警總找保安處長幫忙，我帶著證件去，也順利拿到出境證。但是警總人員卻要我當他們的線民和職業學生，上了出國的飛機後，我就想忘記自己的名字，警總要我隨時寫報告給他們，但是我並不想這麼做。三十四歲出國前，弟弟替我去借十萬元，後來，我賣了現在三弟秀峰家隔壁的房子，每坪兩千元，四十坪的房屋，總計是新臺幣八萬元還債。

我到美國密蘇里州讀生物碩士，一面到餐廳打工，一面讀書。後來又到密西西比州讀生物博士，當時我認為生態很重要，但不好找工作，頂多是到學校教書。在美國時，一直都有人在注意我。我從來不參加臺灣人的社團或活動，避免給別人和自己，惹政治上的麻煩。

我的英文一直沒進步，平時也都到唐人街吃飯，講中文較為方便。後來小弟也來美國留學，他畢業後在奧克拉荷馬的一家石油公司上班，我就在那裡開餐廳十多年。接著，弟弟又搬到加州洛杉磯北方開車兩小時的地方，他換到那裡的石油公司上班。於是，我再搬到那地方開中式餐廳，每次評鑑，無論是菜色、服務或氣氛，我的餐廳都得到第一名。雖然，住的地方只有十多萬的人口，在二〇〇四到二〇〇五年時，美國房價大漲，但是我住的鄉下卻很便宜，又很舒適。

昔日搭機 保安人員坐旁邊監視

我直到四十歲才結婚，妻子是護理師。我們有一兒一女，兒子是齒科醫師，他們夫婦為我生下四個孫子。女兒嫁給臺灣去的女婿，女婿的外公是臺南人，開過東南紡織廠，女兒和女婿都在蘋果電腦公司上班。

我現在已經退休，我會更常回來臺灣老家，探視親友，特別是向父母親掃墓。以前我從美國回臺灣時，搭飛機的座位，都是同一個位置，那是經濟艙的第一排座位，是保留座，旁邊都坐有保安人員，身上帶槍枝，他們就是要監視我。回到家的第二天，我就會收到後備軍人的教育召集令。一直到解嚴後，李登輝當總統，我搭飛機才不再有人監視和被指定坐第一排的機位。

這是我第一次接受訪問，說出我父親的受難故事。

採訪時間	採訪地點	主採訪者	說明
2014年4月6日	蘆竹鄉南竹路林秀峰家	陳銘城、曹欽榮	林秀峰陪同

錄音轉文字稿：陳淑玲
紀錄整理：陳銘城
修稿：陳銘城、曹欽榮

陳銘城　攝影

二二八改變父親的一生

— 吳泰宏訪談紀錄（吳敦仁的兒子）

爸爸的事都是聽親友轉述

我們家世居桃園縣蘆竹鄉南崁羊稠坑吳家庄，我一九六二年出生，今年五十三歲。我的父親吳敦仁、母親吳林月嬌。我在家中排行老三，上有大姊玲娟、二姊玲芬，下有妹妹玲瑩，姊妹均已出嫁。

老實說，從小在吳家庄從來沒有聽過有關爸爸年輕時的事情。大約到了一九九二年，有一次去高雄參加教會的儲蓄互助社會議，在六合夜市吃飯時，聽我堂哥吳延璇說起：「他小時候在吳家庄，因為我父親二二八的事，警總會在凌晨以查哨名義來吳家庄抓我的父親，在寒冷的冬天，把吳家庄的親人全部叫到外面，當時吳家的大房吳明約[1]，不但被斥罵沒有交代父親的行蹤，甚至還曾經被用槍托毆打身體。」表哥王信夫說起：「桃園二二八事件起義第一槍，是我父親開的！」

這是我第一次聽到父親和二二八有關的傳聞，我回來以後問過父親，爸爸說：「這是誤會。」他說他確實有一支短槍，那是因為有人欠他錢，以那支槍抵債。父親曾經在朋友面前對空鳴槍，竟然打下一隻斑鳩，所以別人就誤傳說：桃園二二八事件起義的第一槍是他開的。

1　吳明約（1901-1977），吳敦仁的大堂哥，同住蘆竹鄉羊稠坑吳家庄。日治時期，曾任保正、壯丁團副團長，戰後任第四、第五屆鄉民代表、蘆竹鄉調解委員，是南崁基督長老教會資深長老。

吳明約因堂弟吳敦仁的躲藏、逃亡，被情治軍警夜晚叫去曬穀場上責罵、痛打。（吳燕輝 提供）

家人思念父親 悲痛萬分

我父親去世以後，臺北的二叔吳敦義告訴我說：當時有一個海軍上校在吳家庄租了一個房子，等待逮捕我父親到案。聽說當時我父親是躲在附近的山區，父親的堂姪女吳錦桃還是小學生，她把飯盒放在山上某個固定地方，父親會去拿來食用。這位上校會故意拿信給唸臺北師範學校的二叔帶去臺北，目的是為了監控得知父親的行蹤。二叔也曾提及：他的哥哥在被抓之後，囚禁在保安司令部東本願寺[2]，經父親要求，二叔還幫忙寫一些父親寫不完的思想改造的報告。

我聽說過，爸爸逃亡的時候，曾經在基隆葉姓親友家躲藏，當天晚上，爸爸聽到葉姓親友的太太對先生說：「我們讓他住在我們家，可能我們全家都會被抓去關！」爸爸當晚就離開了。他不願意自己的麻煩造成別人困擾與傷害，這就是我的父親。

2 東本願寺，參見本書附錄「白色恐怖相關名詞說明」。

我的二姑媽曾經說：「我的母親在他兒子逃亡日子中，逢年過節是唯一能吃到雞鴨魚肉的時候，母親想到兒子在外逃亡、是死是活，音信全無，她悲傷到不吃任何雞鴨魚肉，用這樣的方式來思念他的兒子！」

我也聽說，年老多病的阿公被警總帶到苗栗山區，要他沿著父親可能的躲藏地點叫著：「阿敦啊！出來喔！阿敦啊！出來喔！」

因二二八背景工作不順遂

小時候我的印象，父親經常在外面工作，假日偶爾會回來，父親很沉默，也有點嚴肅。警察經常會到我們家來，我們不知道為什麼。因為爸爸不在家，警察對媽媽的口氣很兇，母親也不知道我父親的過去。印象中，父親也曾經和前來的管區警察大聲爭執，他給我的感覺是：不畏懼。到一九七二、七三年左右，我大約小學五、六年級，爸爸回到南崁工作後，警察才不再經常來我們家。

我聽母親說：他們一九五六年結婚以後，父親都在臺北工作，他做過會計、在工廠管帳、鋪設柏油路監工，也曾與人合夥在三重埔做手電筒生意，主要合夥人竟然捲款跑到日本去，讓父親揹了一屁股債。他也曾經到三峽批發竹筍到市場賣，可是從三峽到桃園的市場，隔了一天，竹筍老了賣不出去。隔壁的伯父建議他去養當時日本流行的十姊妹（斑文鳥），父親為此還跟親人借錢投資，當時臺灣一窩蜂飼養，小鳥繁殖後，市場需求也沒有了，虧損了錢。父親工作總是不順利，斷斷續續地待業在家。

與老闆理念相悖提前退休

父親曾說應徵工作、或工作過程，因為對方得知他有二二八的背景，不錄用、或很快就將他辭退。回到南崁後，爸爸始終工作不順利，母親為了家計，經堂姪女吳錦智女士介紹到桃園的蘇婦產科，擔任煮飯與清潔幫傭工作。那幾年，無業的父親在家務農，生活清苦，當時的心情非常沮喪。

我的妹妹玲瑩曾說：有一段時間中午放學時，同學到家裡來玩，她發現失業在家的父親會從坐在廳堂的位子離開，躲在屋簷外的廊道。一直到年長，妹妹說她才能體會爸爸當年為什麼要躲起來的心情。還有一次，父親對她說：「妳今天下班後，幫我買一包菸回來好嗎？」當年才國一的妹妹暑假打工，爸爸知道當天她領薪水，所以羞赧啟口向孩子要求。妹妹說起這件往事，我們四個孩子都覺得好心疼，不捨爸爸當年工作沒著落，想藉菸消愁，卻不得不向孩子開口的困窘處境。

因為四個孩子要念書，母親幫傭的薪水有限，迫於無奈，父親經人介紹到日本人的美亞錶工廠擔任警衛工作。日本老闆很賞識他日文能力與工作表現，父親就由警衛升任管理員、管理課長。吳家親人也因此到這個工廠工作，後來錶工廠由臺灣人接手，父親離開了美亞錶工廠。經由教會王明仁牧師介紹，父親轉職到永純化工（一九七八年到一九八七年左右），剛開始教日文，當時工廠技術是從日本轉過來。後來父親被邀請正式任職，從擔任檢驗員開始，升到主任，至副理一職，父親六十二歲退休。因公司開始適用勞基法，父親負責人事管理，老闆要他重新計算所有員工年資，以節省公司人事成本，父親覺得這樣做法與他的信仰相悖，提出退休請求，本來可以工作到六十五歲。

母親敬重父親 從不抱怨

母親出生於一九三九年，是瑞芳鎮侯硐人，她的母親林市是童養媳，後來招贅她的父親黃福全。我的母親八歲時就喪母，她的父親另有婚姻，於是母親跟著沒有血緣的祖父母在侯硐火車站旁擺麵攤維生，十五歲到臺北工作，十八歲經人介紹認識父親，十九歲嫁給大她十六歲的父親。

母親雖然只受過四年小學教育，但她是一位心思單純、善良的女性，她說，她是看在父親老實、有讀書，才嫁給他，她並不在意父親左手小兒麻痺不方便，甚至父親待業在家的那段時間，她任勞任怨，外出兼顧兩份工作。印象中，母親從來沒有因為生活困難而對父親說出抱怨的言語，反而非常體諒父親左手不便，敬重父親。

我們兄弟姊妹小時候，和父親相處的時間少，加上他嚴肅不苟言笑，我們都很怕他。但是我發現家族鄉里的人對他很敬重，像是我二堂哥吳延齡，他的孩子命名都由父親取的，大堂哥吳延壽的孫字輩也請父親命名。曾任蘆竹鄉長曾文敬遇見父

左圖為吳敦仁3歲時因小兒麻痺，被父親帶去淡水醫院檢查，得知無法痊癒後，父親帶他去相館拍下這張留念照片。右圖為吳敦仁、吳林月嬌結婚照。（吳泰宏 提供）

親時，和父親互動客氣又恭敬，我很訝異他們和父親不熟，但是對父親敬重有加。

小時候，我們家境困窘，但是到了父親晚年，四個孩子成家立業以後，家中環境好轉許多。我發現父親沉默與嚴肅之外，他的心地卻非常善良寬厚，例如鄰里街坊有困難與需要時，他總是默不出聲給予經濟上的幫忙與協助，父親的身教，讓我們學會了彼此互相幫助與扶持。

晚年偶爾提起他的過往

父親很少提及他以前的事，在他退休我成家以後，父親偶爾會提一些過往的事情。我和父親前往羊稠坑吳家墓園，通往林口戰備步道旁，父親會主動說：「當年走路（逃亡）時，白天躲藏，深夜從這條路走到臺北…」他只輕描淡寫、一語帶過，沒有跟我們詳談過他的心路歷程。有一次，我們全家去新竹城隍廟附近遊玩，父親說：「當老師時，我曾經在新竹師範上過半年的課程。」

母親也不清楚父親的過去，父母親的婚姻是經人介紹，我太太曾經問過母親：「您知不知道爸爸的過去？」，母親回答：「我不知道，你爸爸沒有跟我提起過去，也沒有其他人告訴過我。我是看你爸爸老實、認識字、有讀書、家裡又是信基督教，所以嫁給他。」曾經有人對母親說：「你先生是思想犯，這是很嚴重，妳怎麼敢嫁給他？」母親聽了很害怕，為此曾經問過她最親近的姑丈：「什麼是思想犯？」姑丈似安慰又同情，對母親說：「就是思想犯啦！不要緊的，事情已經過去了，不用再提了！」一語帶過。母親也問過父親，父親就以：「就是我過去做不對的事情！」簡單回答母親。純真善良的母親就這樣相信自己的先生，不再過問。我可以感覺出來，不但父親不願意提當年的事情，就連家族其他人也是不願意碰觸這個禁忌的話題，感覺上大家都有畏懼的心情。

因信仰化怨恨為感恩的王明仁牧師來了南崁教會，跟他的母親都非常熱心傳福音，牧師就邀請父親到教會去服事，從此父親熱心於教會事工，他擔任長執任內，建立教會財務管理體系。一九七八年，父親被牧師指定擔任南崁教會建堂委員會的

吳敦仁（前排右1）與母親、姊妹、弟弟們在南崁羊稠坑吳家的合照。（吳泰宏 提供）

主任委員，不是因為父親富裕，是因為父親公正，值得信任，甘心樂意奉獻，父親甚至標會借錢奉獻，完成南崁教會歷史上第三次建堂事工。父親在南崁教會先後擔任一任執事、七任長老，直到七十歲服事退休，被教會推選為南崁教會名譽長老。

同情弱者 樂於慷慨解囊

我知道父親早年算是幸福的，他曾經說過：他和南崁初農的日本老師一起去屏東農業學校遊玩。當時，吳家的環境不錯，父親算是受過教育的，因為二二八改變了他的人生。父親晚年，我認為信仰對父親的人生是有幫助的，就連我太太，雖然她是外省人且在眷村長大，但是父親不但沒有反對我們交往，我們婚後，他對媳婦非常疼愛。

特別是孫子陸續出生以後，父親變得更有笑容，他會教孫子們唱日本歌、說故事，享受含飴弄孫的家庭生活。父親特別喜歡美食，我們常常一家五口，假日的時候外出享用美食。曾經開車到九份、南寮漁港、鹿港、溪頭等地，只是吃吃美食就回來，可以感覺出來，爸爸非常開心！這讓我覺得父親的人生，由幸福的早年到受政權更迭作弄的中壯年，到了晚年重拾幸福平安的生活。父親豁達開朗且有愛心，他同情弱者，從不會看重金錢，只要親人朋友有需要，他樂於慷慨解囊。

獲頒蘆竹鄉模範父親 全家留影

父親在一九九七年榮獲蘆竹鄉模範父親，頒獎當天他不願意去領獎，是我去幫他領回紀念匾額與獎牌，我太太還刻意安排到照相館拍一張全家照。我們事先帶了模範父親的榮譽背帶去，父親硬是不肯戴上，在照相館的小姐協助下，幫爸爸戴上，我們才得以留下這張珍貴的全家福照片。

我認為父親的人生，由甘到苦轉為甜，這一切都是信仰幫助了父親，放下曾經在心中盤繞的種種不堪、苦難、怨恨，轉化為感恩。父親曾經跟我說：你不要以為警總那些刑求的人都是壞人，當中也有好人。他們告訴被刑求嚴重的人說：「你們回去後，要喝自己的尿才不會死。」父親還告訴我：可能因為他左手小兒麻痺，他在警總囚禁，沒有受到刑求。父親說當他看到有人被刑求致死，他才發現原來讓他一生不方便的左手小兒麻痺印記，或許是上帝的化妝祝福，讓他沒有受到刑求、致死。

吳敦仁（前排左3）曾在南崁教會先後擔任一任執事、七任長老，直到70歲服事退休，被教會推選為南崁教會名譽長老。（吳泰宏 提供）

1997年吳敦仁獲蘆竹鄉模範父親，吳泰宏夫婦（後排站立者右3、右4）與姐姐、妹妹們特地安排在照相館合拍全家照紀念。（吳泰宏提供）

吳敦仁夫婦與孫輩們合影。（吳泰宏 提供）

王玉珊律師挺身幫忙平反

我們從父親口中知道他與二二八事件的歷史並不多，父親過世的前兩年，我太太曾經試著問過父親兩、三次說：「爸爸聽說我們可以辦理二二八事件受害補償，即使不是為了補償金，也希望調查後能回復父親的清白與名譽。」父親都是簡單的說：「不要啦！」從父親乾脆的拒絕，我們也不敢再多問、多說什麼。

父親去世後，二姑媽吳淑霞來電說：聽說某某人都有去辦理二二八事件的受害補償，你們也可以幫你爸爸申請受害補償。父親生前都一再拒絕辦理，但是聽說他卻在李永壽申請二二八事件受害補償，幫他作證。

後來，我太太找到親戚王玉珊律師，幫我們申請二二八事件受害補償。當我們第一次收到法院的判決書，判決書上說父親所受的一切，都是咎由自取。這個訊息讓我們相當的震驚與氣憤！我們終於知道父親生前說什麼都不願意辦理申請，若他得知這樣的判決結果，豈不再次受傷害？

申請受害補償 再度受傷害

王律師告訴我們不要太在意這個判決，我們還可以再次提出，經過一年多的時間，最後政府是以冤獄賠償的方式，還我父親公道。

當時沒有法官審理的案件，也沒有判決書，就直接把父親囚禁起來（**一九五二年一月十四日自首，直到一九五三年六月十三日，交予警察管考**）。在我的心中，政府還給父親的公道只是那麼些微，政府只認錯父親被囚禁的那兩年四個月（**申請賠償，法院認定期間**）。但是，父親在被囚禁前，被逼迫逃亡五、六年之久；被囚禁回來，一、兩年的時間，他必須每天睡在政府監控的宿舍裡，無法工作，甚至白天還要去幫忙找有沒有同黨的人。即使我父親回到家裡，他也是在警總人員有形、無形的監控中，一直到一九七幾年之後，警察才不再來家中盤查，這一切都是父親所受的迫害！

父親不為人知的內心世界

父親惹上麻煩，糾纏他一輩子，他自己看得最清楚。基本上，父親關心社會公平正義，他年輕時曾經有這樣的熱情，但是在那個時代都被封殺、殲滅了。

其實，父親是非常的沮喪，他的心情很難被理解，也很難找到人可以深談他的心路歷程與無奈。經歷了這一切人生苦難，父親看得很開，不會侷限在省籍情結中，因為父親什麼狀況都遇過了。

最後，我要感謝陳銘城的分享，他在父親生前訪問的文章，讓我們做子女的更能理解、體貼父親當年受苦的那份心境。

清鄉逃亡的黑暗日子

— 吳敦仁訪談紀錄

二十四歲的桃園鄉村教師吳敦仁，在二二八事件中，跟隨桃園縣蘆竹鄉長林元枝率領的青年群眾，到大園埔心軍用機場「接收」武器，此後即在「農民運動」的老前輩簡吉[3] 的影響下，加入中共在臺的地下組織。

在清鄉、白色恐怖的一九五〇年代，簡吉、蔡孝乾[4] 等共產黨領導幹部紛紛被捕，全臺各地的地下組織也分別被破獲，但是桃竹苗及新北市海山地區卻因負責幹部堅不吐實，而得以

3 簡吉，參見本書〈運轉手的人生：陳景通訪談紀錄〉，註解19。

4 蔡孝乾，參見本書〈運轉手的人生：陳景通訪談紀錄〉，註解4。

繼續在山區展開共黨重整擴大運動。逃亡五、六年的吳敦仁，曾在蘆竹鄉山洞裡油印過地下刊物《黎明報》，曾逃到通霄、苑裡火炎山一帶，當過香茅園工人和燒炭工人，直到共黨重整幹部陳福星[5]、黃培奕[6]再度被捕自新成為調查局幹部後，他才在三十歲那年，和林元枝等人出來自首。這段珍貴的口述歷史，正是可解開清鄉年代的歷史謎團。

二二八衝突後追隨林元枝

我是吳敦仁，家住桃園縣蘆竹鄉羊稠坑農村，一九二三年出生。二二八事件時，我才廿四歲，剛離開小學教職，我認為二二八事件的發生，是臺灣人對祖國期待過高，而轉為失望的反抗事件。

---

5 陳福星，臺南市人。1946年由李媽兜介紹，認識蔡孝乾。1946年11月，與李媽兜等人成立臺南市工委會。後任臺南新豐農業學校校長。後奉命至南崁林元枝處及北部鐵路沿線擔任教育工作。1948年奉命領導曾永賢、劉興炎、林希鵬、黎明華、蕭道應、黃培奕等人。1950年，蔡孝乾被捕，陳福星重新整頓中共臺灣省工委會，化名「老洪」，退入苗栗三義深山。1954年被捕，同年與省工委主要領導幹部召開記者會，表示脫離組織，並呼籲仍在逃的同志自首。參見許雪姬總策畫，《臺灣歷史辭典》（臺北市：文建會，2004），頁854。

6 黃培奕，臺北鶯歌人。曾為臺灣省工委會幹部，陳福星被捕後，在陳福星說服下自首。參見《轉型正義與記憶政治（思想5）》電子書：http://books.google.com.tw/books?id=E9-0AwAAQBAJ&pg=PA181&lpg=PA181&dq=%E9%BB%83%E5%9F%B9%E5%A5%95+%E8%87%AA%E9%A6%96&source=bl&ots=CBbw8QszVj&sig=y7qLf9TsvdNOkEtjUyUNfG8XaS0&hl=zh-TW&sa=X&ei=JNbqU7GZBNi58gW32oHlBw&ved=0CB0Q6AEwAA#v=onepage&q=%E9%BB%83%E5%9F%B9%E5%A5%95%20%E8%87%AA%E9%A6%96&f=false（2014年11月3日瀏覽）。

當時的蘆竹鄉長林元枝[7]，是我姐夫王傳培的三哥，也是桃園地區二二八的領導者，因此我也參與其中。林元枝是蘆竹鄉南崁村的富家子弟，日治時代經營米糧期貨，二次大戰結束後，他當選蘆竹鄉長，曾出面組織地方公安隊，並且擔任隊長，以維持地方治安，當時地方上的黑白兩道都聽從他。

一九四七年三月一日，在獲知臺北市的二二八衝突後，桃園、南崁地區有不少青年學生和海外當軍伕回來的青年，去找鄉長林元枝，要求他帶領大家去接收埔心軍用機場（原「圈仔內」）。起初，林元枝並不想出面，但是後來他還是帶領二十多位青年去接收大園鄉的埔心軍用機場。當時我留在機場外面守候，並未跟隨進入機場內，聽說機場駐軍早已聞風跑光光，只把軍械倉庫鎖著，林元枝等一行人只拿到一支三八式步槍，外傳林元枝當時擁有大量武器，不知是否從其他地方「接收」而來。

桃園鎮方面，參與二二八反抗的青年，聽說曾在軍警的追擊下，逃到大溪鎮崎頂的隱仔城廟，遭到刑警的包圍，一位劉姓青年遭警擊斃，其餘則逃散了。二二八之後，林元枝鄉長開始逃亡，四處躲藏，成為二二八清鄉時期的通緝要犯。

當時新竹州的縣長劉啟光，就是日治時代的老臺共侯朝宗，他在縣長任內，曾介紹農民組合的老同志簡吉到新竹州桃

7　林元枝（1910-1982），參見本書受難者簡介、〈苦難折磨教會我的事：林秀峰訪談紀錄〉、〈政治犯之子脫困人生：林森岷訪談紀錄〉。

園水利協會任職理事。因此，簡吉在二二八事件後，經由共產黨臺灣省工作委員會領導者蔡孝乾（**蔡與簡係日治時代舊農組臺共老同志**）之關係，恢復參加組織活動。一九四七年年底至一九四八年左右，簡吉擔任新竹地區工作委員會書記，接受「臺灣省工委會」武工部部長張志忠[8] 指揮，在桃園從事農民運動，並且祕密吸收不少人加入地下組織。此外，簡吉負責桃園虎頭山腳的日本神社，改為忠烈祠以供奉抗日名單。據說，他將日治時代從事農民組合的老臺共同志趙港[9] ，列入桃園忠烈祠內供奉。

受到簡吉影響加入地下黨

簡吉首先透過舊農組成員，任職桃園大圳水利委員會的詹木枝[10] 關係，認識林元枝鄉長，再透過林元枝的人脈，吸收當時參與二二八反抗的知識青年。我就在一九四八年，簡吉透過林元枝的介紹，吸收我參加地下黨。同一時間被簡吉吸收的桃園地區知識分子，還包括：蘆竹鄉南崁國校教員黃玉枝[11] 、教

---

8 張志忠，參見本書〈回家的路等三十三個年頭：徐文贊訪談紀錄〉，註解14。

9 趙港（1901-1940），臺中大肚人。日治時代，組織「大甲農民組合」，後與簡吉成立全島性「臺灣農民組合」。1926年12月加入臺灣共產黨。1931年被捕，在獄中病逝。參見許雪姬總策畫，《臺灣歷史辭典》（臺北市：文建會，2004），頁1184。

10 詹木枝，參見本書〈寡母攜十子 走過荊棘路：鄭勳哲訪談紀錄〉，註解3。

11 黃玉枝（1927-1953），參見本書受難者簡介、〈為冤死的大哥哭泣：黃玉麟訪談紀錄〉。

員蔡文松、蘆竹鄉公所職員呂喬木[12]、張金枝、林葉洲[13]以及被判刑二年的林器聰[14]。至於林元枝鄉長本人，據說，他被地下組織認為個性較衝動，不適合當地下黨員，因此被保留為外圍關係，稱為「友仔」。

我之所以會加入共黨地下組織，可說是在思想上受到簡吉的影響相當大。二二八事件後，簡吉在南崁地區活動時，曾來過我家，他為人很好，做事很硬氣，不菸不酒，生活簡單，是一個真正的革命者，我和他很談得來。因此，簡吉叫我寫自傳給他，我即加入組織，先後接受新竹州幹部張志忠、陳福星和周慎源[15]等人的領導。

南崁是簡吉發展農民運動的重要據點，他在南崁吸收不少舊農組時代的農民。當時在南崁羊稠坑山上，由地下黨員童開日[16]提供一間在二次大戰時，躲避空襲疏開的房子，不但二二八逃亡的林元枝鄉長常跑去那裡躲避，簡吉也利用那裡找農民去開會，舉辦過二、三次說明「三七五減租」和「耕者有

12 呂喬木，參見本書〈苦難折磨教會我的事：林秀峰訪談紀錄〉，註解6。

13 林葉洲（1920-1953），苗栗人。涉1953年「王石頭等案」，1953年9月8日被槍決。參見〈找尋亡父林葉洲的足跡〉，《看到陽光的時候》（新北市：國家人權博物館籌備處，2014年），頁321-335。

14 林器聰，1923年生，新竹人。涉1949年「林秋蘭等案」，被判刑2年。

15 周慎源，參見本書〈回家的路等三十三個年頭：徐文贊訪談紀錄〉，註解11。

16 童開日，依據林清波等人判決書：「…林清波係農林公司水產分公司管理員，常與匪諜林元枝、童開日、詹木枝等來往。卅七年九月間，林元枝等匿居林清波家隔鄰時，常向林宣傳大陸共匪政治如何優良等反動言論…」。

吳敦仁年輕時照片。（吳泰宏 提供）

其田」的農地改革政策會議。多位曾參加會議的無辜農民，後來竟因自首的童開日（家開中藥店，外號「矮仔金」），供出外號「蛙仔」和卓金生[17] 等人，曾參加簡吉主持的祕密農運會議，因而逮捕了卓金生、「蛙仔」、游則智[18] 、李傳根等農民。當時承認者如卓金生、「蛙仔」等人都被判死刑槍斃了，而不承認者如游則智則被判刑十二年，其實他們都只是被找去聽農地改革，但是對政治完全不懂的無辜農民。

簡吉在臺北城被捕遭槍決

另一方面，簡吉則叫逃亡的林元枝到「十三份」山區開拓人脈關係，而遭到簡欣哲（曾任桃園縣議會議長）向保密局

---

17 卓金生（1918-1952），桃園人。涉1952年「省工委海山地區圳子頭支部呂華璋等案」，1952年12月9日被槍決。

18 游則智，1915年生，桃園人。涉1952年「省工委海山地區圳子頭支部呂華璋等案」，被判12年。

密報，因而暴露身分。一九四九、一九五〇年左右，共產黨在三民與三峽之間的五寮[19] 及十三份山區，建立祕密基地，十三份位為現在復興鄉三民村和大溪鎮烏塗窟附近的「水流東」坑底，是一個少有人跡的山區。

一九五〇年四月，簡吉欲進入臺北連絡張志忠而被捕。當時臺北地區的組織已因基隆中學《光明報》案[20] 而被破獲，在風聲鶴唳之中，我們曾勸簡吉不要進入臺北城，但是他堅持「不去怎知上級如何指示？」結果簡吉還是被捕，後來遭槍決。

我則因為林元枝到十三份暴露行蹤，保密局幹員已逮捕我的朋友林器聰和蔡文松的哥哥蔡文讓，而不得不展開五、六年的逃亡日子，因為這兩位被捕者，都是我曾拿雜誌給他們看，並吸收為地下組織的成員。

二十五歲展開近六年逃亡歲月

一九四八年，廿五歲那年，我開始離家「跑路」，最早先

19 五寮，位於新北市三峽區。

20 基隆中學《光明報》案：基隆中學校長鍾浩東於1947年9月成立「基隆中學支部」，1949年5月擴大成立「基隆市工作委員會」，發行《光明報》地下刊物。不久被破獲，1949年8月保密局大舉逮捕組織成員，至1950年2月，該案共逮捕四十幾人。參見中研院近史所，〈基隆市工作委員會案相關口述〉《戒嚴時期臺北地區政治案件口述歷史（一）》（臺北市：中研院近史所，1999），頁231-291。

到我家屋後，南崁羊稠坑山上附近的桂竹林下，搭草寮、掛小蚊帳住下來，家人也會偷偷送飯來。也曾到友人張四平家所有位於南崁營盤坑山上的山洞裡躲，並與當時因臺大學潮「四六事件」[21] 而逃亡的臺大學運青年王子英[22]，在山洞裡油印地下黨宣傳刊物《黎明報》，再送臺北分發，先後共十二期。其中，多數文章均出自王子英的手筆。

簡吉被捕不久，桃園縣刑警總隊開始循線展開逮捕行動，首先要抓的人，就是和我同時被簡吉吸收的呂喬木、黃玉枝二人。黃玉枝老師在沒有料想到的情況下，在任教的學校被捕，後來不幸遭槍決。曾在蘆竹鄉公所任職的呂喬木則因不敢住家裡而逃過一劫。接著桃園刑警總隊也追查到南崁羊稠坑的後山上包圍，於是我決定逃到竹圍去避風頭。在此之前，負責《黎明報》的王子英，被上級領導陳福星接到臺北縣海山區發展組織。一九五〇年夏天，我透過竹圍地區的同志蔡文松關係，先躲到竹圍溪邊林投樹下，後來天氣轉涼後，才被帶到海邊西瓜寮住。

這段期間裡，傳出我的上級領導之一的周慎源遭到刑警隊圍捕，因持槍拒捕而當場被開槍打死。周慎源是學運出身的共產黨員，他曾是臺北師範學院（現今之「師範大學」）的學生自治會長，在一九四九年臺大及師範學院爆發學生與警察衝

---

21 四六事件，參見本書附錄「白色恐怖相關名詞說明」。

22 王子英，臺北人。臺大學生，被捕後，辦理自新。參見李敖編，《國安局：歷年辦理匪案彙編（二）》（臺北市：李敖出版社，1991）頁231-236。

突的「四六事件」中，數百位學生遭到逮捕時，被捕的周慎源從三輪車上跳脫逃走，後來輾轉在桃園地區活動。一九五一年十一月，臺灣省情報委員會主持的桃園肅殘聯合小組，根據線索，在周慎源經常出沒的桃園中路茄苳溪橋附近部署守候，看到農民打扮的周慎源在中路「店仔」買高級的「雙喜」香菸，引起多位守候刑警的注意與懷疑，立即上前盤查。據說周慎源也當場拿出手槍拒捕，卻因子彈卡住，他丟棄槍枝，又拿出手榴彈，欲咬開保險栓反抗時，卻遭到刑警們當場開槍擊中頭部身亡。

居無定所到處打零工躲藏

離開竹圍後，我被上級領導之一的黃培奕接到臺北縣三峽鎮的圳子頭基地（**三峽鎮大埔再進去的牛角山地區**），投靠煤礦工人龔阿斗[23]、陳清要[24]等人，透過他們的關係掩護了十多天。不久我就接到通知，和在圳子頭支部認識的三峽人彭坤德[25]一起到中部苑裡、通霄一帶躲避。我們依指示搭火車在苑裡下一站的日南小站下車，再往北直走，果然有人在等候我們，一看原來是我在南崁逃亡失散的老同志呂喬木。他早已到

23 龔阿斗，臺北人。被捕後，辦理自新。參見李敖編，《國安局：歷年辦理匪案彙編（二）》（臺北市：李敖出版社，1991）頁392-406。

24 陳清要，臺北人。被捕後，辦理自新。參見李敖編，《國安局：歷年辦理匪案彙編（二）》（臺北市：李敖出版社，1991）頁392-406。

25 彭坤德，參見本書〈苦難折磨教會我的事：林秀峰訪談紀錄〉，註解8。

中部地區和領導幹部蕭道應[26]、簡國賢[27]等人會合。

蕭道應醫師在抗戰時期，曾赴中國大陸，他擔任過臺大醫學院講師及地下黨支部書記，也是陳福星重整共黨組織的省委，於一九五二年四月廿四日在大安溪附近山洞內，被調查局利用自新分子誘捕後自新，接著領導人陳福星也被捕、自新。

簡國賢是桃園人，名劇作家，是一位非常有修養的社會主義信徒。他在逃亡中，仍經常看書，並且耐心地為不識字的農民講解社會制度的不合理。聽說他曾在同學的介紹下，逃到大安溪附近為人養鴨，曾遭居民誤解砍傷其手臂，最後仍被逮捕，簡國賢被捕後，仍不肯供出口供和認錯，只肯述說自己的共產主義理念，因而遭槍決。

我們先到苑裡平地的農家打工，再由苑裡一位石姓友人介紹到通霄山上的香茅園，當臨時工人，或者為人燒炭打零工。從事體力勞動，不拿工錢，雇主供應三餐。有時住在山上的炭寮，如果工寮接近山下，我們就另行在外面找住處，以免行蹤暴露。

---

26 蕭道應（1916-2002），屏東佳冬人。臺北帝國大學醫學部畢業，與許強、李鎮源等人同班。專業法醫學。他是臺大醫學院成立以來，法醫學科第一位臺灣籍的主任，1950年傅斯年校長任內辭職。離開臺大教職後，1952年被捕，辦理自新。參見維基百科：http://zh.wikipedia.org/wiki/%E8%95%AD%E9%81%93%E6%87%89（2014年8月13日瀏覽）。

27 簡國賢，參見本書〈不畏艱困 逆游而上：劉志清訪談紀錄〉，註解4。

在通霄為人燒炭時，「跑路」多年的蘆竹鄉長林元枝曾來找過我們，原來是他的目標太大，四處都在緝捕他，他本人沒耐性沈潛下來，陳福星等人只好叫他來找我們。不過，他還是到中南部去躲了一陣子後，又逃回桃園附近躲藏。

不久，石姓友人帶我們過大安溪，到火炎山去過一次。聽一位苑裡姓莊的農民說，最近有一位逃亡者住在甘蔗園寮仔（其實是調查局部署的線民），我們覺得有些不對勁，不敢多逗留，乃轉回到通霄去為人燒炭打工。果然，不久火炎山那裡就被抄。

領導幹部紛紛自新協助追緝

在通霄逃亡時，我曾寫信託呂喬木代轉給上級領導陳福星、黃培奕等人，信中我向他們報告，未來將如何發展組織，並且計畫從中部山區北上，由臺北縣坪林往宜蘭方向發展。我哪裡會知道，信才寄出後，陳福星、黃培奕等上級領導已經被調查局逮捕、自新，並且他們都在協助調查局追緝我們。這時，林元枝鄉長再度跑回通霄找我們，我和彭坤德、呂喬木和林元枝四人決定北上，回到桃園縣蘆竹鄉外社山上，躲了五、六個月。期間我們打聽出陳福星、黃培奕、蕭道應、王子英等上級領導幹部，都已分別向調查局自首，成為自新分子（後來更被吸收成為調查局幹員），我猜想寄出的信一定被查扣，他們一定都知道我們將躲到那裡去，顯然已經沒路可逃了。

躲在外社時，林元枝曾經偷偷回去他家洗澡，並且和我的

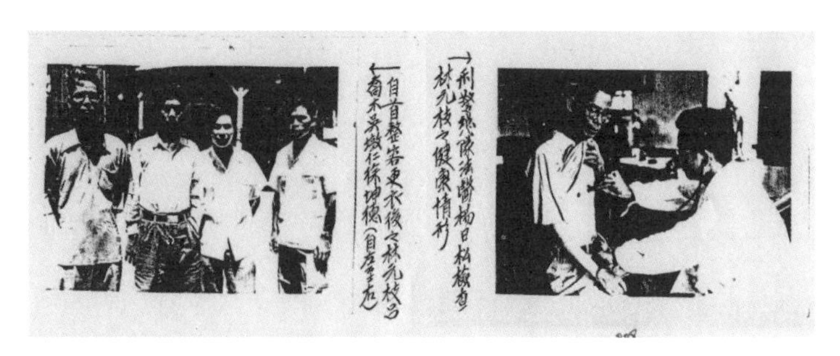

吳敦仁與林元枝等人自首的官方檔案複本。

姐夫，也就是林元枝的四弟見過面。姐夫苦勸患有肺病的林元枝要保住性命，最好出來自首。但是這件事，林元枝回到外社時，並不敢讓我們知道他見過家人。他仍然和我們一起討論，應如何逃亡和發展的計畫。

無路可逃接受自首被關兩年多

過了二天，林元枝才說出他想出來自首，當時我堅決要拚下去，不願自首認錯。經過四、五日的爭執，我想到連有意自首的林元枝已經知道了整個逃亡路線和計畫，無論我如何堅持到底，實在無路可逃，只好接受自首和結束逃亡的事實。

一九五四年，我和林元枝、彭坤德、呂喬木四人，終於出來向臺灣省刑警總隊劉戈青隊長自首。我們被送往保安處關了一年，交代組織關係及逃亡期間所接觸的人脈。由於大多數的人都已被抓或自首，只剩下交代在中部藏匿時的農民關係。後來我們被要求，去叫那些曾經在我們逃亡時，提供我們棲身的農民們，出來辦理自新登記。不過，由於他們大多不知道我們的共產黨身分，並沒有被拖累坐牢，只有一位苗栗縣議員，因曾提供住處讓林元枝住，而被判刑十二年。

林元枝本人雖自首成為自新分子，但是後來他被認為自首交代不坦誠，又被送到綠島關了十多年。出獄回家多年後，在一九八二年因病過世。

對政治失望從此避提當年事

從保安處出來時，我已三十一歲。從廿四歲那年參加二二八事件反抗，廿五歲即因清鄉逃亡五、六年，直到三十歲才辦自首被關兩年多，三十一歲回到家後，我徹底對政治感到失望，從此斷絕對外所有的關係，絕口不再提當年的種種。三十四歲那年，我才結婚生子。不過，我再三交代我的子女，不准他們入黨或參與政治，同時對過去從書本上閱讀所認識的共產主義理想與共產黨組織，也徹底感到失望與幻滅！

後記：原稿曾刊登於1994年《台灣文藝》新生版第六期，篇名〈我在二二八清鄉逃亡的日子〉。2014年8月經加註、修改後徵得吳敦仁家屬同意後公開。

採訪時間	採訪地點	主採訪者	說明
2014年7月12日	桃園縣蘆竹鄉中山路吳家	陳銘城	本計畫 陪同者：吳泰宏妻王秋月
1994年3月	南崁羊稠坑吳家老家	陳銘城	採訪吳敦仁

錄音轉文字稿：陳淑玲

文字整理：王秋月、陳銘城

修稿：陳銘城、曹欽榮

陳銘城　攝影

他的命運都是在拖磨

— 李守信訪談紀錄（李永壽的長子）

我是李守信，李永壽的長子。我四歲時，父親李永壽被抓去關，聽說只是認識當時的蘆竹鄉長林元枝，那時他正因政府要追捕而逃亡。那時我還太小，不太知道很多事情。知道父親要被關十年，不能回家，家裡沒錢，生活很不好過，我上學時，連一雙鞋子也沒有。其實，那時候讀書不像讀書，幾乎都在種甘藷、挖甘藷，和母親辛苦種植一坵無水田（旱田）。當時，有位鄰居親戚李傳根和他兒子，常牽牛來幫忙犛田，又不用收錢，稻穀收割後晒乾，再挑去碾米，我和母親做的最累，弟妹都還小，我就是家裡的長工。

爸爸被抓 窮到欠稅賣田求生

那時，連我阿公也被抓去關兩個多月，拿到自首證，才放他回家。去面會爸爸都是阿公去的，有時媽媽也會跟去，我曾經和阿公去看過一次爸爸，應該是在軍法處看守所，我不是記得很清楚。爸爸被抓後，阿嬤哭得很傷心，她四處要打聽消息，但沒有用。面會時，阿嬤都會事先烤乾豬肉，那是在鍋內不斷地烤乾豬肉塊，這樣才能放久一點，不會很快壞掉。爸爸在新店軍監時，阿公常寫紙條和爸爸連絡，有時是將字條塞在挖洞後的肥皂，最常用的方法是縫進他的褲腳折縫處。當時家裡實在太窮了，沒錢繳田租，因此欠稅，記得我家中午都沒人敢在家吃飯，每天都在阿嬤的指揮下，躲到相思樹園扒飯吃。但家裡還是遭查封，我家的門邊被貼封條，我們怕鄰人看，又貼上別的紙條遮掩，連我家的一部裁縫車也被帶走。其實那裁縫車是我小姑媽的，最後不得已，阿公只好賤賣一甲多的田地，去繳納欠稅，結果剩不到多少錢可生活。這些欠稅賣田的事，家人都不敢讓坐牢的爸爸知道，以免他窮著急。後來爸爸去綠島，我們都有和他通信。

十年後出獄 靠農耕賺錢餬口

我阿公是讀書人，不是粗作人，他的手很細嫩，不曾下田耕種。記得爸爸坐牢時，阿公每禮拜有三天，去臺北的貿易公司為人記帳。他也到桃園車站旁，我四姑婆的夫家開設的店，去幫忙記錄載豬去臺北賣的帳，當然，那是親戚的好意幫忙。印象中，阿公的書桌上，一直都擺放著硯臺、毛筆、沾水筆，他都拿毛筆寫書信給我獄中的爸爸。爸爸被抓前，已有三個孩子，分別是四歲的我，二歲的二弟守義、和出生兩個月的妹妹素妙。父親出獄後又生下弟弟和么妹。我們都沒錢可念書，我念南崁初農畢業後，就去臺北市基隆路的汽車修理廠工作。不久，爸爸就出獄回家。他已經因坐牢十年，不可能再回蘆竹鄉農會工作，其他工作遭遇許多干擾，最後還是打零工和做自家的旱地。他挖池塘埋水管、引水，開始和二弟一起種水果，芭樂、蓮霧，這期間又生下老四守和與么妹素娟。那時每天早上三點多就起床，只要看見水果顏色很好時，就穿起袖套防蚊，摘水果，再分類，分裝好後，就由爸爸和二弟騎腳踏車，從蘆竹鄉

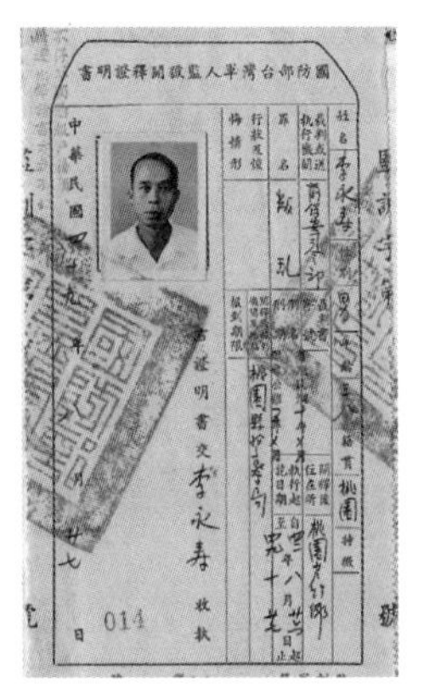
國防部台灣軍人監獄開釋證明書

姓名 李永壽

罪名 叛亂

籍貫 桃園

此證明書交李永壽收執

中華民國 年 月 日

014

李永壽的開釋證明書。

南崁騎車送到桃園的南門市場與永和市場，交給批發商賣，賣價還夠成本，賺一點工錢糊口。

政治犯之子 當兵常被問話

這期間，我白天在臺北汽車保養廠工作，晚上到電子傳授所學技術。二年後去當兵，除了在新兵中心外，我被送去陸軍通訊兵受訓十六個月，成為雷達兵的修復員，有六個月的時間，被派在基隆鼻頭角當雷達兵。當兵時，因為父親是政治犯，常被叫去問話，但是我有電訊專長，問過後都沒事。

退伍後，我考上將軍牌電視服務站，負責外出到客戶家維修電視。剛去時，月薪只有兩千多元，機車由公司提供。我從一九六二年開始做了十二年，一直到公司結束營業。我先在臺北的服務處，第三年派去基隆市，再回臺北，四至五年後，接臺北區班長，負責安排客戶服務的維修服務，安排調度。結束將軍牌電視的修復工作後，我回到蘆竹鄉南崁老家與父母同住，我和以前將軍牌的同事分工合作，從事電器產品的修理工作。除電視外，我也去臺中受訓，修理冰箱，一直做到近年來，身體不好，走路腳不舒服，才逐漸退休。

腦瘤開刀 病痛十年後解脫

我爸爸在一九九八年開始身體不適，起初不知是腦部長瘤，後來發現不能走、不能講，很多事記不起來，去林口長庚醫院檢查後才知是腦瘤，開刀後拿下頭蓋骨，半年後才裝回頭

1998年9月23日，李永壽腦瘤開刀後在家休養。（陳銘城 攝影）

蓋骨。此後狀況不斷，又是血液感染，一下又是尿道感染，醫院進進出出，這十年的臥病，比他以前年輕時坐牢還要痛苦，他不能走路，樣樣都要家人照顧，母親和我夫妻三人照顧他，卻讓他覺得拖累家人，一直想自我了斷。在寒冬四到五度時，他不穿外套，要我們推他的輪椅到屋外，他想自我了結，但自己卻無能為力，那些日子，我家的刀子、打火機都收起來，就怕他輕生。父親晚年的十年病痛，應該比他年輕時的十年黑牢還要痛苦。二〇〇八年，他終於結束病痛，離開我們，不再有人世間的拖磨，享年八十三歲。

一張合照 打入黑牢

一 李永壽訪談紀錄

任職蘆竹鄉農會 戰後通膨嚴重

我是一九二六年九月二十七日出生於桃園縣蘆竹鄉五福

村。我在公學校畢業後，就在日本時代的「蘆竹庄信用販賣利用組合」擔任「給士」（日文，工友），後來升為信用部、出納部雇員。一九四四年因為戰爭中，兵源不足，我在十八歲時被警備徵召，調到大園軍用機場（原「圈仔內」），擔任警備工作一年，到戰爭結束。終戰後，我回到蘆竹鄉農會復職。

蘆竹鄉農會的正對面，就是蘆竹鄉戰後第一任鄉長林元枝的家，我和家父李萬福都和林元枝鄉長熟識、友好，經常交往。特別是他當鄉長，我父親李萬福當蘆竹鄉農會常務監事，也是農會販賣部主任，而我不久後在蘆竹鄉農會主辦蘆竹鄉公所的公庫存款，和林元枝鄉長更常碰面連絡，林元枝待我情同父子。

二次大戰結束，臺灣光復後，原本我對祖國很期待，但是後來發生二二八事件，加上舊臺幣四萬元換新臺幣一元，我家財產幾乎都不見了，只剩下一點的土地。當時家裡大都放現金，錢都變得不值錢，讓我對祖國非常失望。我在農會當出納時，看到來農會提款或存款，都要叫卡車載一布袋、一布袋的舊臺幣的錢。

奉公守法 未參加圈仔內行動

說起一九四七年的二二八事件，當時從臺北爆發民怨衝突後，蘆竹鄉也受到影響，群情激憤，人心惶惶，大家不滿陳儀政府貪汙腐敗。這時，蘆竹鄉長林元枝出面，組成「公安隊」，穩定地方秩序，保護鄉公所和農會。我知道農會司機李火爐（**我的結拜大哥**）開車，載林元枝鄉長、水利會職員詹木枝和其他的青年，總共約二十多人，到大園鄉軍用機場接收槍械，做為「公安隊」維持治安的武器。但是「公安隊」的成員，良莠不齊，被政府認為是叛亂分子。不久，二十一師從中國增援來臺，展開鎮壓報復，許多各地民眾慘遭殺害和逮捕。桃園、南崁一帶，雖然當時的死傷比較不嚴重，但是事件後展開祕密搜捕行動。特別是逃亡的鄉長林元枝和跟隨他的青年，這些曾參加二二八反抗行動的人，早在三月初就逃亡了，他們成為事件結束後的主要追捕對象。

一九四九至一九五〇年間，清鄉白色恐怖的搜捕行動持續進行中。我們蘆竹鄉南崁鄉間，瀰漫著恐怖的低氣壓，連夜晚都隨處布滿便衣人員，分持手電筒搜索民家，到處風聲鶴唳，人心惶惶。有人走避，躲躲藏藏，人人自危，好像隨時隨地都有被抓的可能，更有人不敢回家睡覺。至於我自己，自認沒參加去「圈仔內」的行動。平日奉公守法，不曾做過違規違法的事，因此和往常一樣地上、下班，做自己份內的工作。

六位結拜兄弟均遭波及

我因為受日本教育，國語不好，為了工作的需要，我跟農會總務人員干彼得[1] 學國語，他是臺中一中畢業，曾去過中國上海，戰後回來蘆竹鄉農會，他不參與政治的活動，我和其他

1　干彼得（1989-1971），參見曾文敬主修，〈第十二章　人物傳略〉，《蘆竹鄉志》（桃園縣蘆竹鄉：桃縣蘆竹鄉公所，1995），頁825-829。

1997年10月1日李永壽重返綠島，在新生訓導處舊圍牆遺址前留影。（李守信 提供）

五位好友跟他學國語，我們還因此成為結拜兄弟，卻都在白色恐怖時期遭殃。這六位結拜兄弟依年齡排行如下：老大李火爐是農會司機，曾載林元枝等人去「圈仔內」，接收槍枝，他沒逃亡，但去自新。老二林葉洲[2]，當時蘆竹鄉公所職員，後來回苑里鄉公所任職時被捕，因林元枝逃亡時，去找過他，他提供一包白米給他，竟被判死刑。老三就是我李永壽，在蘆竹農會職員，後來被關十年。老四呂喬木[3]，是蘆竹鄉公所職員，也是我的好友，他跟隨林元枝、吳敦仁[4]一起逃亡五至六年，

2 林葉洲，參見本書〈清鄉逃亡的黑暗日子：吳敦仁訪談紀錄〉，註解13。

3 呂喬木，參見本書〈苦難折磨教會我的事：林秀峰訪談紀錄〉，註解6。

4 吳敦仁（1923-1999），參見本書受難者簡介、〈清鄉逃亡的黑暗日子：吳敦仁訪談紀錄〉、〈二二八改變父親的一生：吳泰宏訪談紀錄〉。

最後才和林元枝、吳敦仁一起出來自新。老五黃玉枝[5] 是南崁國校的老師，他沒逃亡，在學校被捕，慘遭槍決。老六張金枝是蘆竹鄉農會的倉庫管理員，他也沒逃亡，但去辦自新。

經林元枝介紹 認識簡吉

我曾經在林元枝鄉長的介紹下，認識簡吉[6] ，知道他是從事農民運動的人，是「農民組合」的領導人，為人正直，對農民的問題很關心和瞭解。後來張志忠[7] 和周慎源[8] 一起來過我家，我招待他們吃便飯。我知道他們在逃亡，他們拿出油印的《青年修養》雜誌，告訴我說：「青年應多看書。」後來我才知道：張志忠是地下黨的武工部長，和簡吉一樣，被捕後都被槍決。周慎源則是師範學院的學生領袖，一九四九年臺大和師範學院因要逮捕他，而發生「四六事件」，他逃亡到桃園縣來。後來聽說他在桃園中路被刑警開槍打死。林元枝逃亡時，多次來我家見到我和家父，我們都請他吃家常便飯。

我聽說，南崁有位國校老師吳哲明[9] ，警察到學校去抓他，卻不認識他的長相，而向他本人問：「吳哲明的教室在哪

---

5 黃玉枝（1927-1953），參見本書受難者簡介、〈為冤死的大哥哭泣：黃玉麟訪談紀錄〉。

6 簡吉，參見本書〈運轉手的人生：陳景通訪談紀錄〉，註解19。

7 張志忠，參見本書〈回家的路等三十三個年頭：徐文贊訪談紀錄〉，註解14。

8 周慎源，參見本書〈回家的路等三十三個年頭：徐文贊訪談紀錄〉，註解11。

9 吳哲明，南崁國校教師，後躲避而未被捕。

吳敦仁（左）曾為李永壽（右）申請二二八補償時作證，李永壽因林元枝案件被關10年。（陳銘城 攝影，1997年12月4日）

裡？」他機警地指前頭較遠的教室說：在那個教室後面，他立即逃走，後來出來辦理自新。

我與黃玉枝同時被捕 慘遭刑求

一九五〇年十月二十八日上午近九點，我在蘆竹鄉農會辦公室內，正埋頭抄寫報表時，兩位便衣人員，在派出所尤姓警員陪同下，來農會告訴我說派出所裡有人要找我，我跟隨他們出去後，卻被押上早已等候在外的車子，那是保密局的鐵箱子車。十幾分鐘後，看到結拜的黃玉枝老師也被押上車，在車上有保密局的便衣監視，我們無法多交談，黃玉枝說了一句話：「到達後，打下去就知道了。」我們先被送到桃園審訊，當天晚上，就送到臺北市小南門的保密局南所。雖然自認沒參加二二八反抗行動，沒參加任何組織，但是卻慘遭刑求，他們一再追問我跟林元枝的關係和他的行蹤。我說：「他是我父親的世交，也是我在農會承辦鄉公所公庫業務的公務關係的客戶。」我起初以為是林元枝鄉長逃亡而我才被抓，後來才知道，因逃亡時的林鄉長來家吃過飯，家父也被關押兩個多月，之後准他辦理自首。

一張合照 竟成為扣押證據

更要命的是，我事後才知道，保密局人員搜出一張我們結拜兄弟的合照。那是我和呂喬木（當時和林元枝一起逃亡）、黃玉枝老師、林葉洲等人的合照，被當成扣押我的證據。拘留一個月後，我被轉送臺北市大橋頭的保密局北所，那裡原本是辜濂松媽媽辜顏碧霞擁有的高砂鐵工廠。因辜顏碧霞被控資匪[10]，她不但自己被關在自家的工廠裡，還關了許多政治犯，文學家葉石濤[11]也曾經關在那裡。

我的案子，被擱置了三年，直到林元枝、呂喬木出來自新後，才再問我是否知道他們已經結束逃亡，出來自新。我回答說：「他們出來最好，歡迎和他們對質。」一九五三年，我被押送到青島東路三號的軍法處看守所，經歷過不計其數的疲勞審訊、刑求逼供，起初是要我說出林元枝的藏匿處，後來他自新了，卻要逼我承認參加共產黨，但始終沒有證據，我雖免於

10 辜顏碧霞因資助女兒家庭教師呂赫若（1914-1951，作家，人稱「臺灣第一才子」）辦大安印刷廠，印刷共產黨書刊，呂逃亡到鹿窟山上，後來被蛇咬死。

11 葉石濤（1925-2008），臺南人，作家。涉1953年「省工委台南支部黃添才等案」，被判刑5年。

死罪，卻仍然在一九五三年四月二十一日，以「曾連續參與叛亂集會」的罪名，判刑十年，當時我已被關押超過兩年半。

一九五四年三月八日，我被移至新店國防部軍人監獄，在那裡長達六年之久。林元枝的二哥王傳境，因林元枝逃亡，他被捕關在新店軍人監獄，卻不幸病死在監獄裡。一九六〇年二月二十九日，我的刑期只剩八個月，但還是再送到臺東綠島的新生訓導處服刑，直到一九六〇年十月二十七日刑期屆滿出獄。

家道中落　土地盡失病痛纏身

我在坐牢的十年期間，家中生活陷入絕境，家父曾於一九五一年向相關單位陳情，要求以「生活無依」的理由，希望申請釋放我回家，但是不被准許。家裡經濟困難，無錢繳交各種稅捐，先是法院催討，一籌莫展，財產一度被查封。逼不得已，家父只好將僅有的一甲多的水田變賣，得款七千多元（當時稻穀每公斤約七角，一萬兩千公斤稻穫，扣押付給佃農權利一千四百四十公斤，實得一萬零五百六十公斤）繳交滯納稅金後，所剩無幾，連勉強糊口都很困難。

我被捕時，不但家有年邁父母，被捕時的二子一女，分別是四歲、兩歲、以及剛出生兩個月大的孩子。家庭不但面臨生活的困頓，還要忍受鄰居親友的孤立，這樣的雙重煎熬。一直到我出獄，白色恐怖的苦痛，仍然沒有減輕，我還被管區警察監管一、二十年。

出獄後，我家連水田都賣掉，沒田可種。而坐牢十年的叛亂犯罪名，讓我求職機會，屢遭封殺。加上我因被捕時遭到嚴重的刑求，身體受到傷害，全身筋骨和脊椎因被刑求受傷，罹患風濕、酸痛難忍。我只能在南崁鄉下為人打零工度日。至於因坐牢而損失的財產，光是我父親賣掉的水田，現在都被劃為住宅區，地約八百一十坪，每坪的公告地價七萬多元，算起來就有五千八百多萬元的財產損失。更嚴重的是，因為我坐牢，家道從此中落，我的孩子都無法受好的教育，到現在都還是過著做工的苦命生活，這是我的怨歎。

採訪時間	採訪地點	主採訪者	說明
2014年7月12日	蘆竹鄉羊稠村李家	陳銘城	本計畫
1994年10月	蘆竹鄉羊稠村李家	陳銘城	採訪李永壽

錄音轉文字稿：陳銘城
文字稿整理：陳銘城
修稿：陳銘城、曹欽榮

陳銘城　攝影

為冤死的大哥哭泣

— 黃玉麟訪談紀錄（黃玉枝的弟弟）

黃玉枝（右1）與友人合照。（黃玉麟 提供 / 陳銘城 翻拍）

我是黃玉麟，是受難者黃玉枝的弟弟，大哥最年長，他是一九二七年生，中間有七個姐姐，我是一九四一年生，兄姐中我排行最小。

我家是蘆竹鄉的佃農，在蘆竹鄉水尾徐厝[1]（徐崇德家族）大池塘下，承租兩甲多地，加上其他的承租田地，共耕作三甲多的地。當時家中僱用二名長工，養有三頭水牛，母親常從家裡煮好點心，挑到徐厝對面的池塘下的承租田地，去給割稻的師傅吃。父親到南崁街上，土地公廟旁的一家碾米廠碾米，除了自己種的稻米，也去鄉下買稻穀，回來碾成白米，再批發賣到桃園街上，家裡的經濟情況還算不錯。

大哥文武雙全 受學生愛戴

我的大哥黃玉枝，書讀得不錯，都考前三名，父母全力栽

1　徐厝，參見本書附錄「白色恐怖相關名詞說明」。

培他。他能文能武，不但學業成績好，他也是劍道、體操、桌球的好手。一九四六年三月，哥哥從省立桃園農校舊制五期畢業，隨後應蘆竹鄉首屆民選鄉長林元枝[2] 的邀請，進入蘆竹鄉公所擔任幹事，當時他為了學國語，和鄉公所同事呂喬木[3] 、林葉洲[4] ，以及當時在蘆竹鄉農會任職的李永壽[5] 、李火爐、張金枝等人結拜，並一起跟蘆竹鄉農會的干彼得[6] 學習國語。此外，又因家中承租耕地，鄰近南崁水利會工作站，哥哥也因而認識水利會職員詹木枝[7] 。

一九四六年底，哥哥辭去鄉公所職務，在家準備考試，也協助家中農事。一九四七年二二八事件爆發後，林元枝鄉長在地方青年義憤填膺的催促下，出面組織地方自衛隊，到大園軍用機場（俗稱「圈仔內」），接收國軍武器，維持地方治安，當時年僅二十歲的哥哥參與其中。事後原本以為都沒事，哥哥在受過教師研習後，取得國校教師資格，一九四八年他被派到蘆竹鄉大竹國校當教師。因為交通不便，他都住在學校宿舍，假日才會回家。哥哥對學生很好，看到班上的學生，都是家境

2 林元枝（1910-1982），參見本書受難者簡介、〈苦難折磨教會我的事：林秀峰訪談紀錄〉、〈政治犯之子脫困人生：林森岷訪談紀錄〉。

3 呂喬木，參見本書〈苦難折磨教會我的事：林秀峰訪談紀錄〉，註解6。

4 林葉洲，參見本書〈二二八改變父親的一生：吳泰宏訪談紀錄〉，註解13。

5 李永壽，參見本書受難者簡介、〈一張合照 打入黑牢：李永壽訪談紀錄〉、〈他的命運都是在拖磨：李守信訪談紀錄〉。

6 干彼德，參見本書〈一張合照 打入黑牢：李永壽訪談紀錄〉，註解1。

7 詹木枝，參見本書〈寡母攜十子 走過荊棘路：鄭勳哲訪談紀錄〉，註解3。

清苦的農家子弟，常常買紙、筆、文具來鼓勵學生用功求學。因此，哥哥被槍殺後，他在大竹國校教過的學生，還會來我家探視，安慰我的父母。幾年前，大竹國校的同學會，他們還邀請我代替哥哥和他們聚會，讓我非常安慰和感謝。

如嚴師般教誨影響我的一生

一九四九年哥哥調回南崁國校教書，他搬回家裡住，一方面孝順父母親，為他們分憂解勞；另一方面，他也會督促弟妹的課業。我在家是么兒，一向不怕老爸，卻只怕如嚴師般的哥哥。有一次，我大約是國校一年級時，想偷懶不去上學，就假裝肚子痛，沒想到哥哥很好心的照顧我，他說：「弟弟，你肚子痛要吃藥才會好。」說完就拿黃連給我含在嘴裡，那是很苦的中藥。他又說我要蓋緊棉被才會快好，哥哥的方法讓我吃盡苦頭，想想還是不要裝肚子痛，趕快去學校玩捉迷藏好了。他常教我和姐姐黃桃（後來讀臺北師範學校，畢業後回南崁國校教書），他說愛迪生頭腦普通，卻是大發明家，他要我認識愛迪生的努力，瞭解讀書是要有毅力，不要怕困難。哥哥的勉勵，對我影響很大。

因林元枝案被捕遭槍決冤死

一九五〇年十月二十八日早上，哥哥被刑警總隊逮捕，同一天被抓的還有李永壽、張金枝。此後，將近兩年沒有音訊，家人著急，四處打聽，負債典地、散盡家財，被騙走不少錢。

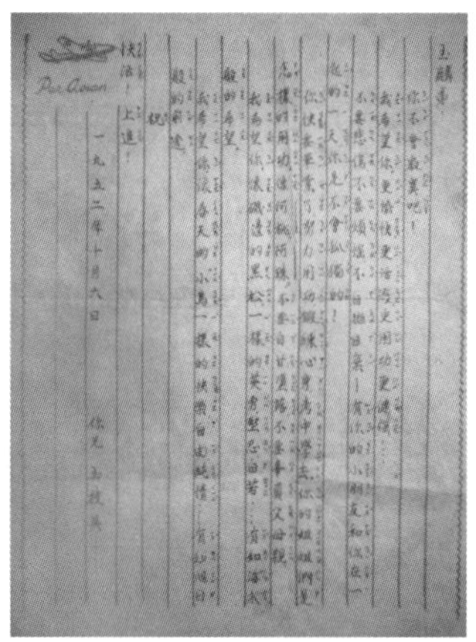

左圖為黃玉枝的生前照片。（黃玉麟　提供　／　潘小俠　翻拍）右圖為黃玉枝在獄中寫給弟弟黃玉麟的信。信中加註注音是為了弟弟練習國語發音。（陳銘城　翻拍）

直到一九五二年九月，哥哥從臺北市青島東路三號的軍法處看守所寫信回家。原來是在林元枝未出來自新前，哥哥他們都被禁止對外通信和面會。當時，都是父親去臺北市青島東路的看守所，送食物和用品給大哥。那些寄物單的字跡，可能是我姐姐填寫的，我父親只念過簡單漢學，應該不會寫那些字，簽收單上是我哥哥寫收到和簽名。

哥哥在軍法處看守所，寫了很多明信片的獄中家書，寫給爸媽、弟妹，他用藍筆和紅筆，寫信寄情，畫圖引詩，字跡工整，令人難忘。哥哥在明信片上，寫信向父母親請安，畫圖片給爸媽，也寫信和畫圖給弟弟、妹妹，鼓勵我們用功讀書，同時一再在信中教導我們讀書方法。他寫給我的信，還特別加

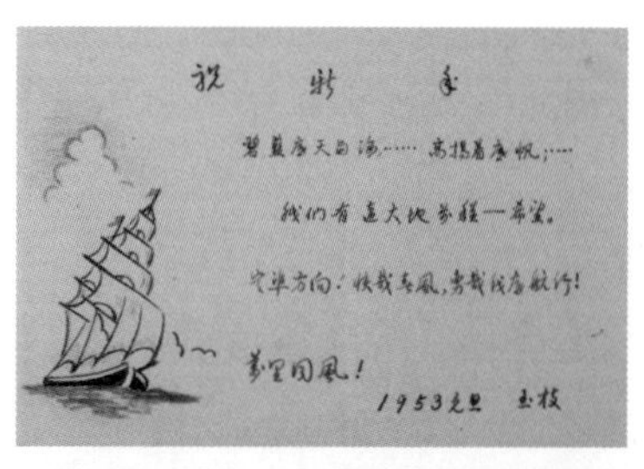

1953元旦　玉枝

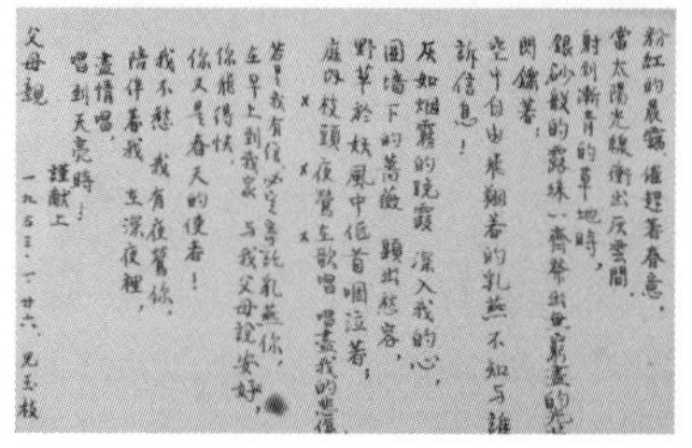

粉紅的晨霧，催趕著春意，
當太陽光線衝出灰雲間，
射到漸青的草地時，
銀紗般的露珠，齊聲出
閃鑠著；
空中自由飛翔着的乳燕 不知与誰
訴信息！
像如烟霧的晚霞 深入我的心，
園牆下的薔薇 顯出愁容，
野草於秋風中低首咽泣著，
庭外枝頭夜鶯在歌唱 唱盡我的悲懷，
× × ×
你能得快，
你又是春天的使者！
我不愁 我有夜鶯你，
陪伴著我 在深夜裡，
盡情唱，
唱到天亮時！
父母親 謹獻上
一九五三、一、廿六、兒玉枝

黃玉枝在軍法處看守所羈押時，寫給父母的獄中家書。（黃玉麟 提供 / 潘小俠 翻拍）

上注音符號，那時我已五年級，我知道哥哥不是擔心我看不懂信，是要藉機教我國語發音，避免在家都說臺語的我，到學校說一口「臺灣國語」。他在槍決的前一天，寫下明信片向父母弟妹道別。槍決當天的清晨，他撕下衣服，寫下絕筆遺書在布條上，一封寫給父母，希望他們原諒他的不孝；另一封寫給弟妹們，希望我們能代替他孝順父母。這些哥哥的絕筆信，我保留得很完好，看到他的遺書，就像看到他本人一樣。說真的，我很不願意受訪，每次談起哥哥的受難，就會想起父母淚流滿面的傷心模樣，常讓我難過好幾天，情緒才能恢復平靜。

一九五三年九月八日清晨，哥哥遭到槍決。那一天，我剛考上南崁初農，在結束新生訓練後的回家途中，我遇到滿臉哀慟的父親，他一開口就是說：「你知影你大哥被槍殺嗎？」

父親忍住悲痛，去借錢僱車到臺北領屍，卻沒想到領屍、子彈都要錢。辦完哥哥後事，父親再也無心經營碾米、賣米和僱工種稻，一方面，經營資金都被騙光和花光，父母親從此抑鬱寡歡。我常在暗夜裡，聽到父母親哭泣的聲音，他們想起大哥孝順和體貼的種種。以前，大哥總是不忍母親提井水，擔心老人家爬高，他會說：「阿母，這我來做就好。」看到晚歸的父親，大哥會先幫父親拍落身上的灰，再端出臉盆水讓爸爸先洗臉，或請他洗完澡再吃晚飯。年老的父母親說著、說著，又是一陣哭泣。夜晚我不敢讓爸媽知道我沒睡，只能躲在棉被裡，偷擦眼淚和裝睡，以免兩位老人家更難過。

金門當兵父逝 悲慟無法送終

我南崁初農畢業後，到桃園農校讀高級部。哥哥不在，我變成家中獨子，加上父親已經六十歲，我原本可以緩召，但同年次出生率低，怕兵力不足，因此延後當兵，只要服役一年四個月。一九六六年我已二十五、六歲才當兵，入伍前，我先結婚。新兵訓練後，我抽到大金門當兵。當時除非換防，是不可能回臺灣。

在金門當兵時，我接到家裡的電報，以為是父親怎麼了，結果是女兒病故。過不久，父親也腦充血過世，當時部隊剛調回臺灣龍岡，不准請假和放假，等到我可以回家時，已經見不到父親的最後一面。可憐的父親，長子被槍決，無法為他送終，連唯一的兒子也在金門前線當兵，等換防回臺，才被准假

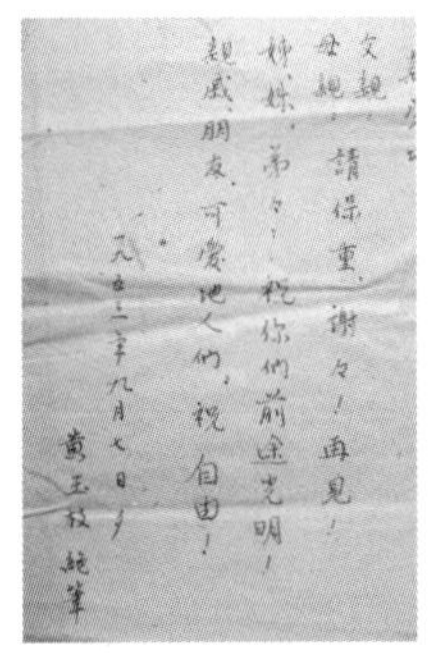

父親、母親：請保重、謝々！再見！
姊妹、弟々：祝你們前途光明！
親戚、朋友、可愛地人們，祝自由！
一九五三年九月七日夕
黃玉枝 絕筆

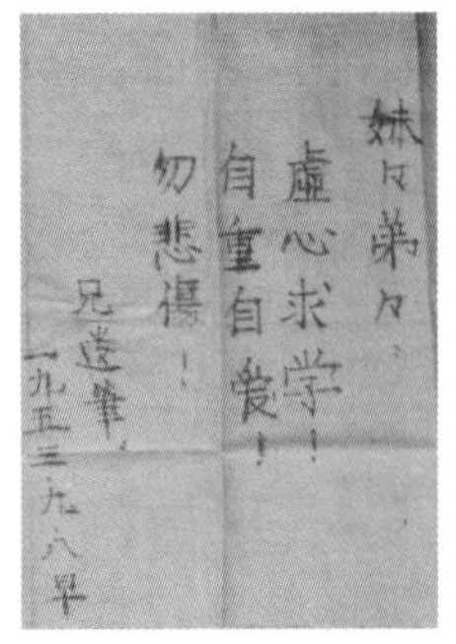

妹々弟々：
虛心求学！
自重自愛！
勿悲傷！！
兄遺筆
一九五三、九、八早

黃玉枝在槍決前撕下衣服，在布條上寫給父母弟妹的絕筆信。（黃玉麟 提供 / 潘小俠 翻拍）

回家，但老父親已等不到兒子為他送終。從南崁家附近站牌一下車，我一路跪爬回家，為老父親的遺憾哭泣，為大哥的冤死哭泣，為自己無法見父親最後一面哭泣，長長的路上，一邊跪爬，我一邊哭泣。

爭取平反 終於還兄歷史公道

退伍後，我到明州化纖工作一年，後來調到明樂公司，也是做纖維工業，我升到課長、副廠長。後來到中壢新光實業，也是做化學纖維，我當機械保養股長，直到一九九四年工廠結束，改建房屋出售，我才五十三歲就退休。

一九九八年我和李永壽申請二二八基金會的補償，起初不通過，認為我們是白色恐怖的案件，但當時立法院還沒通過白色恐怖補償條例，經過多位親友的作證，終於為大哥爭取到歷史平反，總算沒讓大哥含冤在歷史的荒塚裡。

採訪時間	採訪地點	主採訪者	說明
2014年7月12日	蘆竹鄉南崁路 黃宅	陳銘城	本計畫

錄音轉文字稿：陳淑玲

文字稿整理：陳銘城

修稿：陳銘城

陳銘城　攝影

山仔腳的白色恐怖

— 戴文子訪談紀錄（戴連福的女兒）

我是戴文子，一九四二年生於蘆竹鄉山腳村，我是長女。父親戴連福坐牢前，我有兩個弟弟，父親出獄後又生了一個弟弟，比我兒子年紀還小一歲。

父親年輕時幫人殺豬，挑豬肉到臺北賣，有時在山腳村水利會（**現在的山腳農會**）那裡賣。有時做農事，種田、種菜。他很早就認識林元枝[1] 鄉長，很欣賞他的為人，知道他常常關心和幫助窮苦的人，兩人成為好朋友。

父親逃亡 警察常到家中恐嚇

戴連福中年時照片。（戴文子 提供）

一九四七年二二八事件發生不久後，林元枝逃亡，不久父親也躲起來，那一年我才六歲。警察常來家裡要抓爸爸，家被警察抄得很厲害。母親常被他們恐嚇，後來出去外面幫傭，較少回家來。他們就常恐嚇我，問我說：「妳爸爸有沒回家，妳要老實講，不然連妳也一起抓。」那時我才六、七歲，他們以為小孩比較好嚇唬，我膽子夠大，從小就不怕警察，每次都大聲地回說：「我不知道！」爸爸曾偷偷地回過家，他曾告訴我說：「警察要抓爸爸，妳不能說爸爸有回家過。」我不知道為什麼警察要抓爸爸，父親為什麼要躲起來。

---

1 林元枝（1910-1982），參見本書受難者簡介、〈苦難折磨教會我的事：林秀峰訪談紀錄〉、〈政治犯之子脫困人生：林森岷訪談紀錄〉。

多次偷偷返家 後因密告被捕

逃亡期間，父親幾次半夜偷偷回家，媽媽生下一弟一妹，但都沒養活而早夭，爸爸逃亡時，媽媽兩次生產怕警察懷疑，住到桃園她為人幫傭、打掃、洗衣的雇主家，較少回山腳的家。我被媽媽安排到祖母家住，幫祖母做一點家事。我只唸到小學二、三年級，就輟學了。兩個弟弟跟外公住，後來我跟人學裁縫、做衣服賺錢，栽培他們讀到高中。

聽說父親逃亡時先躲在山上，曾躲到蘇澳鼻頭，和一些不知道他在逃亡的警察交情好，還睡過派出所。但是，他還是被密告，因此被捕。當時林元枝還在逃亡，父親一再被追問林元枝的下落，詳細的情形，父親出來後很少說起。父親坐牢時，媽媽和我很少去探望他，我們為了生活奔波，無暇也沒錢去探監。

十四歲時，我去媽媽的蘇姓養父開的服裝店幫忙，幫忙賣衣服、學記帳，對服裝產生興趣，我去桃園學裁縫。本來我想學美髮，但阿嬤說：「臺灣人常笑人，第一衰就是剃頭（理髮）、吹鼓吹（吹喇叭）。」她反對我去學燙髮。學會裁縫，我到山腳的成衣廠做衣服，也到楊梅埔心去開服裝店，我裁剪好衣服，僱用師傅縫製。我回山腳開服飾店，自己幫客人量身、縫紉衣服，兼賣寄放的成衣，生意很好。當時我自己剪裁布料，教學徒。我能做男女服裝，從外套、洋裝到男人襯衫、大衣，我都能做。我賺到錢，資助兩位弟弟讀到中學。

戴連福曾在綠島新生訓導處的廚房當伙房。圖為現在綠島新生訓導處展示區模擬當時受刑人工作情形。
（曹欽榮 攝影）

分隔十餘年 綠島探親悲喜參半

二十一歲那年，大弟中學畢業，我帶著他坐車到高雄，轉車到臺東，再坐船去綠島，我都不會暈船。大船不能靠岸，再換小船，終於到了綠島，看到十多年沒見到的爸爸。我去綠島前，先寫信給他，見到父親，我們心情都很興奮，他在綠島新生訓導處的廚房當伙房；林元枝在當教官，我看到他在為新生上課，可能是農業生產的課。爸爸被特准帶我們四處走，很多他的難友送我們東西。爸爸怕難友們破費，叫我和弟弟不要留太多天，有船班就要快回去。他還跟我說，自己不知道還要多久才能回家，他希望我找好對象，早一點結婚，畢竟弟弟大了，能去工作，貼補家用，他要我放心去結婚。那一次的綠島探親，我們借住在綠島的民家，說要早一點回臺灣，為了等船班，前後還是待在綠島十多天。說真的，綠島確實很漂亮，卻是那麼遙遠，想到爸爸被關在那裡十多年，我的心裡還是很難過。

父託人轉告：絕不可嫁給外省人

有一句話，爸爸沒在綠島當面告訴我，卻託他的難友出獄後，來家裡告訴媽媽，請她轉告給我：「女兒絕對不可嫁給外省人。」當時我有一位男朋友鄭有正，家住蘆竹鄉公埔村，他一直在等我嫁給他。當時開裁縫和服裝店，正忙，想多賺點錢養家，栽培弟弟，常寄錢去綠島給爸爸當零用錢。男友下聘不久，他的祖母不幸過世，我們就依習俗，在百日內完婚。媽媽也說別人都在十八歲就結婚，我已二十二歲了，該嫁人了，不要再為家裡擔責任、操心。

結婚後，我本來想去五股工作，公公不同意，我就留下來。當時警察常來夫家查戶口，我的公公和丈夫很明理，也很疼我，他們都不以為意，不會嫌棄父親是政治犯。爸爸出獄後，和公公、我先生很談得來；解嚴前後，還常常一起上街頭，去選舉演講會場，聽黨外、民進黨演講。

婚後開服飾店　一肩挑起家計重擔

父親出獄，母親就不再外出當幫傭；母親的養父母，送給他們一塊地，讓他們在山腳蓋房子住。兩夫妻一起在山腳村的山上（飛彈營旁邊），種菜、養雞、養鹿，爸爸還會私釀酒，這可能是他在綠島學會的本事。好景不長，母親四十八歲那年，父親出獄生下最小弟弟才三歲時，不幸車禍身亡。我擔下扶養小弟的責任，他比我大兒子還小一歲，我就一面做裁縫，同時帶孩子。我有五個孩子和小弟，都是我自己一面做裁縫，一面帶大，他們都很乖巧，不會吵鬧。

後來，我從公埔搬來山腳，原本在山腳開醫院的舅舅搬走，我去租下他的店面開服飾店，男女裝我都會做，西裝褲我也做。遠至大園街上或菓林村，都有我的客戶。當時，我每月拿五千元回去給公公、婆婆，自己繳房租，養五個孩子，肩負家計的開銷重擔，不得不拚命賺錢。二十多年前，幫屋主介紹別人買他兩間房子的一間，我買下現在的房子，後來我買下隔壁一間，就是現在的住家和店面。

父親還沒回來，我做裁縫就已累出病來，不但常咳嗽不停，胃出血，看了醫生，不見好轉。後來，有人介紹我去找蘆洲的李秋遠[2] 醫師，他的醫術很好。李醫師是長期關心臺灣民主、人權的黨外人士，當他得知我因父親在綠島坐牢，一肩挑起扶養弟弟和家計責任，他不但全心醫治我的病，不拿我醫藥費，還認我當他的乾女兒。後來，每年都來我家看我和出獄的父親，也帶高麗參來給我補身體，他和我父親很談得來。父親曾帶林元枝和他兒子林秀峰，去讓李秋遠醫師看病。現在他雖然

戴連福晚年時照片。
（戴文子 提供）

2 李秋遠（1921-2005），蘆洲人。曾任臺大醫院醫師、秋遠醫院院長、臺灣省第二至四屆省議員。參見新北市議會網站「歷史沿革／歷屆議長／議員介紹」：http://www.ntp.gov.tw/content/history/history01-5-p.aspx?sid=83（2014年8月13日瀏覽）。

過世了，但是，我一直很感激他對我們受難家庭的照顧。

父出獄後 常與林元枝等難友連絡

父親坐牢，弟弟在學校常常被欺負，被看不起。我自己沒多唸書，比較沒這樣的問題，加上我會手工裁縫，不用看別人臉色，我沒有太多的困擾。大弟到彰化工作，娶彰化妻子，比較不知道爸爸被關的事，二弟娶山腳當地女子為妻，也沒有困擾，不幸的是二弟車禍身亡。最小的弟弟現在開永康麵線連鎖店，經營的很成功，後來爸爸都去跟他住。之前，父親都和大弟住山腳街上，弟弟家的一樓出租給賣炸雞店，就在我跟舅舅租的房子隔壁。

父親出獄後，最常連絡的難友就是林元枝，兩人常常見面聊天，但林元枝較早過世。他也常和難友陳景通[3] 連絡，陳景通在鐵路局開火車，因鐵路案坐牢。他在綠島新生訓導處服刑時，腦瘤回臺灣開刀，再送回去綠島坐牢，當時我爸爸在綠島管伙食，常常煮較營養的食物，讓開刀後的陳景通早一點恢復健康。陳景通坐牢前有兩個女兒，保外就醫時，又生了個兒子。這個兒子的太太就是我介紹的，是桃園縣蘆竹鄉大竹人，陳景通的兒媳是有名的直銷講師，他兒子也搬到大竹開早餐店，陳景通也從臺北市搬來大竹和兒子、媳婦一起住。

---

3 陳景通，參見本書受難者簡介、〈運轉手的人生：陳景通訪談紀錄〉。

熱衷選舉活動 政黨輪替一吐怨氣

父親參加臺灣政治受難者聯誼會（**現改名為：臺灣政治受難者關懷協會**），很多難友常和他連絡，邀請他參加民主運動。他也很積極參與各項選舉活動，曾經幫邱垂貞[4] 和李清彰[5]助選和動員，家人都不會去阻止他。每一次選舉的演講會，爸爸都很會招呼山腳的鄉親去聽演講，他是山腳村唯一被關過的政治犯，動員能力和說服力很強。

二〇〇〇年父親住在桃園市最小弟弟家時，不小心跌倒，腳部受傷流很多血，坐在輪椅上一年多，不能出外聽演講，只能在家看電視新聞節目。當他知道陳水扁當選總統時，他有多興奮，好像他坐過的牢和吃過的苦，都已經討回公道了。我知道他很高興，吐出這輩子的怨氣。我記得爸爸的難友，常常和他互勉，他們常說：「連福啊，身體愛顧乎好，這齣戲就愛看乎透哦。」

爸爸領到五百多萬的白色恐怖補償金，九二一大地震那一年，他捐出一百萬元當震災捐款。他拿出一百萬元要給我，要彌補我因他坐牢而失學，幫忙扶養三個弟弟成長，我一直不肯拿，我不缺錢，反而勸他將錢交小弟繳房屋貸款，因為爸爸住在小弟家。但是，爸爸還是叫小弟硬是塞給我五十萬元。二〇

---

4 邱垂貞，1951年生，桃園人。因1979年美麗島事件，被判刑4年。曾任立法委員。

5 李清彰（1957-2013），曾任第13、14屆桃園縣蘆竹鄉鄉長。參見蘆竹鄉公所網站：http://www.luchu.gov.tw/photo_list.php?menu=25&typeid=1765（2014年8月13日瀏覽）。

○一年父親過世，享年八十六歲。

追憶父親 計畫與家人重遊綠島

我已七十多歲，不想再太忙碌，有老客戶找我，就幫她們的忙，不管是換拉鍊或裁製衣服。反正孩子都大了。我有四子一女，長子是軟體工程師兼房屋仲介，次子蓋房子兼代書，三子在環球水泥板公司，小兒子在山腳開自助餐店，女兒嫁到桃園市後車站，女婿開飯店，他們都很常回來看爸、媽。原來爸爸在山上種菜、養雞的農場，我兒子買下來，讓我先生去種菜、養雞和運動。我和好友參加氣功班運動，偶而會和他們一起去出遊。我該找時間，和丈夫、弟弟、兒女到綠島重遊，去看五十多年前帶弟弟和爸爸面會的地方，回想爸爸在那裡坐牢的場景。

採訪時間	採訪地點	主採訪者	說明
2014年7月1日	桃園縣蘆竹鄉山腳村南山路3段戴女士家	陳銘城、曹欽榮	本計畫 陪同者：林秀峰（戴連福生前難友林元枝之子）

錄音轉文字稿：陳淑玲
紀錄整理：陳銘城
修稿：陳銘城、曹欽榮

附錄

白色恐怖相關名詞說明

一、白色恐怖期間：

一般所指臺灣白色恐怖期間從一九四九年臺灣大學、師範學院四六事件至一九九二年刑法一百條修改；另一說指政府自一九四九年五月二十日戒嚴至一九八七年七月十五日解嚴。究竟有多少人在此期間直接受害（遭判刑或感訓等）？依據財團法人戒嚴時期不當叛亂暨匪諜審判案件補償基金會公布「補償」死刑809人（死刑、擊斃、緝捕致死）、無期徒刑84人（實際執行徒刑18年6個月以上），十五年以上未滿二十年293人，十年以上未滿十五年1,267人，五年以上未滿十年1,172人，未滿五年1,039人，感化（訓）教育1,835人，無罪且未執行感化（訓）教育211人，其他（不付軍法審判、不起訴處分、公訴不受理、免訴、免刑、單純限制人身自由者）1,256人，合計7,966人（補償基金會網址http://www.cf.org.tw/data.php，2014年8月12日瀏覽）。二〇〇九年七月，綠島人權園區根據檔案整理於人權紀念碑名單：含死刑1,061人，合計8,296人。推估白色恐怖受害人數，四十年期間約15,000至20,000人被關。

四六事件：一九四九年四月初，因警方取締學生單車雙騎，引發臺灣大學及師範學院（今師範大學）學生到警察局抗議。四月六日早晨，軍警包圍師範學院宿舍，逮捕學生幹部，臺大學生、師院學生多人被捕，揭開白色恐怖行動的序幕。

二、相關法條：

（一）刑法第一百條：刑法第一百條第一項規定：「意圖破壞國體，竊據國土，或以非法之方法變更國憲，顛覆政府，而著手實行者處七年以上有期徒刑，首謀者處無期徒刑。」第二項規定：「預備犯或陰謀犯前項之罪者，處六月以上五年以下有期徒刑。」

（二）懲治叛亂條例、第二條第一項：受難者所指二條一是指「動員戡亂時期」法令《懲治叛亂條例》第二條第一項：「犯刑法第一百條第一項、第一百零一條第一項、第一百零三條第一項、第一百零四條第一項之罪者（內亂及外患罪），處死刑。」其內容如下：刑法第一百條第一項如前述；第一百零一條第一項：「以暴動犯前條第一項之罪者，處無期徒刑或七年以上有期徒刑；首謀者，處死刑或無期徒刑。」第一百零三條第一項：「通謀外國或其派遣之人，意圖使該國或他國對於中華民國開戰端者，處死刑或無期徒刑。」第一百零四條第一項：「通謀外國或其派遣之人，意圖使中華民國領域屬於該國或他國者，處死刑或無期徒刑。」《懲治叛亂條例》成為臺灣白色恐怖時期，執政者壓制人民的工具，自一九四九年六月二十一日開始施行，直至一九九一年五月一日動員戡亂時間宣告終止，隔年一九九二年五月，民間推動「一百行動聯盟」，修改刑法第一百條的條文文字，刪除「預備或陰謀內亂罪」條文，到一九九二年八月，動員戡亂時期法令才完全廢止，海外禁止返鄉的黑名單也隨之解除，臺灣不再有「政治犯」。（參見薛化元等撰著，〈侵犯人權的強人威權體制之建構與演變〉，《戰後臺灣人權史》（臺北市：國家人權紀念館籌備處，2003年），頁98-103。）

（三）檢肅匪諜條例：戒嚴時期偵辦與審理匪諜相關案件的主要法律依據之一，為動員戡亂時期的特別法，條文共十五條，一九五〇年六月公布，一九五四年十二月修正部分條文。本條例為政府情治機關檢肅匪諜主要的法律依據。「匪諜」並不局限於中共當局派遣來臺的工作人員，而是泛指「懲治叛亂條例」中所謂的叛徒或是與叛徒通謀勾結之人。治安機關對匪諜及有匪諜嫌疑者，除了可以逮捕，並可針對其身體、住宅或其他相關處所進行搜索，並得以檢查扣押其郵件、電報、印刷品、宣傳品或其他文書圖書等。嫌疑人被捕之後，除罪證顯著者依法審判外，未有顯著罪證者，也可不必依「無罪推定」原則處置，只要經最高治安機關認定情節輕微而有感化必要者，即可直接交付感化。此一法律規定，使得不少政治異議者被以匪諜嫌疑者的方式偵辦審理，本法中規定凡知匪不告者，亦處以一年以上七年以下有期徒刑，遂使得假匪諜事件也可能牽連政治異議者。而在本法中明定匪諜牽連案件，不分犯罪事實輕重，一概由匪諜案件審判機關審理，也使得匪諜嫌疑者或匪諜案件皆受到軍法審判，而無法受到在司法審判中應有的保障。本條例因此在一九九一年五月一日動員戡亂時期宣告終止後，應即喪失法源。但行政院在五月二十三日行文立法院，指稱係因「懲治叛亂條例」於五月二十二日明令廢止，故「檢肅匪諜條例」喪失依據，而立法院則於次日通過廢止本條例。（參見許雪姬總策畫，《臺灣歷史辭典》（臺北市：文建會，2004），頁948）

（四）告密獎金：依據檢肅匪諜條例第十四條：「沒收匪諜之財產，一律解繳國庫。破獲之匪諜案件，其告密、檢舉人及直接承辦出力人員應給獎金，由國庫支付；其給獎辦法，由行政院定之。前兩項所定收支，應編列預算。」例如：一九五〇年至一九五四年六月沒收「叛亂犯貪汙犯財產」檔案，計有606案。沒收新臺幣共計1,893萬密告獎金占22.3%，工作獎金占32.3%，合計54.6%。受難者流傳獎金辦案並非傳言，沒收財產法源／官方使用的爭議，已成為「轉型期正義」難以處理的課題。而奉准抵撥支用款726萬，其中與監獄修／增建工程相關共計287萬，占47%，與大陸工作相關213萬，占29.3%。引自2006年文建會委託《臺東綠島人權紀念園區文史資料調查與研究計畫（第二期）案》。

三、政治監獄說明：

（一）軍法處：位於現在的臺北市喜來登大飯店整個街廓，地址在「青島東路三號」。一九四九年夏天之後，當局開始風聲鶴唳捉「匪諜」，軍警特從各地捉人送到臺北，集中於保密局、情報處（東本願寺）等地審訊，之後再送到軍法處審判。

軍法處原屬於臺灣保安司令部，自一九五八年起保安司令部改制為臺灣警備總司令部。軍人身分審判及執行監禁監獄稍有不同。國家人權博物館籌備處景美人權園區展場設置有全區模型。

（二）**景美看守所**：位於新北市新店區秀朗橋邊，一九五七年設立軍法學校，一九六七年學校併入政工幹校遷出。一九六八年，位於臺北市中心青島東路三號的臺灣警備總司令部軍法處看守所（1949-1968年）等單位遷入，繼青島東路三號成為白色恐怖時期主要審判政治犯地點，通稱為景美看守所，直到解嚴，轉為警總、海岸巡防司令部軍法機關使用。區內除了政治犯監獄押房區、工廠區之外，還有第一法庭、軍事法庭、江南案監獄、軍情局監獄、兵舍、禮堂等舊建築。本區和白色恐怖歷史的關係，具體反映一九七〇、八〇年代臺灣內外的政治環境。目前是國家人權博物館籌備處所在地及二〇〇七年開園的景美人權園區。

（三）**情報處（東本願寺）**：位於現在的臺北市西門町西寧南路、成都路和峨嵋街（獅子林與萬年大樓）一帶的街廓。日治時代原為淨土真宗的東本願寺，戰後被改為保安司令部，是以酷刑聞名的人間煉獄。

（四）**保密局北所**：位於臺北市延平北路，往北過臺北橋右側。房舍沒收自受難者辜顏碧霞的高砂鐵工廠所改建，政治犯多稱之為「辜家的鐵工廠」。這裡是審訊後轉至軍法處審判前的中間站。

（五）保密局南所：位於臺北市延平南路，近總統府，屬國防部保密局。原址是日治時代日本臺灣軍司令部的軍官監獄。戰後，由國防部保密局所用，軍官監獄改為政治犯監獄。牢房成L型排列，一九五〇年代初，當局捉人無數，人滿為患，「匪諜」案都在此地問案，以酷刑聞名。

（六）安坑軍人監獄：位於新北市新店安康路山區，安坑軍人監獄，有仁、義、禮、智、信五棟牢房，義、禮監關軍事犯，仁、智、信監關政治犯。現為法務部矯正署新店戒治所。它是與綠島新生訓導處同時期主要的政治犯監獄。

（七）綠島新生訓導處：位於臺東縣綠島鄉東北角，日治時代曾經設立浮浪者收容所監獄（1911-1919年），戰後，國民政府設置臺灣省保安司令部新生訓導處（1951-1965年），集中管理政治犯，一九六五年左右大多數政治犯遷移臺東泰源監獄。一九七〇年泰源事件之後，政治犯再遷移至國防部綠島感訓監獄（綠洲山莊，1972-1987年）。綠島長期以來一直被民間視為監獄島，緣於島上拘押政治犯時間長達四十年，具有臺灣歷史的獨特象徵性地位。目前全區保存，屬於國家人權博物館籌備處，二〇〇二年開放的綠島人權園區，並設有新生訓導處重建及模型展示區。

（八）國防部綠島感訓監獄（綠洲山莊）：位於臺東縣綠島鄉東北角，一九七〇年二月八日，臺東泰源監獄事件之後，國民政府在綠島新生訓導處舊址西側一角，趕建高牆式監獄：國防部綠島感訓監獄（代稱：綠洲山莊）。一九七二年春天，陸海空三軍聯合演習，將泰源監獄、景美看守所和各地軍事監獄的「政治犯」送往綠島，集中監禁。綠洲山莊聚集了一九五〇年代以來老、中、青政治犯，其中不少無期徒刑者最後從這裡釋放，坐牢超過三十年以上者不少。綠洲山莊政治犯曾數次呼應國際人權日，集體絕食抗議；國際特赦組織（AI）也曾派人探訪。直到一九八七年七月十五日解除戒嚴，三十六名政治犯轉送中寮村的臺灣綠島監獄（崇德監獄）。全區保存，現在屬於二〇〇二年開放的綠島人權園區。

（九）泰源監獄：位於臺東縣東河鄉，三面環河。一九六二年啟用，專門關押政治犯。一九七〇年二月八日（舊曆年初三）發生泰源監獄起義事件，六位政治犯逃亡山區，最後江炳興、鄭金河、詹天增、謝東榮、陳良五位於一九七〇年五月三十日被槍決。至一九七二年春天，泰源監獄全部政治犯移往綠島國防部感訓監獄。該監獄目前仍在使用中，名為「泰源技訓所」。

（十）生教所：位於新北市土城區，一九五四年五月設立，全名「生產教育實驗所」（1954-1987年），簡稱「生教所」。早期除了收容綠島新生訓導處送回的女生分隊受難者，這裡也是被判「感訓」、刑期快屆滿的政治受難者改造思想的場所。生教所於一九七二年九月改名為「仁愛莊」（仁愛教育實驗所），以上課為主，勞動為輔。生教所從一九五〇年代延續到解嚴。目前全區為「新北市後備指揮部」。

（十一）**徐厝**：徐氏宗親祖厝，已有百年歷史；位於蘆竹鄉水尾，現今為：蘆竹鄉南崁路客運站牌「徐厝」，地號是：蘆竹鄉南崁內厝字溪州（長興里七鄰溪州）103號，占地二千多坪。一九五〇年當時桃園縣長徐崇德帶著軍方人員，含行政官、看守所長、文書等人，回到徐厝老家，向他三伯父表示：軍方將借用一半的徐厝和空地，用來關軍方的政治犯。徐家長輩原不同意軍方使用，軍方仍執意占用。徐厝一半為徐家住屋，另一半房子和屋外空地，搭蓋成關人犯的房舍。被關在徐厝的人，包括：孫立人部屬李鴻將軍、陳鳴人、孫立人祕書黃正和她的姐姐黃珏，也有蒙古人。這是一九五〇至六〇年代，外界較不知道的軍方祕密監獄。被占用二十多年後，人犯和軍方管理員才搬遷到龍潭。

徐厝原為徐氏宗親百年祖厝，1950至60年代一度成為軍方祕密監獄。被占用20多年後，人犯和軍方管理員才搬遷到龍潭。
（陳銘城 攝影）

索引

圖家圖書館出版品預行編目（CIP）資料

重生與愛 ： 桃園縣人權歷史口述文集 / 陳景通等受訪 ； 曹欽榮等採訪. -- 初版. -- 桃園市 ： 桃縣文化局，2014.11
面 ；　公分
ISBN 978-986-04-2575-8(精裝)
1.白色恐怖 2.政治迫害 3.臺灣傳記 4.口述歷史

733.2931　　103020650

重生與愛：桃園縣人權歷史口述文集

指導單位：國家人權博物館籌備處

主辦單位：桃園縣政府文化局

受訪者：陳景通、陳泰源、衛德全、鄒秀連、邱景耀、邱文華、劉登科、劉志清
陳顯宗、陳惠珠、徐文贊、李麗月、謝義雄、鄭勳哲、邱明昌、向整坤
林昌運、林秀峰、林森岷、吳泰宏、吳敦仁、李守信、李永壽、黃玉麟
戴文子（按文章序）

採訪者：曹欽榮、陳銘城、楊淑媛、潘忠政

發行人：張壯謀

企　劃：田瑋、李世彥

出版者：桃園縣政府文化局

地　址：桃園市縣府路21號

電　話：03-3322592

傳　真：03-3392450

網址：http://www.tyccc.gov.tw/

執行單位：台灣游藝設計工程有限公司

主編：張宜君、陳銘城、曹欽榮

美編設計：楊宜蓁

封面畫作提供：邱明昌

文字整理．校閱：林芳微、曹欽榮、陳銘城、張宜君

資料整理：林芳微、曹欽榮

出版日期：2014年11月 初版一刷

定價：新台幣300元

ISBN：978-986-04-2575-8

GPN：1010301990